于法较真

YUFA JIAOZHEN

金泽刚 著

上海三联书店

目 录

对"医闹"入刑能不能寄予厚望 / 1

律师做法官会不会是一场秀 / 4

从奖励"线索大妈"看法治的
另一面 / 7

学者型大法官落马的反思 / 9

试衣间应是"公共场所" / 12

扩充地方立法，难处要考虑在前 / 15

有罪判决不是反腐的终点站 / 17

慎给释永信举报人扣帽子 / 20

警察关警察案不可忽视刑事追责 / 23

依法规制污点证人原则以推动法治
反腐 / 26

康师傅的维权官司未必好打 / 34

且看宋城的举报如何收场 / 37

对巡视组拍桌的狠劲从何而来 / 39

无聊索赔背后是权利滥用 / 41

骗奸仍是个不老的话题 / 44

为纪念抗战胜利特赦的法治价值 / 47

贪污受贿依情节处罚考验公正反腐 / 50

"终身监禁"的探索性意义 / 53

终身监禁的适用问题 / 55

广西"假助学真色魔"的罪与罚 / 58

犯罪嫌疑人的照片何时能曝光 / 61

证监会的处罚会不会是以罚代刑 / 63

废除嫖宿幼女罪后涉"幼女卖淫"案
咋办 / 66

是法院道歉还是法官道歉 / 69

飞来横祸其实还是人祸 / 72

"强拆"致人死亡后该怎么做 / 74

证监会的重罚能让股民得到点
什么 / 77

抓捕举报人的理由怎么站得住脚 / 80

最高罚单还要是最有效罚单 / 83

1

"扶老人险"能否解决扶老人危险的困境 / 88

"穷人共妻"的法律悖论 / 91

事故行政问责,为何可信度不高 / 94

性侵未成年人案件的赔偿机制期待突破 / 96

抢劫银行致富后该怎么受罚 / 99

给张台长送钱的演员也当法办 / 102

如何破除明星涉毒的怪圈 / 105

教师"虐童"别让"家规"替代了法律 / 108

农妇缉凶,要点赞更要反思 / 110

为什么一部分案件久拖不决 / 113

运钞车案的赔偿属于什么性质? / 116

30万元受贿案何以"搅动"刑事司法界 / 119

存钱获得假存单,银行该不该赔 / 121

大学生售鸟案司法判决为何难服众 / 124

惩治贪官不能"重自由刑轻财产刑" / 127

"挟尸要价"涉嫌触犯刑律 / 130

林森浩案件折射死刑价值观的变迁 / 132

公安局长通过司考不该是稀奇事 / 135

官员"吃喝"能否入刑 / 138

汪峰败诉显现名誉侵权与舆论监督的界限 / 140

"铁窗内嫖娼"绝不是普通违规违纪案件 / 143

企业接纳退休官员妥不妥 / 146

郑州强拆医院案,追责不能忘却刑法 / 149

若百度发布了虚假广告该如何

追责 / 151

"无差别杀人"怎么预防都不为过 / 154

"南大碎尸案"让人想起"命案必破" / 157

处理制止当街小便被打案,不要伤了正义者的心 / 159

应赋予"拼车回家"合法性 / 162

"偷拍县长收礼"案如何能让人释怀 / 164

冤案追责,当以公开促公正 / 167

冤案追责期待创新思维 / 169

进行羁押必要性审查 / 172

"天价鱼"事件不能让消费者"假赢" / 174

美华裔警察"误杀"黑人案会不会误判 / 177

受损车辆入市的责任与风险谁担? / 180

防控公共安全风险须社会多方参与 / 183

比亚迪撞大众,真的不犯法么? / 186

敲诈勒索不该是口袋罪,啥都往里装 / 189

撤销博士点也要讲法治 / 191

女子宾馆遇袭,人人都不该旁观 / 194

让最严的交通整治彰显法治的光辉 / 197

防治电信诈骗更需扎紧自己的篱笆 / 200

贪官落马,情妇得有个说法 / 203

惩治贪官的司法解释有新意更是考验 / 206

抓嫖执法与程序正义 / 209

管住警权 / 212

处理校园欺凌案的思路该换换了 / 215

贪官垂泪忏悔的真与假 / 218

查"官员丑闻"的举报人很不妥 / 221

让奖励让座也成为一种制度 / 224

未成年人犯罪治理新思路——从校园欺凌事件谈起 / 227

围观拍照究竟是一种什么权利 / 232

执法犯错,我们还缺一部《道歉条例》 / 235

区政府行贿市委书记案标本意义何在 / 238

涉毒艺人不可轻易回归演艺圈 / 241

降低民事行为能力的年龄下限不可忘却刑事责任年龄 / 244

"跑官"被骗四千万,该当何罪? / 247

民法保护见义勇为需要国家补偿机制撑腰 / 249

借国资 6.5 亿元还不了,必须有人担责 / 252

"骂死保安"是个不小的法律命题 / 255

偷拍县长案的罪与罚 / 258

是不信张二江减刑,还是不信张二江? / 262

"性骚扰"事件信仰的该是法律 / 265

庆安枪击案,别忘围观冷漠症 / 268

导演强奸案,疑问需澄清 / 271

"房多多"事件不能以伪造罪了之 / 273

扫黄问责不能遗留死角 / 276

满洲里性侵女生案值得追问 / 279

巨腐案件的判决如何更加公开

公正 / 282

防治贿选重在严惩 / 285

人大代表涉案要慎重更要依法处理 / 288

平反的冤案都是"事实不清,证据不足"吗? / 291

后记 / 293

对"医闹"入刑能不能寄予厚望

近日,提请十二届全国人大常委会第十五次会议审议的《刑法修正案(九)草案二审稿》备受瞩目,其中"医闹"情节严重将入刑,成为此次修改的一大亮点。然而,就在这个节骨眼上,医闹们也没有停歇。据报道,就在上周,上海三天之内发生了三起伤医事件:6月27日,瑞金医院一名妇产科女医生在查房时因拒绝病人违规延长病假的要求被打;同一天,在儿童医学中心,一名外科医生因去吃午饭引起患者不满,遭家属推打;仅在两天后的6月29日,新华医院一患者家属在质疑是否需要办理出院时情绪激动,用硬物击伤为其解释情况的护士面部,造成当事护士轻微脑震荡。

一般来说,"医闹"是指患者、患者亲属以及受雇于患者方的群体或个人,以医疗纠纷或者医生的过错为借口,采取威胁、伤害医护人员人身安全、侮辱医护人员人格,或者在医疗场所现场滋事、故意扩大事态、制造负面影响等形式严重妨碍医疗秩序的行为。现在,一边是立法讨论医闹入刑,一边却是医闹事件还在接连发生,二者形成鲜明对照。诚然,医闹们未必关心立法正在考虑如何加强打击他们肆意破坏医疗秩序的行为,但作为任何一个都可能要去医院看病的普通民众,他们无疑会关心刑法将医闹入刑后对于遏制医闹事件会不会产生明显的效果。

此次草案二审稿拟将刑法第二百九十条第一款修改为:"聚众扰乱社

会秩序，情节严重，致使工作、生产、营业和教学、科研、医疗无法进行，造成严重损失的，对首要分子，处三年以上七年以下有期徒刑；对其他积极参加的，处三年以下有期徒刑、拘役、管制或者剥夺政治权利。"在这里，医闹行为入刑其实只是在原来聚众扰乱社会秩序罪的罪状里面增加了一个受害对象(即医疗)而已，因为医疗单位的医疗秩序本就属于法律应该保护的"社会秩序"之一，草案只是把"医疗"明确增加进来而已。按照汉语的字面含义，"医疗"当然可以解释在"工作、生产、营业和教学、科研"范围内，只不过为了突出打击医闹现象，才在这里将它们一并列举，以防认识上发生歧义。也就是说，即使按照现行刑法规定，医闹等严重破坏医疗秩序的行为完全可以按照聚众扰乱社会秩序罪定罪处罚，但实践中为何很少这样处理？原因不是刑法出了问题，而应该归咎于刑法之外的因素。在刑法进行修正之后，处理这类事件将不能再过多考虑刑法之外的影响，而是依照该罪来追究刑责，这也是此次修正的积极意义。

其实，近年来，公安部、国家卫生计生委、最高法、最高检等部门出台了《关于维护医疗机构秩序的通告》《关于维护医疗秩序打击涉医违法犯罪专项行动方案》《关于依法惩处涉医违法犯罪维护正常医疗秩序的意见》等多项规定，各地方政府也纷纷部署严厉打击扰乱医疗秩序行为，但它们多体现在政策和管理层面，效力较弱，执行中各部门之间难以形成治理合力。尤其是对扰乱医疗秩序等行为的性质是医疗纠纷还是治安违法，或者是刑事犯罪，界限上难以区分。加上长期以来，社会上存在"病人就是弱者"的传统思维，对于医院和医生的负面认识较多，所以，针对严重扰乱医疗秩序的行为，司法机关处理起来总是"心慈手软"。更不用说片面的"维稳"思路对于打击医闹形成不小的阻力。有的案件，即使上升到追究刑事责任层面，各地亦容易出现同案不同判的情况，影响了司法判决的权威和公正性。

在医闹明确入刑之后，对于构成犯罪的医闹行为，司法部门有了明确的惩治依据。但医闹确实也包括因医疗纠纷或者医生过错处理不当而引起的不适当维权行为,这样的医闹不能随意追究刑责。一方面,有必要纠正偏袒医院和医生过错的错误做法,畅通维权渠道,健全医疗赔偿解决机制,另一方面对于"职业医闹"等要依法严惩,构成其他犯罪的也一律追究刑事责任,以筑好维护医疗秩序的"最后一道防线"。当然,最好的社会政策才是最好的刑事政策,培育和谐的医患关系是解决医闹的根本途径。国家政策、政府管理、医疗单位以及保险机构等应该共同在防止医患纠纷、化解医患冲突上多下功夫。事实上,在医疗过程中,医患双方表里不一的不信任关系由来已久,小病大看、药物滥用,医疗资源分配不合理,医疗体制市场化造成的营利性驱动等问题依然突出,若一味寻求刑法的"底线"治理,必将是刑法难以承受的。

(载《南方都市报》,2015 年 7 月 4 日,金泽刚专栏)

律师做法官会不会是一场秀

上海一家律师事务所的高级合伙人商律师被确定为上海市第二中级法院三级高级法官拟任人选,此事作为法律界的新生事物持续被社会各界热议。综合各方面的热评,积极评价者居多,譬如,从官方层面上讲,这是司法改革的进步与实践,从个人方面讲,这为优秀律师走进法官队伍开了先河。但是,如果沉入到基层,听听一些私底下的说法,问题还真不能说没有。

今年4月,上海正式面向社会公开选任四名高级法官、检察官,具体职位包括一名三级高级法官和三级高级检察官,以及一名四级高级法官和四级高级检察官。结果此次只拟招两人,原因不得而知,是不是报名人数不够多,或者报名者不符合条件,抑或是来自法院、检察院内部有名额的阻力呢?司法改革的重头戏"员额制"对于一些基层司法机关就压力山大,进不进员额关系个人的切身利益,现在还要招几个外面的人,而且直接就是三级法官或者检察官(相当于庭处长级别),内部原本有升级希望的人当然有意见。有的人就认为这没给其他法官检察官一个"同台竞技的平等机会"。

追根溯源,从律师转行做法官大约是移植西方的做法。在美国,先当律师再做法官更是其司法传统。但这些国家的法治环境以及律师在社会中的地位与我们的国情显然不可同日而语。美国多少总统都是律师出身更是我们经常津津乐道的话题。所以,我们是从律师中选出极少数个别法官,而别人早就打通了从律师到法官的通道。那么,我们是如何的选法就备受关注。至少不能让人怀疑选择的科学性与合理性,比如,是从多少报名律师中选拔的,经历了什么样的笔试与面试,还有道德品行方面的审查,等等,这些至今未见报道。除了选任公告和拟任公示,中间的过程亦未见公开。这本是一次伟大的先例实践,无论结果如何,至少过程还是显得平淡了些。说通俗点,这次选拔似乎"秀"得不够。从律师中选法官如何让被选者令人口服心服,的确是值得选拔者做点创新思考的。

更要紧的是,上海这次选出的律师还是一位"年入千万"的大律师,也就是一般人眼中的能律师,体制内的人难免要想象其到法院的动机是什么,原因显然在收入之外,剩下的就只有一个解释,即追求法律裁判的公平正义,拥有法律从业者的至高荣耀?但这对于当今中国的法官而言,的确是一个有点奢侈的梦想。前一段时间关于法官辞职潮的讨论在某种意义上也说明了这一梦想之难。我们敬佩商律师追求法律理想的精神境界,但也请商律师对理想与现实之间的差距要有足够的心理准备。

再说,律师做得怎么样往往是用金钱来衡量的,但什么是好法官,其标准恐怕复杂得多。数数往日受到表彰的优秀法官的优秀事迹,这个标准也是具有中国特色的。从生活到工作,律师可以尽情发挥,自由洒脱,法官则要内敛、理性、自律。在现行司法体制下,一个再精通法律的法官未必能以一己之见处理一个案件,这也是与律师办案最大的不同。从体制外到体制内,如何公正处理每一起案件,这给当下律师向法官的转换提出了不小的考验。所以,新晋法官必须想好除了收入减少之外的其他难处。说句难听的话,万一将来适应不了这个角色转换,做了几年法官后,再打退堂鼓,那绝对就是"双输"的事情。

马克思说过,法官是法律世界的国王,除了法律就没别的上司。如今,司法改革的重心正是要以审判为中心,重新将原本属于法官的权力、荣耀与责任一并交还给法官。从台下做律师选择到台上当法官,只不过是改革浪潮中的一个潮头而已。但愿若干年后,回顾起来,这个潮头已经成为一个标杆。我们期待商律师成功转型,在法官的舞台上同样秀出精彩人生。

(载《南方都市报》,2015年7月13日,金泽刚专栏)

从奖励"线索大妈"看法治的另一面

近日媒体报道,北京"西城大妈"继"朝阳群众"之后成为又一群众情报员。"西城大妈"年龄多在58岁到65岁之间,都是实名注册的治安志愿者。"西城大妈"提供的情报、线索直接支撑了破案工作,她们也因为提供线索受到了警方的奖励,仅今年前4个月,西城警方就对信息员提供重要信息线索奖励753人次,奖励金额达到56万余元。

其实,近年来公安部发布了许多针对打击犯罪的举报奖励规定,但是各地的执行情况不尽相同。在北上广这类大城市往往效果较好,一方面是因为这类城市属于陌生人社会,民众举报的心理负担较小;另一方面,这类城市的奖励机制较为公开透明,能够起到正确的激励引导作用。其他一些城市虽然有相应的奖励制度,但是民众对具体规定并不了解,奖励机制透明度不高,想举报的人对接受举报单位的保密制度也有疑心。所以,北京西城的这种高调奖励举报人的做法对很多地方显得颇有样本意义。

实际上,法治不仅仅是惩罚违法犯罪,奖励和惩罚都是依法治国的体现。惩罚是通过治理已经发生的违法犯罪行为,避免违法犯罪再次发生,无论是对于已经违法犯罪者,还是对于潜在的可能违法犯罪人员,都能起到威慑和预防作用。而奖励则是鼓励普通市民积极参与到社会治理中来,其性质是民众自治与公权力的结合,是群众路线在治理违法犯罪过程中的积极实践。从西城大妈举报的实践来看,它不仅可以降低当地社会治安综合治理的成本,而且举报本身对违法犯罪也起到了震慑作用。所以,大妈们获得奖励当之无愧。不过,从全国其他一些地方暴露的情况看,无论是制定奖励规定的机关,还是实际操作的具体部门,对奖励制度远未给予足够的重视。在某些地方,举报靠的是群众觉悟,对举报予以奖励甚至被认为是可有可无的事。

同样是奖励,见义勇为的认定也经常遇到瓶颈。从一些地方做法来看,英雄流血又流泪的事件还时有发生。由于顾及地方经费问题,加上证据搜集困难等原因,见义勇为经常难以落实,有的地方甚至还发生了十几年后才认定见义勇为的事件。不仅如此,有的见义勇为者甚至还要冒着被追究违法犯罪的法律责任的危险。因为一旦见义勇为发生在与违法犯罪作斗争的场合,就会涉及刑法规定的正当防卫制度,若见义勇为者不能被认定为正当防卫,那反而容易背上违法犯罪的黑锅。2014年7月,见义勇为青年小涂就差点被深圳警方认定为犯罪嫌疑人,小涂从一开始被刑拘,再到被释放,再到被确定为见义勇为,14天时间犹如坐过山车一样大起大落。这一案例从反面也说明,社会观念对见义勇为的评价仍有很大的偏差,更不用说进行奖励了。

一个良性运行的社会,一定是一个充满正能量的社会。而正能量也是需要法治护航的。奖励民众自觉参与到治理违法犯罪中来,实际上也是法治的另一面。法治的范畴中不应该仅仅只有惩罚,还应该有奖励,这种奖励是对正能量的支持,更是对正能量的呼唤。

(载《南方都市报》,2015年7月15日,金泽刚专栏)

学者型大法官落马的反思

最高人民法院副院长、二级大法官奚晓明涉嫌严重违纪违法,接受组织调查的消息比其他普通副省级官员的落马更令人震惊。一方面,身为执司法牛耳者却犯了法,这种角色错位耐人寻味,另一方面,在其落马的各路消息中,许多人(尤其是非法律界人士)据此获知,这位拥有知名学府硕士和博士头衔的副部级高官,还是中国民商法领域的权威,是学界公认的学者型法官。

证明奚晓明是学术权威的资料还真不少,比如,奚晓明主编的书就很多,亚马逊网站上查找到"奚晓明"的词条达360多条,其中大量的图书为其主编的工具书。因为除了审判工作之外,最高法院的一个重要职能是对下级法院进行业务指导。最高人民法院发布的许多司法解释的条文都出自最高法的法官之手。每次有新的法律或司法解释出台,最高法可能就要出一套书,以指导司法适用。此外,还有常年定期出版的审判指导用书(尤其是以案例指导为主),这些书往往都由最高法院的相关审判庭编写,主编一般由主管副院长挂名。奚晓明由此"著作等身"不难理解。但其本人究竟写了多少,是否审阅过相关内容,却是另一回事。事实证明,有了领导这个位子,挂的主编就会很多,加上来自最高法院出的书,地方法院的法官们人手一套,使用率就非常高,这大约就是"学者型法官"的理论依据。又据媒体介绍,在被查之前的两个月里,奚晓明多了两个重要学术头衔:最高法院民法典编纂工作研究小组组长和最高法院环境资源司法研究中心主任。这二者,尤其是前一个分量着实不轻,但同样地,它们也与其作为主管副院长的地位和权力不无关系。

诚然,科班出身的奚晓明,做了30多年审判工作,一定有着资深的审判经验,也应该拥有不少知识积累。如果能将平时的审判经验上升为系统理论的确是对学术的贡献。但要成为学界某个领域的权威,还是要具备相当的理论造诣的,如有影响深远的学术见解(以作品为代表),被学界公认的学术品格(如研究特点、研究方法),而且还要有学术系统性。而根据目前的报道,未见有媒体列举奚晓明在哪些问题上发表了独到而有影响力的见解。倒是颇受争议的一起山西股权转让纠纷案,被列为"指导案例",写进了由其主编的《最高人民法院商事审判指导案例(2012)公司与金融》一书中,该书列举的裁判要点是:如何判断股权转让协议是否应予解除。杯具的是,今天,该案已被学界不少专家评判为最高法院的一次"最荒唐的判决"。

对于高官的落马,通常批评声、喝彩声居多。不过,对于奚晓明接受组织调查,一些人的态度颇值得玩味。7月12日,一位奚晓明读博期间的律师同学撰写了《致奚晓明同学》一文在网上流传。该文立足多年前的同学往事,认同奚晓明是位谨慎、低调且有能力的领导。文章希望奚接受命运安排,但又坚信他在熬过艰难之后会有用武之地,还特别表示将来愿意帮其发挥专业特长,体会法律人的真正价值。该文字里行间并未渗透着老同学之间的悲怜,倒是文末的希望要是让奚晓明读到,不知道是何等滋味。

另有媒体专访了奚晓明的导师魏教授。魏老师提及这位昔日门生,倒是无比惋惜。魏老师还特别担心奚晓明落马后,民法典的编纂工作将何去何从,因为"他的经验没有人能完全代替"。看来,在导师的心中,这位学生的水平能力无人能及。不过,魏老师也认可,奚晓明抵制不了财产的诱惑、朋友的压力而失足陷到圈里了。老先生还进一步认为,奚晓明绝不是那种抱着升官发财思想进入司法系统的,他出问题说明我们缺乏对官员严格的监督制度,特别是对高层领导的监督。然而,把一位执法犯法的大法官落马归咎于监督不力,对于此案的思考未必找对了方向,至少没有切中肯綮。

从5年多以前判决的、同样是最高法院副院长的黄松有职务犯罪案,到如今黄的继任者(业务上)奚晓明落马,他们无疑狠狠地砸了"学术型法官"这个时髦的招牌。法官需要法律素养,但法律素养不能等同于学术。动辄把"学术型"的帽子戴到头上有时反而会连累法官办案。诸多反腐案例反复证明,法官的德行在一定程度上并不比其学识对司法公正的影响小。正如一些爱题字的官员落马后,其所题之字就会被人纷纷铲掉一样,同样地,挂着很多主编头衔的学者型官员,在其落马后,主编也会易人,甚至受人讥笑,这无论是对于做法官,还是做学术,都该反思反思。

(载《南方都市报》,2015年7月18日,金泽刚专栏)

试衣间应是"公共场所"

近日,对于"朝阳区某服装店试衣间不雅视频"事件,经警方调查,不雅视频中的两名当事人于4月中旬在该试衣间内发生性关系并用手机拍摄视频,后该视频在传递给微信朋友时流出并被上传至互联网。警方先后将孙某某(男,19岁,黑龙江籍)等人控制。

目前,孙某某因将视频上传新浪微博涉嫌传播淫秽物品罪被依法刑拘,3人因传播淫秽信息被依法行政拘留。视频中两名当事人,警方正在进一步处理中。

此次试衣间不雅视频事件不仅冲击着民众的传统道德观,而且也在考量着法律的价值评判。在"不雅视频事件"转化为"淫秽信息案件"之后,其性质如何判断还在争议之中。如有人就此事件作了详尽的"各方责任分析","各方"包括当事男女、上传视频者、涉事门店、网络发布平台、发视频给朋友和群里网友、查看不雅视频的网友,以及人肉信息并公布者。把这么多主体逐一分析个遍,大有一网打尽之意,但如此周密的追责,实际操作起来基本不可能。有法律谚语"法律不理会琐碎之事"就是这个意思。

比如,涉事门店不可能派人把守试衣间,试衣间的性质人人都懂,也不可能有探头监控;网络发布平台由于技术上的原因,很难做到对于海量信息及时加以甄别发现,只能在发现后删除其中的不良部分。对于将不雅视频在私下朋友之间传播凑热闹的一般网友,如果要依据《治安管理处罚法》,界定为利用"通讯工具传播淫秽信息",予以拘留和罚款,那实在是对民众的苛求,果真如此难免人人自危。至于说出于好奇查看不雅视频的网友,其行为与浏览、查阅色情网站绝不可同日而语。

可见,此次事件的责任主体仅限于当事男女以及传播到网络上的人。

对于当事男女,目前予以道德谴责者居多,支持法律追责的少。然而,他们在试衣间的行为不只是违背社会公德。《治安管理处罚法》第四十四条明确规定有"在公共场所故意裸露身体,情节恶劣的,处五日以上十日以下拘留"。而试衣间是不是公共场所呢? 答案并不难找。

判断公共场所的标准是进出对象的不特定性,而不是"任何时候任何人都可随便进去"。否则,没有地方算得上公共场所。公共厕所是典型的公共场所,"公共"二字就是很好的证明。公共场所只是就公共性而言,与保护隐私并不矛盾。

同时,公共场所也有规矩,也需要适当的限制,如公共厕所就有男女之别。试衣间只要里面没人谁都可以进去(试衣),不能因为里面有人时其他人不能进去就否定其公共性,更不能因为试衣时有可能暴露个人隐私就否定其公共性。在这种谁都可能进入或者接近的场合,发生男女鱼水之欢,显然比一般的"故意裸露身体"更为恶劣。不仅如此,其后,还将该视频传递给微信朋友,从而导致被孙某某传到网上。这更加表明,当事人行为无底线,应当受到法律的处罚。

再来看将视频上传上网的孙某某的行为。依据刑法规定,向他人传播淫秽的书刊、影片、音像、图片等出版物达300至600人次以上或者造成恶劣社会影响的,构成传播淫秽物品罪。但结合此案,构成犯罪的前提必须是当事男女的不雅视频属于"淫秽物品",而在刑法中,淫秽物品是指"具体描绘性行为或者露骨宣扬色情的诲淫性的书刊、影片、录像带、录音带、图片及其他淫秽物品"。据此规定,这段视频已经符合了"淫秽物品"定义中

"露骨宣扬色情"的要件,但其最终是否构成"淫秽物品",还需由公安机关进一步鉴定。

(载《新京报》,2015年7月21日,金泽刚专栏)

相关文章参考:

① 试衣间怎么能算公共场所,载《新京报》,作者:缪因知,2015年7月6日。

② 试衣间啪啪啪是否违法,要看法律人脑洞有多大,载《中法评》,作者:车浩,2015年7月28日。

扩充地方立法，难处要考虑在前

据报道，山东省十二届人大常委会第十五次会议决定，自2015年12月1日起，全省17个设区市将全部可以制定地方性法规。此前，山东省分阶段实现地方立法权的扩容，如济南、青岛、淄博三市已先后被赋予地方立法权。可以预见，过不了多久，全国200多个设区的市都将享有地方性法规制定权。

不错，随着立法法的修改，赋予设区的市以地方立法权是地方上多年的梦想，这对于丰富和完善我国的立法活动，实现中央、省级和市县之间权力的科学合理配置，激发地方政府城乡建设的热情，都具有重要意义。

然而，立法是一项确立普遍性权利义务关系，制定系统性专门规范的理性活动。仅有创新热情或者实践经验还是不够的。尤其是在如今社会的整体法治环境欠佳，公民法律素养还不高，立法人员的法律水平参差不齐的情况下，地方立法的难处恐怕更要考虑在前头。

从立法法的具体规定来看，地方立法制定的规范内容十分受限。即设区的市的人民代表大会及其常务委员会根据本市的具体情况和实际需要，可以对城乡建设与管理、环境保护、历史文化保护等方面的事项制定地方性法规，前提是必须不同宪法、法律、行政法规和本省、自治区的地方性法规相抵触，一般也不能同本省、自治区的人民政府的规章相抵触。因此，这些地方性立法只能围绕城乡建设与管理、环境保护、历史文化保护等方面事项制定地方性法规,而这些事项一般说来,各省、自治区均有相应的地方性立法规定,或者政府规章规定,设区的市的人民代表大会及其常务委员会将如何作为,直接涉及到与地方立法或者政府规章相冲突的问题,也就是说,这样的立法陷入了一个矛盾的漩涡,既要在当地突破原有的局面,进行改革创新,但又不能违背上位法已有的限制。除非上位法没有规定,或者规定得过于抽象,留下了空白区域,设区的市的立法才能有所作为。而实际上,通过设区的市的立法推动上位法的变革更是社会发展所期盼的,就像当初深圳的改革带来全国变革一样。否则,改革的前行必然会受限于原先地方性立法的阻滞。

不仅如此,立法的理性是多种力量、多重智慧共同作用的结果。而要保证市级地方立法的质量还存在不少难题。从以前地方立法情况看,立法质量就经常受到诟病,以修改环境保护方面的地方性法规为例,一些地方的大气污染防治、生态文明建设等相关立法都有不少硬伤,有的制定得过于原则笼统,有的缺这缺那顾此失彼。究其原因,与地方立法机构能力不足或者时间仓促有很大关系,应考虑制定配套的立法指导和提高地方立法能力的规定。

保障立法质量必须执行科学的咨询、提案等程序。立法是一个民主的过程。唯有综合反映各方意见,才有利于各方有序协商、达成改革共识,有利于避免狭隘的部门利益法律化,有利于防止立法成为长官意志或者地方领导追求政绩的工具。在市级地方立法过程中,如何征询基层社区民众、企业员工,以及各党派和人民团体的意见,尚没有多少经验可循。希望全国人大在机构设置、人才储备等方面,对市级地方立法给与培训和指导,使地方立法能有一个良好的开端。对省级人大及人大常委会来说,如何处理审查与指导市级地方立法工作的关系也是个亟待应对的问题。

(载《新京报》,2015年7月28日,《金泽刚专栏》)

有罪判决不是反腐的终点站

近日,陕西省安康市汉滨公安分局原副局长汪某某因犯巨额财产来源不明罪、玩忽职守罪被判有期徒刑六年半,违法所得459万余元上缴国库。作为一名科级干部,汪某某顶多算是一只苍蝇,可司法机关查获其身家达1100余万元,其中银行存款322万,借给当地开发商胡某500万,房产和车辆合计230余万。

比较特别的是,此次判决,对汪某某的犯罪所得仅以巨额财产来源不明罪论处,而没有认定受贿罪,这与常见的腐败案大为不同。

在大多数腐败案件中,往往都是由受贿牵涉出其他违法犯罪问题,其中,巨额财产来源不明罪则是紧跟受贿罪的附属品。也就是说,在没有证据证明存在贪污受贿等职务犯罪的情况下,认定巨额财产来源不明罪就成为打击腐败分子的兜底条款。此次汪某某涉案数额达1100余万元,对于能够说明来源的财产之外的其他几百万元,没有一笔认定为贪污或者受贿所得,故以巨额财产来源不明罪定性似乎没有什么问题。然而,在法理上,刑法设置巨额财产来源不明罪的目的是为了严密刑事法网,避免司法机关在穷尽所有查证之后,仍然无法证明该财产是贪腐所得故而放纵腐败行为。可在实际适用该罪的过程中,该罪的存在有可能给司法人员当做偷懒的契机,认为反正有了这个罪,查不出贪污受贿也可作出交代。万一司法人员要是存在"帮帮"犯罪嫌疑人的不良动机,那就更可能给有能耐、扛得住的腐败分子逃避打击的机会。不难揣测,国家工作人员拥有来源不明的巨额财产往往与贪污受贿有关,而对此仅仅认定巨额财产来源不明罪并没有"对症下药",这与设立巨额财产来源不明罪的初衷也相去甚远。

此案汪某某作为一名基层公安分局的副局长,对巨额财产来源不明罪自然非常了解,他一定清楚,在现行的刑事诉讼机制下,只要自己死不认账,检察机关就不大可能定贪污受贿罪。而事实证明,检察机关最终也没有提出贪污贿赂的指控,如此一来,该判决结果只会使一起反腐案件高高举起轻轻落下,社会效果将大打折扣。

从案情介绍来看,与汪某某巨额财产来源不明相关的事实是,该案中能够说明来源的收入主要包括投资经营收入、结婚礼金等。而我国《公务员法》第53条明确规定:"公务员必须遵守纪律,不得有下列行为:(十四)从事或者参与营利性活动,在企业或者其他营利性组织中兼任职务。"可见,汪某的投资经营行为早就违反了《公务员法》的规定,但他并未因此受到任何处分。结婚礼金数十万元也显然违反公务员纪律规范。《中纪委三次全会公报》均指出,要重点纠正领导干部利用各种名义收受下属以及有利害关系单位和个人的礼金行为。在汪某某能够说明来源的收入中,绝大多数也是违反了法律规定的,而且,这类收入的过程持续时间很长。在这么长的一段时间,汪某某的违纪经营行为是没有被有关部门掌握,还是有关部门视而不见呢。无论是哪种情况,监督已经缺位了。的确,与落马"老虎"相比,这些地方上的小官的贪腐行为曝光率不高,但其对身边群众的危害却是实实在在的,对当地的官场吏治是一种长期污染。与此同时,这些"苍蝇"小官又能够权霸一方,当着"土皇帝","一人说了算",其左右逢源的能量导致监管起来颇为困难。从已经曝光的多起小官大贪案来看,贪官在被抓之前,往往早就处于"问题累累"的量变阶段,只不过不是没人告而是屡告不倒,轮到终于有一天"突然"被抓的质变后,才发现此人原来是这么大的一个潜伏着的贪官啊。如何防止官员被抓以后才"腐败累累"是监管机构亟待反思的问题。

再回到汪某某案中,判决认定汪某某犯渎职罪是因为在查办案件过程中大搞利益交换,导致犯罪嫌疑人不能归案。即汪某某通过取保候审的强制措施换取犯罪嫌疑人的捐款,在这一事件中,公安机关内部的监督成为了摆设。一方面,是对案件的监督,包括对取保候审整个流程的监督不完善,让涉案的犯罪嫌疑人通过利益交换逍遥法外达数年之久。另一方面,是对该事件中的利益交换本身的监督,显然,犯罪嫌疑人捐款就是为了谋求取保候审,但却没有人对此捐款行为提出异议,更没有监督机关介入调查。

可见,小官能"长成"巨贪,与对官员监督机制的不能到位密切相关。就个案而言,从发现到审判,再从审判到预防,对官员的监督必须落实到每一个环节之中。如果贪腐行为能够早点被揭露,那么这些"苍蝇"的贪腐数额就不可能如此巨大。缩短民间传说(贪官)与官方调查(贪官)之间的距离是治理腐败的当务之急。从长远来看,建立公开公正而高效的监督机制才是防治腐败的根本之道。对那些暴露出来的"苍蝇"也好,"老虎"也罢,下份有罪判决书绝不是反腐的终点站。

(载《南方都市报》,2015年8月1日,金泽刚专栏)

慎给释永信举报人扣帽子

"释正义"对少林寺方丈释永信的举报点燃了这个本就炎热的夏天。

近日,释正义再向多家媒体发送猛料,披露更多指称释永信与一刘姓女子多次发生不正当关系的细节。这批新材料包括7页的"公安笔录"复印件,其中1页是2004年5月29日释永信接受郑州市公安局刑侦支队的"询问笔录",其余6页是同年6月2日上午对刘某的"讯问笔录"。在释永信的"询问笔录"中,释永信称"刘某敲诈自己"。"询问笔录"仅有1页,未涉及通奸的内容。而在刘某的笔录中刘某称,自己2000年和释永信在郑州某酒店发生第一次性关系。此后的4年中,两人又先后在香港、深圳、郑州和登封等地发生过"一二十次"性关系,其中还有一次导致她怀孕。刘某还称,因为释永信曾承诺帮她解决佛像的事情,但一直拖着不办。她担心释永信不认账,还保留过发生性关系的证据,并交给深圳某医院的王某保存。刘某的两份笔录上,每一页都有她的签名和手印。

对于以上笔录的真伪,目前,办案的郑州警方和释永信方面均未作回应。倒是有人就此笔录举报作了法律上的评价。如有的观点认为,这些"警方笔录"存在严重的合法性问题。理由是警方办案的笔录并不代表内容真实客观。而且属于《保守国家秘密法》所规定的"追查刑事犯罪中的秘密事项",是"国家秘密",不允许外泄。还有观点指出,不管笔录真假,释正义已经侵犯了释永信和刘某的隐私权、名誉权。如果笔录是假的,释正义则可能因侮辱他人而涉嫌寻衅滋事罪。如果是警方内部人士将笔录外传,泄露笔录的公安人员轻则被警告或者调离公安队伍,重则涉嫌滥用职权罪。同时,泄露笔录的公安人员还要承担对笔录的当事人进行赔礼道歉和赔偿精神损失的民事责任(参见 8 月 2 日《新京报》)。

然而,上述"警方笔录"属于《保守国家秘密法》所规定的"国家秘密"吗?

该法第九条明确规定:"下列涉及国家安全和利益的事项,泄露后可能损害国家在政治、经济、国防、外交等领域的安全和利益的,应当确定为国家秘密",其中第(六)项的规定是"维护国家安全活动和追查刑事犯罪中的秘密事项",在这里,"追查刑事犯罪中的秘密事项"当然受前面"涉及国家安全和利益"的制约,并不是任何侦查犯罪的活动都属国家秘密。过于宽泛地理解"国家秘密"反而不利于保护真正意义的国家秘密。很显然,上述笔录只是公安机关调查一起普通的敲诈勒索案,并牵涉当事者的通奸事宜,难以上升到国家的安全和利益层面。至于说曝光笔录,轻则侵犯个人隐私、名誉,重则涉嫌构成侮辱、寻衅滋事犯罪,或者是公安人员滥用职权罪,这实在是言重了。如果真的是少林方丈与他人通奸闹到了公安机关,这样的信息该不该公开本身就值得研究,但至少从公共利益和个人利益比较来看,将这样的事情大白于天下比遮遮掩掩、瞒着蒙着有意义得多。即使偷出这样的"笔录"加以曝光不甚妥当,但其危害性不至于达到犯罪的程度。反之,如果以上笔录属于虚构,举报者的确涉嫌侵犯他人名誉,对此被害人可依法追责。但因相关笔录上只有文字及有关人名(包括签名)的记载,又没有国家机关的印章,所以也不属于公文、证件的性质,不构成伪造公文、证件、印章罪。而且,侵犯对方名誉的行为与扰乱社会秩序的寻衅滋事罪更是相距甚远。

如今,举国上下关注这次"举报",是因为释永信作为全国人大代表、作为少林寺这个世界文化遗产的实际管理者,有责任接受社会和公众的监督。释永信还历任第七届中国佛教协会副会长,第六届河南省佛教协会会长,是一个不折不扣的公众人物。对于公众人物的举报,尤其是爆料具体、言之凿凿的,有关方面有责任先查被举报事项,而不是先猜疑举报人的动机,甚至扣上诬告、侮辱、诽谤、侵犯隐私等帽子。其实,刑法将侮辱、诽谤罪设为自诉罪的意图很清楚,那就是让被认为受了侮辱、诽谤的人自己去控告,这不是公权力管辖的事儿,公权力就不必着急。

当然,争论归争论,对于这次举报风波,所有的人最期盼的无疑是给个说法,而且是个泾渭分明的说法。少林寺这些年来时不时有风风雨雨飘过,但印象中似乎并没有一次有一个权威的结论。如今的佛门圣地并不清静,即使在崇尚佛教的泰国,近年来僧侣生活奢靡,甚至吸毒、性虐等的丑闻也屡遭曝光。去年韩国汝矣岛教会创始人、著名牧师赵镛基因渎职及贪污被判刑,更是让很多人的信仰遭受不小的冲击。这次或许轮到我们了,只要下决心去查,无论是两个身份证也好,结婚生子与人通奸也罢,没有查不清的事实。何况方丈也表示了:这次一定做个了断,给社会各界人士方方面面都有个交代。不知道这将是怎样的一个交代,我们拭目以待。

(载《南方都市报》,2015 年 8 月 3 日,金泽刚专栏)

警察关警察案不可忽视刑事追责

近日,只因一句口头禅"我靠",河南洛阳交警李辉锋被西安市公安局莲湖分局北院门派出所关了20个小时,此事被传上网后引起广泛关注。8月7日,西安市公安局对此次留置事件作出处理决定:对负有直接责任的派出所副所长吕某和三级警长白某某给予行政撤职处分;对负有领导责任的该派出所所长和教导员也给予了相应的行政处分。

在网络媒体的监督下,这次留置事件的处理来得较为迅速。有关方面不仅迅速对几个责任人做出了行政处分,而且还迅速决定在全市公安机关深入开展规范执法专项整治活动。然而,就其所称"洛阳交警李辉锋被留置事件"之说,连"错误"二字都没有加上,说明对这次事件的认识未必完全到位,至少对其造成的恶劣影响还没有足够的认识。不仅如此,在给予行政处分和开展规范执法整治活动之间,似乎还忽略了一个重要环节,那就是有关责任警察的行为已涉嫌滥用职权的刑事犯罪,有关部门研究了没有?

此次事件实际上由两个部分构成,一是针对盗窃案被害人的报案,当事警察之所为;二是作为证人身份的警察李辉锋把自己被限制人身自由的遭遇公布到网上,从而引发了"留置事件"(未公开化之前还不能称为"事件")。前者是客观存在的事件内容,后者是引起关注和处理的原因。对于李辉锋在网上公布的内容,经过西安方面的调查,"反映的主要问题基本属实"。那就说说李辉锋在网上公布了哪些内容吧:一开始,接到失主报案,警方将李辉锋、失主陈女士及被李辉锋等人抓住的疑似小偷的两男两女带到派出所。在派出所,李辉锋向西安警察表明了自己的警察身份。接下来,李辉锋不满派出所值班警察的消极态度,觉得找不回手机就准备离开。走到门口时,李辉锋对着墙说了句口头禅"我靠",就是因为这句话被民警白某某抓住并要把他关起来。在双方拉扯过程中,李的衣服被扯破,白某某上来打了他一拳,他也回了一拳。李辉锋遂被关进派出所候留室外屋,钥匙、手机、皮带等物亦被暂扣,而隔着铁门的里屋就是小偷。警察还当着小偷的面,问他的姓名家庭住址等个人情况。再接下来,在被扣留期间,李辉锋没有坐的地方,也没有吃饭,而小偷有吃有喝还有烟抽。直到被关20个小时左右,李辉锋才得以获释。

既然李辉锋公布的上述主要内容属实,问题的结症就不难明察。明眼人一看就知道不是"我靠"太过分,而是有的警察自恃权力在手就恣意妄为、公器私用了。在这些警察眼中,进了派出所就只有我做主,容不得他人半点不满。对同行的警察都如此侍候,遇到普通群众时更是可想而知。何况,李辉锋还是跟着被盗同伴去报案的,在法律上属于被盗案的证人身份,留置他有何理由呢?难道是他那句"我靠",还是他回敬的那一拳?

无论如何,在派出所将李辉锋的人身自由限制20小时没有任何法律依据。因为依照法律规定,公安机关的留置执法,是指经过法定批准程序,将当场发现有违法犯罪嫌疑的人留在公安机关继续查问。所以,任何人要被留置,必须满足两个条件:一是有违法犯罪嫌疑(实质条件);二是经过有关部门批准(形式条件)。显然,作为证人的李辉锋不应该被留置。也就是说这是一次违法的留置,对这样的违法执法(不仅是不规范),如果事后都是用一句轻飘的失误或误会来解释,是难以服众的。否则,遇到事情,谁都可能成为警方留置的对象,那岂不是人人自危,哪还有什么人权可讲?

从以往的案例看,对于拥有限制人身自由权力的警察而言,一旦滥用权力,不仅后果严重,而且经常会找到堂而皇之的借口。而刑法规定滥用职权罪的目的就是要防治公权力的滥用,在适用于警察等执法主体时,决不可借口"执法不规范"而忽略或者减免其已经构成的刑事责任。依据《刑法》第三百九十七条规定,国家机关工作人员滥用职权或者玩忽职守,致使公共财产、国家和人民利益遭受重大损失的,处三年以下有期徒刑或者拘役。对于何谓"致使公共财产、国家和人民利益遭受重大损失",最高司法机关的司法解释规定了其中一种情形,即"造成恶劣社会影响"。而在此次事件中,涉事警察因一句不满意的国骂就殴打证人,还将其当成违法犯罪嫌疑人与小偷们关在一起,在明知证人是警察身份的情况下,一关就是20个小时,这正是典型的滥用职权行为,从后果来看,此次事件不仅给西安警察,实际上也给全国警察带来了极其负面的影响,足以界定为产生了"恶劣社会影响",因此,涉事警察已涉嫌构成滥用职权罪,在给予撤职处分后,紧接着应该进行刑事追责。若能如此,也只有如此,规范警察执法的整治活动才能真正深入下去,并取得实效。

(载《南方都市报》,2015年8月10日,金泽刚专栏)

依法规制污点证人原则以推动法治反腐

新时期反腐倡廉取得的成效令人注目。随着反腐的不断深入,制度反腐已成为人们的基本共识,也就是说,必须建立公平而高效的法律机制,从制度上健全完善预防腐败、惩治腐败等反腐败治理措施。其中,污点证人原则就是一项值得探索的创新举措。

一、何谓污点证人

何谓污点证人,有学者指出,是"具有犯罪污点且知道案件情况,在诉讼中向司法机关提供实质性配合和帮助,由司法机关确定,赋予其一定程度的司法豁免权,指证其他犯罪人犯罪事实的人"(见彭新林:《中国特色腐败犯罪污点证人作证豁免制度构建要论》,刊于《法治研究》2014年第11期)。这一界定虽然道出了污点证人的主要意旨,但仍有明显不足。

首先,何为"犯罪污点",特别是没有对污点程度做出限定和说明。其次,没有阐释清楚证人的法律地位,而且"知道案情"这一粗略修饰过于宽泛。因为依其本意,名为"知道案情"实为"参与犯罪",但"知道"和"参与"在法律语境中存在天壤之别。再次,给予污点证人减免刑的"照顾",实质上是其与司法机关配合后所获得的一种交易"对价",并不表明其享有了司法豁免之"权"。

实际上,污点证人在不同国家或地区有不同的称谓。如有的英美法国家称其为"边缘被告人";有的大陆法国家称其为"王冠证人"。在我国台湾地区,则称其为"窝里反证人"。在这里,"窝里反"倒是最为形象地凸显出污点证人的本质特征。比较而言,不妨将污点证人概括为:在刑事诉讼过程中,具有犯罪嫌疑,但愿意提供关键证据,以配合检察机关指控他人的犯罪事实,从而得以减免刑事责任的人。

污点证人原则在法治发达国家反腐领域的运用主要表现为腐败犯罪的污点证人享有作证豁免权。所谓污点证人作证豁免,按照美国《布莱克法律词典》中的解释,是指在刑事诉讼中,为换取证人的证言,政府允诺不追究证人相关的刑事责任。

关于污点证人豁免制度,最权威的表述当属《联合国反腐败公约》第37条的规定,即:各缔约国均应当采取适当措施,鼓励参与或者曾经参与实施根据本公约确立的犯罪的人提供有助于主管机关侦查和取证的信息,并为主管机关提供可能有助于剥夺罪犯的犯罪所得并追回这种所得的实际具体帮助;对在根据本公约确立的任何犯罪的侦查或者起诉中提供实质性配合的被告人,各缔约国均应当考虑就适当情况下减轻处罚的可能性做出规定;对在根据本公约确立的犯罪的侦查或者起诉中提供实质性配合的人,各缔约国均应当考虑根据本国法律的基本原则就允许不予起诉的可能性做出规定。

可见,污点证人原则是法治进步过程中的一种"代价"或"对价"。政府可以以作证豁免鼓励或强制证人为更重要的犯罪作证,不受"不得强迫自证其罪"的证据原则所制约,而配合到位的证人得以豁免刑责。在美国,作证的污点证人及其家人、近亲属还会得到国家的有力保护,政府对污点证人会通过帮助其改名换姓、迁居异地、重新安排工作等方式进行身份和环境漂白,特殊必要时还会帮助其和家人迁居国外,助其重启新的人生。

二、西方的污点证人豁免制度:以美国为例

关于污点证人的最近一个实例是,不久前,瑞士联邦司法部门确认,正在苏黎世参加国际足联大会的6名国际足联高官因涉嫌腐败被刑事拘留。美国联邦检察官办公室经调查发现，这些官员在进行足球赛事转播权销售、市场营销和品牌赞助过程中接受了巨额贿赂，而对此案侦破起关键作用的正是转做污点证人的美国人查克·布雷泽，他曾担任中北美及加勒比地区足联副主席以及国际足联执委。正是由于腐败犯罪污点证人作证豁免制度及证人保护制度的强大保障，污点证人原则不仅在西方一些法治国家能够良性运转，也被其他一些国家和地区引入到本土以推进反腐败，比如我国的香港、台湾地区。

目前，美国的污点证人豁免制度主要存在两种法定模式，即证据使用豁免和罪行豁免。所谓证据使用豁免，是指取得豁免的证人所提供的证言和根据该证言所获得的信息，不得在以后的任何刑事诉讼中用作对该证人不利的证据。在这一模式下，证人的罪行并不能得到彻底豁免。如果控方根据证人证言及其派生证据以外的其他证据掌握了该证人此次犯罪行为的相关情况，仍可对其进行刑事追诉。所谓罪行豁免，是指取得豁免的证人在提供了有关其涉嫌犯罪的证言后，检方不得再就该证言所涉犯罪行为进行刑事追诉，其犯罪污点将被彻底清除。但如证人在取得豁免后作伪证，亦会追究其伪证罪的刑事责任。且对作证时证言中涉及的非本案要求其证明的犯罪行为，证人无权主张罪行豁免。

美国联邦系统目前采用的是证据使用豁免，但法律并不禁止在联邦法律系统中实行罪行豁免。州系统基本上两种做法各占一半。在有的州，如堪萨斯州，其《刑事诉讼法典》中既规定了证据使用豁免，也规定了罪行豁免，由检察官裁量适用。

另外，在美国的司法实践中，检察机关也经常使用一种所谓的"非正式豁免"措施，即不经法律规定的豁免程序而由检察官直接做出不起诉决定，以换取证人提供证言。在美国，如果证人愿意用作证换取豁免，检察官大多倾向于通过达成协议，即证人同意作证以换取不起诉的许诺，而不是用豁免令来实现豁免。对检察官而言，这种非正式豁免主要有两个优点：一是避开了获得作证豁免令的法定程序,这些程序比较繁琐并存在接受大陪审团调查的风险;二是允许检察官根据案件的需要确定豁免的范围,具有灵活机动性。因此,非正式豁免在取得证人合作方面效果更加明显。对证人而言,由于受"不告不理"和"禁止双重危险"原则的限制,非正式豁免意味着证人所提供的证言中涉及的自身犯罪行为将不再被起诉,从而使证人获得比其他方式更宽泛的保护。(以上三段所述,详见徐静村、潘金贵:《"污点证人"作证豁免制度研究》,刊于《人民检察》2004年第4期)

可见,非正式豁免实质上是一种非法定罪行豁免,是证人犯罪污点的非法定性彻底消除。据美国司法部透露,凭借污点证人的证言,约89%的罪犯可以定罪。

此外,美国的污点证人作证豁免制度与量刑密切相关,而相关的证人保护制度与量刑没有直接关联,它们是刑诉中的两个不同程序问题,但两者对污点证人原则的实施都是不可或缺的。

三、污点证人原则在我国的运用

我国法律中对污点证人原则没有明确规定,学界亦有不同观点。一些反对者认为,污点证人即是犯罪之人,与其他被告人要么是共同犯罪,要么是基于犯罪事实而具有牵连关系,在本质上系同案犯。反对者同时认为,人证主体只包括证人、被害人、犯罪嫌疑人或被告人三种,除证人外另两种皆是当事人。证人应该是与案件无直接利害关系的人,而当事人与证人有内外之别。而且,被告人陈述的是包括自己在内的犯罪行为,而证人陈述的是其自身行为之外因他人犯罪行为而发生的有关事实。是故,若将同案人视为污点证人,则混淆了被告人与证人之间的关系。

但无论是英美法国家所言"边缘被告人"还是大陆法国家所称"王冠证人",以及我国台湾地区所言"窝里反证人",都是把证人与被告人合并称呼,并不认为二者只是对立关系。

尽管我国法律没有类似"污点证人"及"证人豁免"的概念,但有关做法并非完全没有法律依据。比如,我国《刑事诉讼法》第173条第二款规定,对于犯罪情节轻微,依照《刑法》不需要判处刑罚或可免除刑罚的,人民检察院可以做出不起诉决定。《刑法》第390条第二款规定:"行贿人在被追诉前主动交待行贿行为的,可以减轻处罚或者免除处罚。"该规定对于查处官员腐败案件具有重要作用,实质上为检察机关为作证的行贿人豁免刑责留有较大空间。《刑法》第68条规定:"犯罪分子有揭发他人犯罪行为,查证属实的,或者提供重要线索,从而得以侦破其他案件等立功表现的,可以从轻或者减轻处罚;有重大立功表现的,可以减轻或者免除处罚。"该条同样适用于符合条件的职务犯罪案件证人的豁免。

虽然在打击腐败犯罪的问题上,我国法律至今尚未明确污点证人豁免制度,但长久以来,司法实践中的普遍做法已反映出浓重的污点证人豁免色彩。司法实践中,检察机关常对行贿人许诺,只要其配合调查取证,将保证其不会承担刑事责任。这在客观上为行贿人解除思想包袱,揭发其他腐败分子,提供关键证据,以及加速破案,起着非常重要的作用。

一个较典型的案例是1999年审理的重庆綦江县虹桥垮塌案。该案中,行贿人费某就因转作检察机关的污点证人而被豁免行贿的刑事责任。另据调研,近年来,浙江省南部某市9个区县的检察机关自侦案件中,90%以上的行贿人都因配合检察机关调查作证而豁免刑责。污点证人大多经由不起诉、另案处理、撤销案件等方式而取得豁免。据报道,因广州市副市长曹鉴燎贪腐案而被牵出的广州市国土局原副局长谭某某受贿400万元一案,于2015年6月5日在深圳市中级人民法院开审,检方在指控时对证人梁某某即采取另案处理的豁免方式。事实上,一些案件的"另案处理"起到了掩饰污点证人的作用。

在这个问题上,民众经常不够理解,认为司法机关放纵了行贿犯罪,而如果明确规定了"污点证人原则",对行贿人的豁免就不致产生认识误区。

不过,自2014年以来全国检察系统开展案件办理技术改革和程序优化,以前先立案再撤案以强制污点证人作证的办案手段已被禁止,从而使这种豁免方式的适用空间更加狭窄,污点证人原则的适用就出现了更为尴尬的困局。而且,长期以来,污点证人原则一直在遮遮掩掩中忽隐忽现,这在一定程度上反而妨碍其效用的发挥,影响了查处反腐案件的社会效果和司法公信力。

此外,由于我国尚未确立正式的污点证人豁免制度,检察机关对污点证人的处理不够规范,随意性很大。以贿赂犯罪为例,有的检察机关为争取行贿人的配合,在其交待有关行贿事实后对其作不立案处理;有的检察机关先对行贿人立案,然后再根据我国《刑法》的相关规定和有关刑事政策来做行贿人的工作,在其如实交代行贿事实后,对其不采取羁押性强制措施,最终作不起诉处理;更有甚者,有的检察机关以不起诉为"诱饵",待行贿人提供关键证据后,再对其定罪减刑或免刑。

四、法治反腐需依法规制污点证人原则

如果把污点证人原则看成是一种双方在法律层面的交易,那么这种交易仅是控诉方与作证方在场下的隐晦交易,因案件在侦查阶段是被要求高度保密的。其实,这既是案件侦破保密的需要,也因其"名不正言不顺",导致反腐的公正性和合法性受到外界质疑。这正好说明,污点证人原则有必要进行依法规制,以防止权力滥用,避免司法不公,解除公众的种种顾虑,就像刑事和解双方的交易已得到 2012 年修订的《刑事诉讼法》明确一样。

如今,为推进反腐制度建设,构建污点证人豁免制度还需要做好以下几个方面的准备和改进工作。

首先是污点证人豁免的立法模式。

豁免模式的选择影响着豁免的程度,而豁免程度如何,又决定着该制度对于污点证人是否有足够的吸引力,能否发挥真正的价值功能。结合我国的司法实践,目前以实行非正式的完全罪行豁免模式为宜,即由检察机关以不起诉的形式行使豁免权。关于不起诉的类型,目前可先行适用相对不起诉制度,但从长远来看,建议比照新《刑事诉讼法》为未成年犯罪嫌疑人设立的附条件不起诉制度,为污点证人设立一项专属的不起诉制度。同时在证据制度中设立相应条款与之呼应。

其次是污点证人豁免的对象和条件。

在腐败案件中确立污点证人豁免制度的目的,是以国家牺牲对较轻罪责犯罪嫌疑人的刑罚权为代价,换取对罪责更严重犯罪嫌疑人的追诉,并追求及时惩罚犯罪的效益原则。因此,污点证人豁免的适用对象只能是在腐败案件中处于次要地位、罪责较轻的(共同)犯罪人。此外可借鉴英美等国家和我国港台地区的做法,限定污点证人豁免的适用必须符合以下几种情况:一是其愿意配合检察机关提供相关证言或其他证据;二是其证言或其掌握的其他证据对要追诉的严重腐败犯罪具有独特诉讼价值且是必不可少的;三是其豁免必须符合社会公共利益,不应损害司法公正。至于严重腐败犯罪,应具体参考涉案金额、案件性质以及社会影响等因素来确定。独特诉讼价值主要指案件客观上存在着重大侦破障碍并难以克服,或克服该障碍代价太高,具体标准由有豁免权的检察机关裁量定夺。

第三,污点证人豁免程序与权利保障。

根据《人民检察院刑事诉讼规则(试行)》第407条的规定,省级以下人民检察院办理直接受理立案侦查的案件,拟作不起诉决定的,应当报请上一级人民检察院批准。如腐败案件中的污点证人认为没有获得相应的豁免,可向决定机关提出异议,以维护自己的合法权益。同时,豁免权的监督,可通过各级检察机关建立的人民监督员制度来实现。律师在此过程中亦应为"污点证人"发挥其辩护的职能作用。

由于污点证人是犯罪的参与者,又是证实犯罪的重要证据提供者,很容易成为打击报复的对象,因此,对污点证人的保护尤为重要。虽然2012年修订的《刑事诉讼法》第61条至63条关于证人作证保护措施及补助机制的规定为证人(可理解为包括污点证人)提供了相应权利保障,但只有制度真正落实,才能彻底打消污点证人的后顾之忧。诚如英国大法官丹宁勋爵(Alfred Thompson,1899—1999年)在论证证人保护的重要性时所述:"没有一种法律制度有正当理由能强迫证人作证,并在发现证人作证受到侵害时又拒绝予以救济,采用一切可行的手段来保护证人是法庭的职责。否则,整个法律诉讼就会一钱不值。"

第四,污点证人豁免的限制及法律后果。

受到豁免的污点证人有义务协助司法机关,提供用于追诉犯罪的证据。检察机关在做出豁免决定时,必须以书面形式向被豁免人明确其必须履行的义务及违反义务的后果。如污点证人违反了义务要求,司法机关可依法追究其责任。如污点证人作虚假陈述,这时赋予证人豁免权的正当理由便不复存在。因此,应对污点证人豁免权予以一定的限制。

首先,明确污点证人豁免只是豁免证言内容所证明的行为,并不豁免证人的伪证责任。如果证人在取得豁免权后的证言中作伪证,则可以其证言为证据追究其伪证罪的刑事责任,并且由做出豁免决定的司法机关撤销豁免决定,一并追究被豁免罪行的刑事责任,甚至实行数罪并罚。其次,污点证人豁免的内容不包括污点证人证言中与提问无关的内容所描述的行为,仅适用于证人回答控方提问、需要其叙述的行为,以防止污点证人滥用此权利以逃避司法机关追诉其实施的其他罪行。最后,如果在赋予污点证人豁免权后,污点证人拒绝陈述或拒绝提供证据,则应当对豁免的罪行从重追诉。

(载《东方早报》,2015年8月11日,金泽刚专栏)

康师傅的维权官司未必好打

8月2日下午,一段2分41秒的视频在网络传开,视频中一名台湾女导游直指康师傅馊水油问题涉及内地产品,她说,在台湾基本上找不到康师傅的任何产品,因台湾民众在展开"灭顶行动"。该视频很快被大量转发。对此,康师傅方便面投资(中国)有限公司(以下简称康师傅)一方面通过官方微博发表"严正声明",称:"康师傅在中国内地生产与销售的产品从未涉及台湾近年来的油品事件",并称针对相关视频的"恶意中伤行为",除了已向上海警方提交证据进行刑事报案外,同时已锁定视频微博首发者,并向上海地方法院提起民事诉讼,索赔150万元。

从历来的企业与消费者诉讼来看,企业在产品质量诉讼中经常是占据优势。作为鼎鼎有名的大企业,康师傅与普通消费者更不在一个档次。但去年台湾闹得沸沸扬扬的顶新黑心油事件使康师傅一下子脆弱不少,大约是受此影响,这次"台湾导游称康师傅使用馊水油"事件对康师傅立即产生了较大的负面影响,加上一些大V的转发,"康师傅"一词很快登顶了微博热搜榜。这一次,康师傅应对的不是消费者,也不仅是那位台湾女导游,更主要的是网络或者网络传播者。

正是因此,近日,康师傅连续发表声明,"强烈呼吁社交媒体勿沦为谣言的温床",对于视频中的"恶意中伤行为"及"个别自媒体社交账户持续煽动及散播谣言"的行为,将严肃追究其法律责任。看得出,在康师傅看来,一些自媒体传播者似乎比"制造谣言的人"(源头)更坏,似乎除了消费者,当今企业又多了一个潜在的"对手",它们说不定突然从暗处冲出来,打你一闷棍。难怪康师傅如此严阵以待。

然而,康师傅的这场官司未必好打。首先作为刑事案件,其犯罪嫌疑人是谁?触犯的是何罪名?台湾女导游是在导游时对大陆乘客说这番话的,加上在台湾说这番话未必是犯罪,这样以来,根据我国刑法规定,对台湾女导游的这种行为难以管辖。再说传播者,如果查明台湾女导游的话确属中伤康师傅的言论,且对康师傅的信誉、声誉造成的损害,传播者无疑有责任,但根据罪刑法定原则,这能不能构成犯罪,则是另一回事。在网络信息时代,传播谣言是一个链条,有意无意的传播连在一起确实可能伤害他人,但刑法追究责任是必须主客观相结合的,而要证明哪个传播者属主观上的恶意中伤,就存在不小的难度。要把轻轻的一个点击认定为犯罪的确不是一件容易的事情。

再看罪名,2013年最高司法机关对利用信息网络实施诽谤等刑事案件适用法律问题做过一个司法解释,但该解释只是针对利用信息网络诋毁自然人名誉的情况,并不包括针对企业单位的中伤诬陷。相关的罪名只有刑法第221条规定的损害商业信誉、商品声誉罪,但该条规定的犯罪行为是"捏造并散布虚伪事实,损害他人的商业信誉、商品声誉",很明显,就"捏造并散布"而言,与自媒体传播者的行为并不相符。

最后,说说民事诉讼。针对此次事件,康师傅除声明外,其网页还将2014年10月发布的《质检总局紧急组织排查越南大幸福公司油脂输华情况》《国台办新闻发布会辑录》一并附上,以示清白。康师傅还表示,自2014年开始,康师傅已多次通过官方及媒体渠道进行事实澄清,国家质量监督检验检疫总局和国台办也分别于2014年10月22日和29日正式发布澄清消息,证实康师傅在中国大陆生产所使用的油品安全无虞。这些无疑都是有利康师傅提起民事诉讼的证据。但问题在于,就算是造谣中伤,这位台湾女导游一人如何担责,担多大的责就是问题。其他传播者是分摊还是连带承担民事责任,或者仅仅是由视频微博的首发者来承担责任,这些都是网络侵权案件遇到的新麻烦,解决起来存在不小难度。当然,既然康师傅说已经提起了索赔诉讼,司法就必须面对,那就让我们的法治接受一次新的考验吧。

(来源《南方都市报》,2015年8月12日,金泽刚专栏)

且看宋城的举报如何收场

8月11日,位于浙江的宋城集团,以"舞台剧"的形式,举报浙江省高级人民法院院长。同时,宋城集团执行总裁称,向中纪委实名举报浙江高院院长"失职渎职、干扰司法公正","如有不实,宋城集团和我个人愿对此承担法律责任"。对此,浙江高院回应称,正在核实举报情况。

十八大以来,反腐的形势如火如荼,一些"老虎""苍蝇"纷纷进了笼子。这极大鼓励了全国各地对官员的举报热情,举报的形式也是五花八门。前几日"释正义"的举报还未见端倪,作为国内大型演艺公司的浙江宋城又演了这一出举报大戏。"失职渎职、干扰司法公正",对于司法官员而言,这可是摊上了大事,甚至可能达到违法犯罪的程度,这样的举报来的有点吓人。

举报,通常是指向有关部门提供违规违纪、或者违法犯罪事实或者线索的活动。我国尚无专门统一的举报法,但宪法规定,公民"对于任何国家机关和国家工作人员的违法失职行为,有向有关国家机关提出申诉、控告或者检举的权利","但是不得捏造或者歪曲事实进行诬告陷害"。且"公民的人格尊严不受侵犯。禁止用任何方法对公民进行侮辱、诽谤和诬告陷害"。与宪法相对应,我国刑法规定有诬告陷害罪和诽谤罪,前者是捏造事实诬告陷害他人,意图使他人受到刑事追究,情节严重的行为,后者是捏造事实诽谤他人,情节严重的行为。

可见，对比法律规定，问题并不复杂。关键是看举报事项是否"捏造事实"，也就是有没有证据能证明举报的内容。如果是毫无根据的胡编乱造，或者道听途说，那就是"捏造事实"无疑，是要承担法律责任，乃至坐牢的。如果有一定根据，但与举报的事实还不是一回事，甚至相距甚远，那就是举报失实，或者严重失实，这也要承担相应的法律责任。而责任的大小与举报人的动机以及对被举报人的权利损害程度有关。对此，宋城作为举报方，是应该明确的。或许，这出戏，好演未必好收场。

至于被举报人，也有多种选择。比如，有的官员被举报了马上由所在单位发言人声明"举报不实"，但这种情况在以前几起腐败案中效果不佳，现在未必好用。第二种做法是由当地司法部门出面，直至提起公诉，判决举报人有罪，这一做法风险最大，而且一些先例受到诟病。因为只有证明举报人构成诬告陷害罪，那才能动用国家公器追究其责任；如果认为公开举报只涉嫌诽谤罪，那鉴于该罪须走自诉程序，是不能轻易动用公权力来治罪的。也就是说，当被举报人认为举报行为捏造事实，严重侵犯自己的名誉权时，完全有权反客为主，亲自（或者其代理人）到法院起诉举报人，要求以诽谤罪追究其刑事责任。至于犯罪是否成立，则法院说了算。当然，被举报人也有权只追究举报人侵害名誉权的民事责任。如果面对举报，被举报人沉默是金，那这也是他的权利。

值得关注的是，此次宋城的举报与以往有显著不同，此次举报的举报人如此高调，还声称"如有不实，愿承担法律责任"，而被举报方却是宋城所在地的省级最高司法大员，其身份夺人眼球。就举报内容而言，作为法院院长，被举报人是否"失职渎职"或者"干扰司法公正"，其结果不应该和稀泥，而且，宪法规定了"对于公民的申诉、控告或者检举，有关国家机关必须查清事实，负责处理。"更何况，除了被举报者本人，广大民众都在期待有个明确的说法呢。

（载《新京报》，2015 年 8 月 13 日，金泽刚专栏）

对巡视组拍桌的狠劲从何而来

近日,中共中央印发了《中国共产党巡视工作条例》,并发出通知要求各地区各部门认真遵照执行。8月14日,中央纪委监察部网站发布《〈巡视工作条例〉背后的故事(一)》一文,其中提到,2014年9月4日至10月11日,湖北省委巡视组对武汉市蔡甸区进行巡视期间,发现前任区委书记、现任市发改委主任吴某涉嫌严重违纪。在巡视组与其约谈时,吴某藐视巡视、态度恶劣,竟然拍桌子说狠话,出口伤人、对抗组织。2015年5月,吴某因涉嫌严重违纪,接受组织调查。

巡视,是一项中国共产党坚持从严治党、依规治党,聚焦党风廉政建设和反腐败斗争,发现问题,震慑违法违纪,推动党的先进性和纯洁性建设的重要制度。根据巡视工作的要求,被巡视党组织领导班子及其成员要自觉接受巡视监督,积极配合巡视工作,认真抓好整改落实。有关机关和职能部门也要按照《巡视工作条例》的规定,积极为巡视组开展工作提供信息、人员、专业等支持。可以说,巡视已经成为全国上下反腐倡廉的基础性工作。

然而,面对巡视,这位吴某为何表现出这样一种藐视和对抗的态度耐人寻味。吴某无论是作为武汉市辖区曾经的党委书记,还是后来的市里重要部门一把手,对党的巡视工作不应该陌生。之所以有如此不寻常的表现，无外乎存在两种可能：一种可能是，吴某历来就不把组织上的监督当回事儿，在其心目中，从来都是自己监督别人，哪来别人来监督自己的。以往遇见过的监督大都只是走过场式的检查视察之类，轻易就能混过去。而这一次，面对动真格的巡视工作，一时间难以接受，也就是适应不了因而"发飙"了。另一种可能是，拍桌子放狠话其实是虚张声势的表现。当巡视组找吴某谈话时，实际上已经掌握了吴某违纪的线索，吴某对自己的违纪行为当然心知肚明，但又不愿意直面问题，如果就这样承认错误败下阵来则心有不甘，所以，正是出于心虚、害怕的心理，吴某故意用"理直气壮"来掩饰其内心的慌乱和胆怯而已。

事实证明，无论是哪一种可能，吴某的反常表现终究不能蒙混过关，组织调查还是降临到了吴某头上。只不过，这一次吴某创造了问题官员的另一类表演或者表现形式。与以往出现的被调查前还在党报党刊上发文章，或者还在讲台上大谈如何重视加强党风和廉政建设的冷幽默相比，吴某演得更富有"激情"。这说明，巡视组和巡视工作要做好面对各类表演型对象的准备。

正如中央纪委监察部网站上的文章所言，"一个党员干部，对巡视谈话监督都这样，如何对待群众？如何对待一般监督？简直是胆大包天！这样的事情要抓典型，要震慑。"的确，事物的质变都有一个量变的过程。正是在日常生活中，一些官员逐渐把群众监督、社会监督扔到了一边，离开了监督，问题就容易上身，到后来再要让他们反省自己的错误，那就更难了。而越是这样，越说明巡视工作的重要性，越是要加强巡视，通过巡视震慑那些不把监督当回事的官员，通过巡视查出那些明里一套暗中又搞一套的问题官员。

（载《新京报》，2015年8月18日，金泽刚专栏）

无聊索赔背后是权利滥用

最近一段时间,索赔事件一桩接一桩。一组关于四川华蓥山中外名人蜡像馆的照片因为"太丑"在网络上蹿红后,有人就认为章子怡等明星们可以因丑索赔。当几名在水库遇难的小学生父母状告水库管理人时,被告却提起反诉,要求学生家长赔偿"尸体污染费"。近日,在重庆九龙坡石坪桥某小区,一女子为了让前男友来见自己,竟然网上谎称自杀。当民警找来锁匠开门后,发现女子竟淡定地在床上玩手机……对于何人承担开锁和换锁费用一事,该女子竟然到派出所投诉,要求民警赔钱。

这样一些五花八门的索赔真是闻所未闻,不仅仅听起来"奇葩",而且,稍加分析,在索赔理由上也根本站不住脚。

名人被做成蜡像,如果因为没有被授权,确有侵犯他们的肖像权之嫌。但作为众所周知的演艺圈大人物,也是社会公众人物,被人"无缘无故"做了宣传,就当被人"消费"了一次,也不必过于计较。不妨大度一点:大家已经把你当成自己人了嘛。也就是,这样的索赔没有什么价值。如果是因为认为把自己塑造丑了而索赔,只要塑造者没有丑化他们本人的主观意思,那更不可能得到法律的支持。因为人长得美与丑的标准不好把握,就像有人评价所言,"卸了妆都那样"。再换句话说,如果把他们塑造得很美很美,是不是就要奖励蜡像馆呢?

再看索赔"尸体污染费"一事。司法总是要遵循一些基本规则的,比如,法律一般只是惩罚故意侵犯或者损害他人利益的行为,过失只是例外,需要有特别规定才处罚。司法追责更不是只以不利结果为根据。显然,没有人想以自己死亡来污染他人利益。同时,法律也要遵守公序良俗,讲究人道主义,法律不是冰冷的条文。在刑法上,对死去的人,即使原先列为犯罪嫌疑人的,也不再追究刑事责任,在民法上,也是存在这种宽宥的。因此,在小学生水库遇难案中,被告作为水库管理方,只需证明自己已尽到了注意义务,无需承担过错责任即可,大可不必扯上什么"尸体污染费"。相反,作为管理人,若主动给与一定的人道主义补偿倒值得肯定。

这里重点说说女子向民警"索要门锁赔偿"之事。这起事件由女子的男友报警所引起。该男子称交往了一个多月的女友在微信上发布想自杀的信息。民警通过小区保安找到其住处后,经过近10分钟敲门,屋内无人应答。民警遂联系房东,但还是没拿到房屋的钥匙。就在获知女子"正在自杀"的危急关头,民警在征求房东同意后,找来开锁匠"破门而入"。然而,结果却是:该女子安然无恙地坐在床上,手里还拿着手机玩耍。面对民警,该女子表示,她发布"自杀"信息,是想男友来见见自己。而对于门锁的损坏,原本答应承担费用的房东感觉被戏弄了,要求女子承担责任。该女子还表示,报假警的是前男友,她要求民警将其前男友带回派出所见她。

这件事乍看起来,是民警叫人毁坏了门锁,结果无人自杀,民警似乎有直接责任。但民警是在接到"自杀"的真实报警后,被迫采取破门救人行动的。这种行为在法律上叫依法履行职务(或职责)的行为,具有合法性,属于正当行为的一种。其实,换一个思路,问题就会简单化。在当下这个社会,人们精神脆弱,自杀危机重重,如果该女子真的自杀了,在其男友报警后要是民警没有干预,那一定就是渎职行为。所以,在这种情况下,警察依法处警,并且尽到了应该注意的防止损害扩大的义务,就没有任何过错可言。损害赔偿的责任应该由该女青年承担,因为其虚假自杀行为才是导致门锁受损的法律原因。

针对此事,也许有人以法律规定的紧急避险来解释,但紧急避险是损失一个较小的利益以挽救一个更大的利益。当一个更大的利益其实并不存在时,就不能进行利益比较,也就难以称之为紧急避险。在警察依法执行职务的情况下,只要考量执法的正当性和合法性,无论损害利益大小(有时利益大小也无法衡量),警察都不该对后果承担责任。这样的解释才是合理合法的。当然,无论哪种解释,对该女青年进行批评教育,并责成其承担门锁损坏的损失,这一结果是唯一的选择。

说到底,类似上述这样一些无聊的索赔,表面上看好像是维权意识提高了,其实背后却有权利滥用之嫌,是错误的法律意识作怪,在法律上得不到支持,不值得提倡。

(载《南方都市报》,2015年8月19日,金泽刚专栏)

骗奸仍是个不老的话题

媒体报道,浪漫七夕夜后,已经谈婚论嫁的"警察"男友周某不告而别,连此前买好的"定情"钻戒也不见了,8月21日凌晨,经历如此大逆转的广州白领小杨愤而选择报警。很快,事情又现转折,涉事男子给小杨打来电话,承认自己已婚但分居,不得已才欺骗小杨,希望获得谅解并向警方撤案。

稍作分析,周某的解释首先在情感上站不住脚,反而凸显出其骗人的嘴脸。周某承认,自己是一家公司的保安队长,因与现任妻子"感情破裂"正在离婚。因为保安制服和警服相似,小杨见到其制服自拍照后便误认为是警察,而自己也未及时说明,从来都没有说过"自己就是警察"。至于使用假名是担心被她骗,买钻戒一事,只是出于对小杨的宠爱,才咬牙买了下来,随后再"偷回去"。

现实生活中,大凡欺骗女孩子的已婚男人都会说自己"正在离婚中",但"未离婚"与"未婚"性质截然不同,周某对此应该心知肚明。再说其把保安身份说成是女方误认为警察,就当是小杨误解,但其对女方误解的默认也是一种承认,这无疑也是欺骗。至于说买钻戒之事,既然咬牙买下来给女方了,双方就成立赠与关系,不能再"偷回去",偷回去以后就不仅仅是一般的欺骗了。所以,对于周某这种至今还在骗人的状态,小杨真是应该好好清醒清醒了。

当然,最重要的还是要在法律上认清这件事的性质,并且通过此事教育双方当事人以及社会上的其他人。

首先是,周某的行为构不构成强奸罪。这件事的核心是周某通过虚假身份、甜言蜜语和购买礼物等方式约小杨开房发生性关系。这种行为实际上是典型的骗奸。骗奸是指一方(我国只指女方)在被另一方(我国只指男方)欺骗产生误解的情况下,不抗拒地与对方发生性关系。骗奸算不算强奸曾经有过争论,但基于刑法规定强奸的暴力、威胁特征,以及证据方面的原因,对此一般不能认定为强奸罪。因为尽管有欺骗,但毕竟女方是愿意或者默许的。这与女方在处于醉酒状态下,与其发生性关系不一样,后者应该认定为强奸,因为女方失去了意志,没有默许可言。骗奸还与约会强奸不同。有调研统计表明,强奸犯罪的行为人与被害人往往相互熟识,双方完全陌生的不到总数的五分之一,也就是说,绝大多数强奸犯罪属于"熟人强奸"。其中,约会强奸就是一种常见的类型,它是指男女双方在约谈、聚会过程中,男方以暴力、胁迫或其他手段违背妇女意志,强行与其发生性关系的行为。当今社会信息发达,人与人之间认识的方式多样化,像基于老乡、朋友和网友关系,带有约会愿望前往见面结果遭到强奸的情况越来越多。不过,约会强奸,终究是在女方不接受的情况下实施的强制奸淫行为,还是属于强奸的范畴。所以,小杨被人骗奸,不属于约会强奸的类型,其指控周某犯强奸罪难以成立。

还有人称周某或涉招摇撞骗罪。但这个罪要求周某必须是冒充了国家机关工作人员,而且其行为是对社会管理秩序的破坏。若周某只是针对小杨一个人进行"有感情"的欺骗(不是欺骗多人),就不足以认为是危害社会管理秩序,况且证明周某冒充警察的行为尚有困难,在这种情况下,周某也难以构成招摇撞骗罪。

其实,回到这起案子中来,案发的原因才是问题的症结所在。"解铃还须系铃人",需要处理的是周某偷回钻戒的行为。在法律上周某先为讨好

45

小杨给其购买钻戒后,赠与行为就成立了,周某再偷偷拿走并逃之夭夭就涉嫌盗窃犯罪。只不过,一般人难以接受的是:我买的钻戒拿回了怎么算偷。正是这种一般人的情感决定了本案危害性与一般盗窃案有异,双方遂存在和解的余地。根据刑事诉讼法对和解程序的规定,对这种因民间纠纷引起的危害较轻的财产案件,犯罪嫌疑人、被告人悔罪,通过向被害人赔偿损失、赔礼道歉等方式获得被害人谅解,被害人自愿和解的,双方当事人可以和解,但和解并不等于司法机关不处理周某,只不过是宽大处理,比如在进行真诚道歉和民事赔偿后可以不起诉周某。当然,鉴于本案除了那枚钻戒,小杨并不存在其他物质损失,若周某能够返还赠与的钻戒(或者承担相应的补偿),可以不承担其他法律责任。

需要强调的是,本案给广大网民提供了一个反面范例,它很好地警示了:信息社会交友更要谨慎,见面务必留心,以防上当受骗。青年女性尤其要树立正确的婚姻恋爱观,做到自重、自珍、自爱,否则,可能失身又丢人。

(载《南方都市报》,2015年8月24日,金泽刚专栏)

为纪念抗战胜利特赦的法治价值

十二届全国人大常委会第十六次会议24日审议了全国人大常委会关于特赦部分服刑罪犯的决定草案。草案规定,为纪念中国人民抗日战争暨世界反法西斯战争胜利70周年,决定对2015年1月1日前正在服刑、释放后不具有现实社会危险性的四类罪犯实行特赦。

拟予特赦的四类罪犯包括:1.参加过中国人民抗日战争、中国人民解放战争的服刑罪犯。2.新中国成立后,参加过保卫国家主权、安全和领土完整对外作战的服刑罪犯,但上述罪犯中犯贪污受贿犯罪,危害人民安全的严重暴力性犯罪,危害国家安全犯罪及涉恐、涉黑等有组织犯罪的主犯,以及累犯不予特赦。3.年满七十五周岁、身体严重残疾且生活不能自理的服刑罪犯。4.犯罪的时候不满十八周岁,被判处三年以下有期徒刑或者剩余刑期在一年以下的服刑罪犯,但对他们中犯故意杀人、强奸等严重暴力性犯罪、恐怖活动犯罪、贩卖毒品犯罪的罪犯,不予特赦。

特赦罪犯是世界上大多数国家都存在的一项法律制度,该制度主要规定于各国宪法中,有的国家还制定了专门的《赦免法》,如德、日、韩等都有《赦免法》。为庆祝韩国光复70周年,韩国政府就对六千名罪犯实行了特赦。这是朴槿惠总统执政以来韩国政府的第二次特赦,赦免对象以"生计型"犯罪为主,腐败、暴力、危害国民安全的罪犯均不在赦免之列。

从历史上看,我国自古以来就有慎刑恤囚的历史传统,《易·解卦》就有"君子以赦过宥罪"的记载。《尚书·舜典》亦有"流宥五刑"、"眚灾肆赦"的描述。中华人民共和国成立以来,从1959年到1975年间先后实行过七次特赦,对象基本上是战争罪犯,直至1975年特赦全部在押战争罪犯。我国现行宪法规定,全国人大常委会决定特赦,国家主席发布特赦令。刑法在规定累犯制度中涉及到赦免(即特赦)问题,刑事诉讼法亦有"经特赦令免除刑罚的"不追究刑事责任的规定。在纪念中国人民抗日战争暨世界反法西斯战争胜利70周年之际,此次特赦无疑将展示我国开放、民主、文明、法治的大国形象,符合当今国际潮流。既有利于弘扬依法治国的理念,又有益于维护宪法制度,尊重和树立宪法权威。从实际效果看,对一定范围的罪犯在执行一定刑期后予以特赦,可以激发广大人民群众的爱国热情,促进社会的和谐稳定。

不过,现行法律对特赦制度的执行并无具体明确的规定,在新的历史条件特别是当前依法治国背景下,充分认识特赦的法治价值,把握其重大政治意义,公正有效地执行好此次特赦,对于司法机关将是一全新的考验。这次特赦的主题也与战争有关,以往特赦的主要是战争罪犯,而这次赦免的对象主要是参加过抗日战争、解放战争以及新中国成立后参加过卫国对外作战,后来又犯了罪的服刑犯,他们不是战争罪犯,反而是参战"有功者",二者有着显著的区别。其他方面的条件,执行机关必须在严格范围内审慎稳妥地进行审查,开展工作。特别是如何掌握罪犯的基本情况,怎么提出特赦人员名单,对符合条件的服刑罪犯,人民法院依据何种程序作出裁定,检察机关又怎样进行监督等,这些都是有待创新的问题,有关部门需要尽快做出应对。

总之,此次特赦决定的作出、发布和执行,都需要严格依照宪法和法律规定办理。特赦的政治性、法律性以及社会性都很强,只有严格依法实施,坚守程序正义,才能取得最佳的法律效果和社会效果。同时,这次特赦以及之前的特赦,将积累丰富的赦免经验,逐步形成法律共识,在时机成熟时,我们也可以制定一部属于中国的《赦免法》。

(载《新京报》,2015 年 8 月 25 日,金泽刚专栏)

贪污受贿依情节处罚考验公正反腐

刑法修正案（九）草案对贪污犯罪处罚情形重新做出划分：不再具体列出贪污数额，代之以原则性的数额较大或者情节较重、数额巨大或者情节严重、数额特别巨大或者情节特别严重。在全国人大常委会分组审议时，有人大代表对此表示疑惑：取消对贪污受贿量刑具体数额的规定（我国刑法规定贪污和受贿罪的量刑标准相同），对"较大""巨大""特别巨大"这些用词，将来各级法院该怎么掌握尺度？最高法院的工作人员透露，有关贪污受贿犯罪量刑的具体标准的司法解释已在研究制定之中。

的确，从历史上看，刑法对与贪污数额的规定有一个"看涨"的过程，1979年，贪污受贿1000元就要追究刑事责任，到了1988年，贪污受贿2000元就要追究刑事责任，再到1997年（直至现在），贪污受贿5000元才要追究刑事责任。但十八年过去了，当年的标准跟如今的现实情况明显脱节，过去10万元就很吓人，而现在10万元已经不是很高。所以，刑法修正案（九）草案需要重新调整处罚贪污受贿犯罪的数额标准，这在客观上顺应了经济社会发展的变化。而从近年司法实践对贪污受贿犯罪的量刑来看，10万元判十年，100万元也可以判十年，近1000万也可能才十几年，数额差别巨大，但量刑差距不大，显得不合理也不公平，公众不易接受。这些正是立法需要重新调整的原因。

此次修正草案内容主要有两部分,一是不再列出具体数额,代之以数额与其他情节并重。这说明数额仍然是考量刑罚轻重的首要因素,除了数额,其他反映犯罪社会危害性的情节也是要加以认真考查的。比如,数额虽然未达到较大,但属于"情节较重"的,则一样适用"数额较大"的处罚;如果数额只是较大,但属于"情节严重"的,则要与"数额巨大"同罚。

也就是说,对贪污罪处罚的标准是在"数额"和"其他情节"二者之间选择一个较重的,以适用刑罚。至于数额的具体标准,最高司法机关可以根据社会经济发展状况作出解释或调整,既便于保持刑法的稳定和立法的严肃性,也符合司法规律和实践需要。但其他"情节"严重程度如何判定,则是需要综合考虑并全面衡量的。最高司法机关也只能做出一些原则性标准,不可能穷尽一切现实情形。因此,广大办案人员尤其是办案一线的司法人员将面临新的考验。

事实上,怎样理解犯罪情节严重程度,是一个理论性很强的问题。每一起案件虽具体情状(情节)不同,但实质都是侵害了法律保护的利益,而衡量该利益遭受侵犯的程度主要是看这些要素:侵害的结果和对象,侵害行为持续的时间长短和手段卑劣程度,造成的社会负面影响,等等。例如,贪污受贿给国家和人民的利益造成重大损失,长期实施吃拿卡要行为社会影响恶劣,贪污救灾救济扶贫教育款等,这样一些贪污贿赂犯罪即使没有达到数额巨大的标准,处罚上至少要认定为"情节严重"。对于严重的违纪和恶劣的道德品行问题,同样也可纳入考量范围。

另外,此次刑法修正草案还规定,"在提起公诉前如实供述自己罪行、真诚悔罪、积极退赃,避免、减少损害结果发生的,可以从轻、减轻或者免除处罚。"这一点是对现行刑法的重要补充,如果说前面判断的情节是犯罪发生时就存在的要素,这里说的则是犯罪后的情节,包括悔罪、退赃等都是量刑时必须加以考虑的。具备这些要素的,可以从轻、减轻甚至免除处罚,没有这些要素,则不予考虑。当然,悔罪不是在法庭上照读悔过书,退赃不等于花钱买刑,等等,这些还都是有待实践检验的问题。

51

总之,在现有的司法背景之下,对量刑标准作相应的调整后,数额与情节并重该如何量刑,需要广大办案一线的司法人员作出综合考量,可以说,面对腐败案件,法官的权力更大了,考验司法的时刻也到了。

(载《新京报》,2015年8月27日,金泽刚专栏)

"终身监禁"的探索性意义

8月24日,十二届全国人大常委会三审的刑法修正案九(草案)新增规定:对犯特大、重大贪污、受贿罪,被判处死刑缓期执行的,人民法院根据犯罪情节等情况,可以同时决定在其死刑缓期执行两年期满、依法减为无期徒刑后适用终身监禁,不得减刑和假释。这意味着,因贪贿犯罪被判处死刑缓期执行的人员,虽然一般都可能"免死",但由于没有减刑、假释的机会,可能将面临"牢底坐穿"的结局。

近年来,在我国司法实践中,一些监狱腐败案表明,生效判决在执行过程中经常出现漏洞,以至于在老百姓印象中,对于落马官员来说,死缓就等于无期,无期就等于二十年,接下来还有各种减刑、假释、保外就医,这极大削弱了公众对惩治腐败的信心,同时也在客观上妨碍了公众对死缓体现少杀、慎杀政策的认同。在此背景下,终身监禁,不得减刑、假释作为一种刑罚制度,在很大程度上可以缓解公众对贪官可以逃过"活刑"的忧虑,不仅可兑现对贪腐罪犯的实际惩罚,还可起到更好的一般预防效果。

然而,终身监禁虽然不是一种新的刑种,但毕竟在一定程度上有死刑的"替代性措施"的功能,若适用的标准与普通的刑罚制度一样,远不如死刑要求严格,则可能造成适用的随意性,不能发挥其应有的效果。从国外来看,由于死刑执行具有不可挽回的后果,各国法院对死刑案件的审查都要经历一个更为全面、系统、细致的程序,并且死刑犯可以享有多种国家救济措施,如我国的司法援助等。相比死刑,终身监禁在适用程序上要简单得多,并且所适用的罪犯与其他普通罪犯所获得的司法帮助并没有显著区别。按照此次修正案的表述:对于判处死缓的贪官,"人民法院根据犯罪情节等情况可以同时决定"予以终身监禁,但"犯罪情节等情况"是一种非常抽象笼统的表述,适用起来并不容易。为此,我国在实行终身监禁制度的同时,应当尽快健全完善其适用规则,建立一套科学、严格的体系性标准。

实际上,此次修正案把终身监禁限于适用特大、重大的贪污、受贿罪,首先是具有探索性意义。在更普遍的意义上,作为一种刑罚适用制度,还有更多更恶劣的犯罪需要"终身监禁"来伺候。也只有更多的罪名可以明确适用终身监禁,少杀、慎杀的刑事政策才可以得到更普遍的落实。也就是说,此次修正案得以通过,可能会为终身监禁打开一扇门,而不是一个门缝。同时,对这样一些实行终身监禁的罪犯,如何采取新的教育改造措施,也是刑罚执行过程中不可回避的问题。

有意思的是,此次修正案公布之后,舆论纷纷开始"预测"刘志军、张曙光等已经被判死缓的贪官,讨论他们哪些将面临"把牢底坐穿"的命运。的确,从修正案的文字解读,被判处死缓的贪污、受贿罪犯,并不必然面临终身监禁,而是要在宣判其死缓时附加特别惩罚。至于已经被判处死缓的贪污、受贿犯罪,如当时并未附加终身监禁判决的刘志军、张曙光们,并不适用尚未出台的修正刑法的规定。因为我国刑法在溯及力问题上,坚持的是"从旧兼从轻"原则,即以往已判决的罪犯不接受新法的追溯,这也是世界大多数国家的通例,没有什么争论。

(载《南方都市报》,2015年8月28日,金泽刚专栏)

终身监禁的适用问题

8月24日,十二届全国人大常委会三审的刑法修正案九(草案)新增规定:对犯特大、重大贪污、受贿罪,被判处死刑缓期执行的,人民法院根据犯罪情节等情况,可以同时决定在其死刑缓期执行两年期满、依法减为无期徒刑后适用终身监禁,不得减刑和假释。在惩处贪腐犯罪中引入终身监禁,在我国刑法修订史上尚属首次,自然备受各界关注。此规定一出,舆论也一片高呼一些贪官"牢底坐穿"的时代到来了。

事实上,自去年以来,中央已明确将反腐的阶段和目标概括为"不敢贪、不能贪、不想贪",对重特大贪腐官员,司法判决可以根据犯罪情节等情况,对其实行终身监禁,这种惩罚制度无疑有益于形成强大的震慑氛围,使官员"不敢贪"。同时,让少数罪大恶极的贪腐罪犯"有活路,没出路",既是刑罚正义力量的体现,也是对公众焦虑贪官易逃脱惩罚的回应,亦是对高墙内的司法腐败的一种制度性预防。

在国外,终身监禁制度大致有两种模式:一种是以大多数欧洲国家为代表的有假释的终身监禁;另一种是美国一些州所选择的无假释终身监禁,即终身监禁,不得假释。按照刑法修正案九(草案)的规定,我国拟采用的做法与后者类似。但是,从国外司法实践看,终身监禁的适用也带来了新的问题,例如,在裁判标准上,终身监禁往往既不如死刑严格,又缺乏比普通刑罚更高的审查规则,所以,近年来被判处终身监禁的罪犯相比死刑犯或有假释的终身监禁犯数量大幅增加,这就给监管和执行改造带来巨大的压力。有鉴于此,我国在实行终身监禁制度后,应当尽快出台适用准则,抓紧制定一套与其他刑罚制度相配套的、科学而严格的系统性标准。既不能随意滥用终身监禁,更不可搞选择性执法。对于审理重特大贪污贿赂案件的法官而言,这无疑是一次严峻的考验。

此次草案只对重特大贪污贿赂犯罪作出终身监禁的"特别规定",并未涉及其他更严重的犯罪(如暴力犯罪)。而且,按照我国刑法规定的罪责刑相适应原则,结合我国"少杀、慎杀"的刑事政策,从依法本可判处死刑的巨贪开始,尝试实施终身监禁,也是较为积极稳妥的选择。

对重特大贪腐犯罪实行终身监禁,其性质跟暴力犯罪中的死缓"限制减刑"相类似。现行刑法规定:对被判处死刑缓期执行的累犯以及因故意杀人、强奸、抢劫、绑架、放火、爆炸、投放危险物质或者有组织的暴力性犯罪被判处死刑缓期执行的犯罪分子,人民法院根据犯罪情节等情况可以同时决定对其限制减刑。终身监禁似乎比限制减刑更重更严,但对故意杀人等暴力性犯罪,其中罪大恶极的可以判处死刑立即执行,其他判处死缓的,则可用限制减刑来达到刑罚的目的。也就是说,对于那些更残暴的犯罪,它们适用死刑率较高,如果对其他罪名的死缓罪犯都作出限制减刑、假释这样的规定,打击面就会过宽,触及刑罚教育改造的目的,也可能对执行机关造成了很大的负担。

不可否认,当今社会,死刑的减少甚至废除已经成为国际潮流。事实上,终身监禁对死刑立即执行具有替代性作用。在我国尚没有废除贪污受贿罪死刑的情况下,贪腐犯罪作为非暴力犯罪的一种,无疑是实现减少、控制死刑目标的关键环节。出台对贪污贿赂的死缓犯罪实行终身监禁的刑罚制度,就是一种有效控制死刑目标的途径。它既能体现刑法惩治腐败的一面,又能达成控制死刑的价值目标。

当然,从长远来看,终身监禁毕竟与刑罚教育改造犯罪人的功能有所冲突,终身监禁的范围能不能够再扩大,对于不得减刑、假释的终身监禁罪犯,经过严格的评估程序是否还有予以释放或者特赦的余地等,这些也是将来可能出现的问题。

(载《澎湃新闻》,2015年8月28日,金泽刚专栏)

广西"假助学真色魔"的罪与罚

坐落于广西壮族自治区西北部的隆林各族自治县群山环绕、民风淳朴。但8月13日,一则媒体报道打破了这里的平静:"百色助学网"创始人王某披着公益外衣,性侵多名中小学生的事件被曝光。当晚,王某被警方带走。原来,昔日助学达人曾被誉为"大山里的天使",如今扒开羊皮,里面竟是一只无耻的色狼。8月24日王某因涉嫌强奸罪被执行逮捕。

根据媒体报道,打着公益旗号的"百色助学网"背后藏着不可告人的秘密:如王某没有其他工作,每三年从100万元左右的外界捐助中提取20万元作为主要收入来源;以发放助学金的名义,王某在宾馆、出租屋性侵多名女童,其中绝大多数都是未成年人;王某还利用受助女童的弱势和无知,组织她们为广东、上海、江西等地多名有特殊需求的老板提供性服务敛财。期间,王某手段卑劣,不仅导致有的被害人怀孕,还通过录下不雅视频要挟控制被害人,以及威胁她们为其他的老板提供性服务。

针对这起假借公益实施犯罪的事件,有人分析了王某犯多宗罪,除了性侵幼女的强奸罪之外,还有"非法募捐罪"和"介绍卖淫罪"。还有人提出,王某以"百色助学网"为募捐平台,伪造贫困生资料,且募捐得来的助学金并未全部发放定向贫困生,而是以非法占有为目的,将募捐款项部分或全部据为己有,其行为已涉嫌诈骗罪。这些看法有的不无道理,但对王某应该适用哪些罪名追究责任还是要依法进行。

首先,对于王某搞募捐助学的行为,不能定一个刑法根本没有的"非法募捐罪"。但"百色助学网"系王某个人所办网站,没依法去民政局正式注册,收到的数百万捐款都进了其个人的账户,的确存在违法之嫌。因为按照我国《公益事业捐款法》规定,"公益性社会团体和公益性非营利的事业单位可以依照本法接受捐赠","公益性社会团体是指依法成立的,以发展公益事业为宗旨的基金会、慈善组织等社会团体"。即公民个人不能擅自从事募捐活动。如果王某在募捐过程中,有虚构事实,隐瞒真相的行为,并将公益名义获得的募捐款用于其私人性质的活动,数额较大,就可能涉嫌诈骗犯罪。

其次,对于王某在募得捐款后,利用资助贫困学生的资源引诱、胁迫甚至强迫未成年学生与其发生性关系的行为,追究强奸罪没有问题。因为我国刑法规定,奸淫不满14周岁幼女的,以强奸论,从重处罚。就强奸罪而言,对于不满14周岁幼女,不存在其同意与否之说。而问题还在于,王某的行为远不止触犯一个强奸罪。

通过媒体暗访获得的证据表明,王某讲的资助(学生)分两种,一种是纯粹的资助,一种是有条件资助。所谓有条件资助,就是某些无良老板以资助为名"买处",希望王某为他们物色十三四岁的处女,寒暑假过去陪他们,供他们淫欲,王某则从中捞取提成。王某很乐意做这样的"皮条客"。如果王某真的这么做了,是否认定"介绍卖淫罪"值得研究。如前所述,如果明知是14周岁以下的幼女,与其发生性关系的就构成强奸罪,所以,如果被害女生为14周岁以下的少女,王某和"购买方"则构成强奸罪(奸淫幼女)的共犯,而不是目前争议很大、要被废除的嫖宿幼女罪,或者介绍卖淫罪。如果被害人为14周岁以上的少女,考虑到王某有以资助进行威胁利诱的可能,加上前面提到的拍不雅视频胁迫等,王某还有可能构成另外一个强迫卖淫罪,这个罪的处罚比介绍卖淫罪严厉得多,最高可判处死刑。当然,一切都要根据查明的事实和证据来判定,包括不排除王某还犯有介绍卖淫罪的可能。

可见,假借公益之名实施犯罪的王某可能不止触犯强奸一个罪名,但即使定强奸一罪,鉴于其作案时间之长,手段卑鄙,且影响恶劣,后果严重,若被害幼女或少女人数较多,在处罚上也会极重,甚至不排除适用极刑的可能。

事实上,近年来,对于幼女和少女遭受性侵害的案件受到社会各界的特别关注,司法一直保持着高压打击态势。最高法院为此多次发布相关案例,为各级法院提供审判参考,并警示社会。2011年强奸14个初中女生(9个是幼女)的浙江丽水男子陈某某被执行死刑;同年,河南南阳法院对奸淫、猥亵多名6—9岁的女学生的小学教师刘某某执行死刑。

2013年,因强奸、猥亵未成年少女,永城市委办公室原副主任李新功被判处死刑,李新功先后强奸、猥亵未成年女性11名,年龄最小的仅9岁。同年,身为小学教师的鲍某某和魏某某因强奸和猥亵女学生10多人被判处死刑。今年年初,安徽芜湖法院公布了两起小学教师强奸、猥亵女生被判处死刑案,其中,班某多次奸淫幼女5人,猥亵幼女5人,高某多次强奸幼女5人,猥亵幼女6人。另外,郑州中院对性侵5名女童的犯罪人马某某执行了死刑,甘肃小学教师李某某因强奸、猥亵26名幼女被执行死刑。这些案件表明,奸淫幼女3人以上,加上具有其他一些恶劣情节的,很可能被判处死刑。如今,等待王某的也必定是法律的严惩。

(载《南方都市报》,2015年8月29日,金泽刚专栏)

犯罪嫌疑人的照片何时能曝光

网络信息时代,一切都可能打上网络的印记,司法也不例外。几天前,诸多媒体大篇幅报道天津爆炸的一则新闻:"检方提讯交通委主任画面曝光",画面显示在这次天津港"8·12"特别重大火灾爆炸事故中涉嫌玩忽职守罪的天津市交通运输委员会主任武某(正厅级)在接受司法人员的讯问(2015年8月29日正义网-检察日报)。

该新闻的背景是经过前期调查,检察调查专案组初步查明天津市交通运输委员会、天津市和滨海新区安监局、天津新港海关、天津港(集团)有限公司等行业监管部门在审批、管理和监督等环节存在的严重失职渎职问题,并及时对11名涉嫌渎职犯罪的责任人员依法立案侦查并采取强制措施,包括宣读立案决定书和权利义务告知书,并进行讯问。

看到这则新闻很容易让人联想起一个月之前的另一则类似报道,即2015年7月16日,一张疑似"大师"王林在审讯室接受讯问的图片在网上流传。监控截图显示,王林身穿黑色短袖上衣,低头坐在审讯椅上,右手手铐解开,左手被铐。其身后的电子显示屏上的时间为"7月15日10:04"。而就在这则图片露面不久,又曝出另一则新闻,即王林委托的律师在接受媒体采访时透露,他从别的渠道获悉,此前擅自在朋友圈发出审讯照片的警察已受处分。该律师还说,"相对于现在网上传言,案情可能会有重大逆

转"。(见 2015 年 7 月 22 日《华商报》)

这两件事的共同点非常清楚：被暴露于网络和媒体的都是涉嫌犯罪的嫌疑人，讯问的画面几乎一模一样，时间基本上都是两位主角被控制不久。不同的却是王林的受审照是被动曝光的，且曝光后，"发出审讯照片的警察受了处分"(未见公开报道)，而天津港火灾爆炸事故检察调查专案组则是主动曝光嫌疑人，可以说二者的态度截然相反。难道是两起案件的影响力不同决定的吗？显然不是。就知名度来说，"大师"王林几乎无人不知，天津交通委主任恐怕没多少民众知晓。虽然此次天津港火灾爆炸事故造成的后果是王林案无法比拟的，但就法律规定而言，曝光谁和不曝光谁并无什么区别。

相反，在原则上，法律对于所有案件的犯罪嫌疑人是持平等态度的。虽然对于讯问犯罪嫌疑人的照片是否可以公开，法律本无具体规定，但从司法的特性以及相关法律原则上可以加以分析。如我国刑事诉讼法明确规定，"对于一切公民，在适用法律上一律平等，在法律面前，不允许有任何特权。"人民法院审判案件一律公开进行，除了有关国家秘密和个人隐私的案件，商业秘密的案件也可以不公开审理。王林所涉非法拘禁案以及武某所涉职务犯罪案显然不在不公开之列。

当然，审判公开和侦查公开还不是一回事，在审判之前的侦查阶段，之所以不受公开原则的制约，主要是为了防止公开信息可能干扰、阻碍案件的侦破工作。但如果只是公布一下嫌疑人接受调查或者讯问的图片信息，实际上仅仅是等于对外宣布嫌疑人已经到案而已，二者没有实质区别，有关部门大可不必为此惊慌失措。

说到底，公开一张犯罪嫌疑人接受讯问的图片不是什么大不了的事，若为此而"动怒"甚至要处分下属，那是早就该破除的秘密审判的思维作怪，是对现代司法理念的严重曲解，也是害怕甚至逃避监督的表现。一句话，不可取。

(载《南方都市报》，2015 年 9 月 29 日，金泽刚专栏)

证监会的处罚会不会是以罚代刑

据媒体报道,9月2日晚间,证监会发布公告,拟对杭州恒生网络技术服务有限责任公司(以下简称恒生公司)、上海铭创软件技术有限公司(以下简称铭创公司)、浙江核新同花顺网络信息股份有限公司(以下简称同花顺公司)非法经营证券业务案作出行政处罚。三家公司被没收违法所得及罚款共计6亿元,其中,恒生公司处罚最重,被没收违法所得1.33亿元,并处以3.99亿元罚款。公告称,经查,上述三家公司开发具有开立证券交易子账户、接受证券交易委托、查询证券交易信息、进行证券和资金的交易结算清算等多种证券业务属性功能的系统。通过该系统,投资者不履行实名开户程序即可进行证券交易。三公司在明知客户的经营方式的情况下,仍向不具有经营证券业务资质的客户销售系统、提供相关服务,并获取非法收益,严重扰乱证券市场秩序。其行为违反了《证券法》第122条的规定,构成《证券法》第197条所述非法经营证券业务的行为。遂依据《证券法》第197条的规定,拟决定对恒生公司、铭创公司、同花顺公司及相关责任人员依法作出如行政处罚。除对三家公司没收违法所得及罚款共计6亿元外,还分别对恒生公司、铭创公司的董事长和总经理,以及同花顺公司的副总经理、产品经理给予警告,并分别处以30万到5万元不等的罚款。

证监会还称,经营证券业务必须经国务院证券监督管理机构批准,任何人未经许可非法从事证券业务都是对资本市场基本法律制度的漠视,是对广大投资者利益的损害,必须予以严惩。据悉,作为众多场外配资公司和伞形信托所采用的风控系统,过去一年中,恒生电子的HOMS托管资产量和融资客户数目增长迅速,一度被认为从客观上加剧A股市场的投机之风。

此次处罚显然与我国证券市场的现状密切相关。自6月中旬以来,我国股票市场出现历史罕见的剧烈震荡,导致"国家队"在证券市场几次出手相救,以遏制股市急速下滑的局面,另一方面,监管部门也在查找市场震荡的元素,完善补救措施,及时将非法经营、操纵舆论等违法犯罪行为绳之以法,才能进一步规范市场,提振市场信心。于是,继8月31日中国证监会、财政部、国资委、银监会四部委联合发布《关于鼓励上市公司兼并重组、现金分红及回购股份的通知》之后,此次证监会的处罚显示出监管层严厉打击证券市场违法犯罪的决心。

然而,《证券法》在规定了对非法经营证券业务行为的直接处罚之外,同时还在其后的条文中明确规定了"违反本法规定,构成犯罪的,依法追究刑事责任"。也就是说,如果监管层在发现这不只是一般的证券违法行为,已涉嫌触犯刑律,构成犯罪的话,就应该"依法追究刑事责任"。怎么追究呢,2001年国务院通过的《行政执法机关移送涉嫌犯罪案件的规定》第3条就明确规定,行政执法机关在依法查处违法行为过程中,发现违法事实涉及的金额、违法事实的情节、违法事实造成的后果等,根据刑法和最高司法机关的司法解释等规定,涉嫌构成犯罪,依法需要追究刑事责任的,必须依照本规定向公安机关移送。此次证监会对上述三公司的处罚案涉及金额亿元以上,有关违法情节与后果不可谓不重。而且,刑法规定的非法经营罪亦包括"未经国家有关主管部门批准非法经营证券、期货、保险业务的"行为。事实上,从以前司法机关打击过的此类非法经营案来看,其违法的规模、后果及负面影响远不如这一次严重,所以,证监会在此次行政处罚之后,应该依法将上述相关单位和人员涉嫌犯罪的问题移送公安机关,以追究刑事责任。如果证监会的这次处罚就此打住,那就明显有以罚代刑之嫌。

当然,根据我国刑事诉讼法规定,公安机关或者人民检察院发现犯罪事实或者犯罪嫌疑人,应当按照管辖范围,立案侦查。按照管辖分工,公安机关有专门的经济犯罪侦查部门,对这起亿元处罚案,他们显然不能说不知晓,所以,公安机关有责任和义务主动介入这起经济犯罪案件,否则就有不作为之嫌。

值得强调的是,非法经营罪通常属于单位犯罪,对单位犯该罪的,要对单位判处罚金,并对其直接负责的主管人员和其他直接责任人员处以自由刑且并处罚金。这样的处罚正是为了罪刑相适应。我们不能一面强调要严打证券市场的违法犯罪行为,规范和稳定市场,另一面却有法不依,有罪不究,让这些市场里的"大鱼"还有可能在被罚款后继续兴风作浪,挽回罚款损失。真是这样,广大股民绝不会答应。证券监管部门需要三思啊。

(载《南方都市报》,2015 年 9 月 7 日,金泽刚专栏)

废除嫖宿幼女罪后涉"幼女卖淫"案咋办

在近年来强烈的民意呼吁之后,刚刚出台的刑法修正案(九)终于取消了刑法第三百六十条第二款规定的嫖宿幼女罪。

虽然废除的理由并非像法律规定本身那样具有法律效力,但承认嫖宿幼女罪就等于承认幼女卖淫,就会对幼女产生二次伤害之类的观点依然影响力不减。事实是,在废除嫖宿幼女罪之后,面对刑法中其他明确涉及卖淫行为的几个条文,我们还是要面对"幼女卖淫"这个冷酷的问题。

根据刑法修正案(九)"删去刑法第三百六十条第二款"的规定,嫖宿幼女罪从此不复存在。毫无疑问,对这类行为以后只能适用刑法第二百三十六条关于"奸淫不满十四周岁的幼女的,以强奸论,从重处罚"的规定。然而,此次修改的刑法第三百五十八条依然保留了组织卖淫罪和强迫卖淫罪,而这两个罪显然包含组织、强迫未成年人(包括幼女)卖淫的行为,只不过"组织、强迫未成年人卖淫的,依照前款的规定从重处罚"。还有,刑法第三百五十九条第二款规定的"引诱幼女卖淫罪"亦没有修正,同样存在"幼女卖淫"的问题。可见,在废除嫖宿幼女罪以后,以上罪名的存在依然使幼女面临污名化、标签化的问题,对此又该如何认识呢?

诚然,在废除嫖宿幼女罪的理由中,不少人坚持认为14周岁以下的幼女由于身体和心智不成熟,不存在性自主权和性行为能力(或者意思表示不真实),故而否认幼女能够出卖自己身体的事实,即幼女卖淫。但是,就法律规定而言,公安部颁布的文件对卖淫的规定历来都没有年龄的限制,说未成年人卖淫并未将幼女排除在外。

从社会学或者犯罪学的角度看,古往今来幼女卖淫是世界上普遍存在的客观现象,无论你承认与否,出于种种原因,现实生活中总是存在着幼女与他人进行某种性交易的事实。就算不把它称作"卖淫",这种事实本身并不会因此而消失。只不过在刑法上如何看待它,如何处理它,我们的观念可以发生改变。针对某种现象的观念变化可以影响立法,也可以影响司法,却不会消灭这种现象本身。所以,刑法上原有的几个条文不因为废除了嫖宿幼女罪,担心幼女被二次伤害而删除"未成年人卖淫""幼女卖淫"的表述。只不过,这对今后相关法条的适用可能产生影响。

例如,嫖宿幼女罪取消后,组织、强迫幼女卖淫,以及引诱幼女卖淫,这种在明知是幼女的情况下,就意味着明知幼女要被他人强奸而予以组织、强迫,或者加以引诱,按照刑法总则对共同犯罪的规定,就可能成立强奸罪的共犯。特别是,如果组织、强迫或者引诱幼女卖淫者与嫖宿或者购买性交易者有通谋的,那就要依照强奸罪的共同犯罪论处,也就是说,此时同时存在几个罪竞合的情况,应该按照最重的罪选择处罚。如果双方没有通谋,就仍然按照组织、强迫卖淫罪或者引诱幼女卖淫罪从重处罚。同样地,虽然刑法只规定有引诱幼女卖淫罪,没有容留、介绍幼女卖淫罪,但如果明知是幼女而容留或者介绍给嫖客的,也可能构成强奸罪的共犯,要按照强奸罪处罚。

至于刑法第三百六十条规定的传播性病罪,虽然也不排除幼女明知自己患有严重性病而卖淫的情形,但由于不满14周岁的幼女不具备刑法规定的犯罪主体的年龄资格,所以,她们不可能触犯传播性病罪,相反,如果有人与这样的幼女发生性关系,同样构成强奸罪,而且要从重处罚。

如此一来,刑法对幼女与他人发生性关系的行为,形成了一条更加严密的防线,也就是底限。只要是与14周岁以下幼女发生性关系,无论幼女是何种意愿,都要追究严厉的刑事责任。明知是幼女,还要从中介绍、撮合,甚至组织、强迫其与他人发生性关系的,都将要承担强奸罪的责任。也就是为特定的对象提供幼女实施性交易,都将受到最严厉的惩处。一些心怀鬼胎者拿"不知道她是幼女"来辩护已经孱弱无力了。这就是法律的立场,而无关幼女的意志,亦无关与幼女发生性关系者动机为何。

(载《新京报》,2015年9月8日,金泽刚专栏)

是法院道歉还是法官道歉

9月7日,安徽省高级法院在亳州市委机关报《亳州晚报》上刊登一则公告,为"亳州兴邦公司集资诈骗案"中原判有罪的邱某等19人消除影响,恢复名誉,并向他们赔礼道歉。这是该院在邱某等19人提出国家赔偿申请后,已向请求人支付人身自由赔偿金和精神损害抚慰金的基础上,以这样一种少见的方式,向蒙冤者表达歉意。(9月8日澎湃新闻)

尽管做错了事道个歉应属理所当然,但长期以来给受冤屈的当事人道歉一直是司法机关跨不过去的坎。1999年最高人民法院赔偿委员会在对北京市高级人民法院的答复中明确:"赔礼道歉不宜作为决定书中的主文内容,但应在决定书的理由部分予以表述",这使得赔礼道歉不能作为国家赔偿方式之一,形成事实上的"只赔钱、不道歉"的局面。2010年修订的《国家赔偿法》除明确了"精神损害赔偿"之外,还规定国家侵权行为"致人精神损害的,应当在侵权行为影响的范围内,为受害人消除影响,恢复名誉,赔礼道歉"。但以何种方式赔礼道歉,目前没有相关的法规和司法解释参照,对侵权机关拒不履行道歉义务的也无强制执行程序。

因此,此前相关法院向无罪释放等遭受冤屈的当事人赔礼道歉的方式是随意的。比如,内蒙古呼格吉勒图案、河南赵作海案平反之后,由法院相关领导登门道歉。2013年7月,"萧山五青年抢劫杀人案"再审宣判后,审判长曾向5名被告人当庭道歉。而更多的司法机关在冤案平反后，却选择了沉默，宁可在法定的国家赔偿之外，满足当事人的其他诉求，也不愿意低头认错。如媒体曾报道过某市2011年4月发生的一个案例，犯罪嫌疑人廖某某、林某某被超期羁押8年，终审判决无罪，但负责审理此案的该市中级人民法院刑庭庭长却对媒体称："这个案子可以保留我们的意见，不是错案，所以法院方面没有道歉。"

如今，安徽这起案件在没有出现"亡者归来""真凶落网"的离奇情节下，法院能主动纠错，体现了不一般的勇气与担当，不仅可减弱受害者的对立情绪，修复受害者的心灵创伤，使蒙冤者能够更快融入社会，开始新生活，而且，这种赔礼道歉也是对司法自身公信力的修复。不过，也有意见认为，这种做法存在贬损司法权威之嫌。再说，一宗个案，从无罪到有罪再到无罪，都要经历错抓、错捕、错诉、错判等来来回回一系列的程序与实体错误。对此，警方和检方是否也应向被冤的苦主们道个歉呢？

的确，错案的发生固然不能怪罪法院一家，但判决书毕竟是法院做出的，上面盖有法院的大印，所以，法院给受屈者道歉没有错。事实是，这不仅给各级法院带了个好头，也是给办错案的警方和检方做了个示范。后者不道歉不等于法院道歉就错了。

不过，这里倒是引发出另一个疑问，错案是法院办的，还是法官办的？按理当然应该是后者。既然是法官办的，为何都是法院领导出面道歉，或者像此次安徽法院这样由法院登报道歉而不是承办案件的法官自己道歉？从追溯赔礼道歉的原意来看，赔礼是要打躬作揖的，道歉是要当面且亲口说出的，因而，由法院这个单位出面的赔礼道歉似乎并不"合乎本意"。但个中原因也不难理解，主要还是由于法官办案不独立，一个疑难案件，要经过多部门协调，层层审批，结果未必是法官本人的意见，所以，让法官道歉法官当然不乐意。好在如今随着司法改革向前推进，司法责任制在逐步落实，法官既要独立办案，也要独立承担责任，而且是终身负责。如此一来，对于办错的案件，由法官本人赔礼道歉就是顺理成章的事情。

最后，还要强调一点，虽然《国家赔偿法》规定："赔偿义务机关赔偿损失后，应当责令有故意或者重大过失的工作人员承担部分或者全部赔偿费用。对有故意或者重大过失的责任人员，有关机关应当依法给予处分；构成犯罪的，应当依法追究刑事责任。"可现实是，对冤假错案的处置，常常存在"国家赔偿，纳税人买单"的怪圈。支付赔偿金，属于慷国家之慨，而个人毫发无损，也就未必心疼，未必自责与反思。反之，让办错案者公开道歉既伤及其"颜面"，更容易让受屈者心理舒服，说白了，这也是受屈者最实在的精神慰抚。

（载《南方都市报》，2015年9月10日，金泽刚专栏）

飞来横祸其实还是人祸

近日,有媒体报道,山东某大学一名2015级新生在入学报到之际遭遇飞来横祸。当天上午,这名新生在校内走路时被楼顶坠落的天井盖砸中,当场身亡,另有一名男生被砸伤。目前,警方已对学校涉事工作人员采取强制措施。

父母近二十载养育,学生十二年苦读,一朝考入大学,个中的酸甜苦辣、欣慰、期盼,过来人都有深刻体会。岂料,刚刚报到,连大学校园的样子还没看清楚,开学的第一课,却成为了人生的最后一课。同时,这对于遇难女孩的家庭亦是灭顶之灾,好端端的一个女儿就这样"没了",而且还是在即将就读的大学校园里。毫不夸张地说,一个本来完整的家庭就在那一瞬间破碎了。

出了事就要追击事件的原因。据媒体报道,当时,学校一名工作人员到楼顶进行检修,第一次用手推了一下天井盖没有推动,第二次用力使劲推,天井盖滚落到楼下,砸到了两名学生。人们不禁要问:按常规做法,学校都会在假期对校园的硬件设施进行升级或修缮,为的就是不影响学校正常的教学秩序,也是为了安全问题。为什么直到开学了,该大学的礼堂还在搞"检修"?面对学校开学时的人来人往,施工地段要设置围栏等防护设施,并设立明显标志,这是基本的安全常识与规范,该大学为何没有这么做?如此安全漏洞只能说明这所大学对学生的安全问题缺乏应有的重视。

更不用说,前一段时间泥石流、火灾爆炸,还有电梯坠落等重大安全事件频发,足以警示全社会都要高度关注安全问题。这起大学坠物惨案,就像其他安全事故一样,对于受害者本人及其家属而言是一场飞来横祸,对于学校和社会来说却是一起十足的人祸,值得好好解剖,以避免类似事件再次发生。正如该大学的一名保洁员所言,事发前,施工人员哪怕在楼顶大喊几声提醒下面的人,恐怕也不会发生这样的悲剧。说到底,正是由于平时对公共安全疏于管理和防范,才会导致现实生活中一起又一起悲剧的发生。

防范类似的悲剧,严格追责是不可缺失的手段。学校对在校学生的生命安全首先负有管理和保护义务,如果不是学生自身的原因,当学生的身体健康受到损害时,学校无疑要承担管理之责。对学校的追责除了承担一定的民事赔偿责任外,对有关管理人员管理不善还必须追究行政管理责任。而此次事故的直接操作者,即当时的检修人员更逃脱不了责任,如果调查证实,是因为他(们)的作业过失造成天井盖坠落砸死新生的,甚至要承担过失致人死亡罪的刑事责任。

毫无疑问,学校本该是最让人放心的地方,大学更是高大尚之地,此次出事高校就有"博学、求真、至善、弘毅"的校训,然而,没有了生命健康和安全,什么都是浮云。

无数事实证明,公共安全无小事,但公共安全要关注的不仅仅是引发大规模公共事件的多数人的人身安全问题,也不限于台风暴雨将至的短时间的紧急疏散和忙碌,同样应该关注会对少数人的生命健康造成威胁的个体安全问题。边边角角的安全就像打扫卫生一样,也要成为每个单位不可或缺的基本日常事项。只有保障每一个地方的安全,每一个个体的安全,才能做到公共安全平安无事。而减少安全事故的隐患,重在预判与排查,不仅需要科学合理的制度安排,以及严格认真地执行和遵守安全规范,更需要对他人的安全与生命时刻怀有敬畏之心。

"人祸"必须通过人的努力来化解,除此之外,别无他法。

(载《南方都市报》,2015年9月14日,金泽刚专栏)

"强拆"致人死亡后该怎么做

据媒体报道,9月14日上午,山东平邑县地方镇后东崮村,46岁农民张纪民被火烧死在自己家中。张家的亲属和现场目击者指出,地方镇政府就房屋拆迁赔偿一直没和张纪民谈拢,当日镇政府官员带了几十人来强拆,期间引发火灾悲剧。事发后,媒体跟踪报道,事发前张纪民妻子潘进惠被打后,被扔在了路边,潘进惠失联的同时张纪民家遭数十人围堵。发火后,50多个人围着院墙禁止村民靠近救火。难怪,舆论一片谴责声。

对这一事件,当地政府是怎么做的呢?

临沂市委书记林海峰在通报中指出,这是一起因基层干部法纪观念淡薄、作风简单粗暴、强制拆迁引发的群众生命财产受到严重侵害的恶劣事件。林海峰提出成立事件调查组,查清起火和张纪民死亡原因,查清拆迁过程中是否存在失职渎职、违纪违法行为,也要查清潘进惠被抓被打的事实真相以追责。对该事件负有直接责任的地方镇党委副书记魏某某等3人已被公安机关刑事拘留。

与此同时,临沂市委副书记张宏伟来到医院,代表市委市政府看望张纪民家属潘进惠。张宏伟还表示了歉意,表示一定会依法迅速查明事件真相,对涉及到的违纪违法人员严肃处理,还受害者一个公道。张宏伟详细了解了潘进惠的病情,要求医院对潘进惠的身体状况作进一步的全面检查，安排专人精心医治调理，医疗费用要全部免除。张宏伟对潘进惠两个女儿的情况十分关心，要求学校要安排责任心强的老师，认真细致地做好课程辅导、生活照料、心理疏导等工作，帮助孩子尽快走出家庭变故的影响。同时，要求平邑县要妥善安排好潘进惠出院后的住房问题，切实帮助解决好生活困难。

看来，火灾的原因虽有待查明，但"强拆"总算被认定了。然而，"强拆"早已是一个经常刺激公众神经的话题，强拆见多了，它就容易模糊公众的视线，可能导致淡化甚至掩盖恶劣事件背后的犯罪真相。据媒体报道，平邑县地方镇政府已经不是第一次强拆了，只是前几次没有"发火"死人因而引起如此广泛的关注。根据平邑县政府9月14日及此后发布的几条微博都可看出，平邑县政府试图将这次强拆纵火事件作为普通火灾处理。

其实，强拆只是事件的原因和表象而已，事件的核心在于房子被烧毁，被害人被烧死，而这正是赤裸裸的犯罪行为。这次事件处于非法强拆的背景之下，受害家属被非法拘禁和殴打，受害者张纪民被锁在房内烧死，如果是有人蓄意向屋内投放火种，或者制止其他村民救火救人，这就可能触犯刑法规定的放火罪和故意杀人罪等罪名，那是刑法规定的最严重的罪行。当然，这还有待司法机关的最后调查和判决。

事实证明，强拆事件屡屡发生，在强拆的背后隐藏着的正是相关人员对法律，以及对他人权益的蔑视，这既体现出一些地方官员法律意识的严重缺失，也反映了部分执法人员已近乎胆大妄为、草菅人命。

即使是在事件发生后，当地官员的道歉和承诺同样体现出其法律素养的匮乏。例如，当地官员随意做出为受害者治病一律免费这样的承诺，可医院并不应该受政府官员的指挥，因此，作出这种承诺也是不负责任的。还有，政府关心受害家庭子女的成长是好事，但体现政府的关怀为什么总是要等到死人之后才到来呢？而且，这种关心也是某个领导人以随意的形式作出，这仍然暴露出地方官员的素质问题。

随着强拆事件的多次发生，我国相关法律已经不断得以完善，然而，一些处理拆迁事项的基层干部还适应不了法律的变化。尤其是在处理强拆发生了违法犯罪案件时,地方官员应该多一些法律意识,多一些法治思维,依法追责,依法治理,而不是说一些随意的大话、套话,做出某些不符合法律规定的承诺,以图安抚一时之民心。

(载《南方都市报》,2015年9月21日,金泽刚专栏)

证监会的重罚能让股民得到点什么

2015年9月,或将成为证监会有史以来开出罚单最为密集的一个月份。据媒体统计,9月以来证监会已向违规违法的法人或自然人开出总计近24亿元人民币的罚单,而被罚主体所涉的违规违法事项,共涉及内幕交易、非法经营证券、编造传播虚假信息、信息披露违规、操纵市场以及未按规定审查了解客户信息等六大类型。证监会9月份开出的罚单总额已达2014年全年罚没规模的近5倍。另一方面,在多家违规公司及高管、员工遭受证监会处罚的同时,也有部分券商、期货公司也遭遇不同程度处罚,而除经济处罚外,证监会的罚单还将对受罚机构的监管评级及其业务创新带来较大冲击。

的确,这一轮次的监管处罚看起来显得十分宽泛而严厉,既惩罚了众多的违规违法单位,也涉及多个市场主体的高管人员。据媒体了解,证监会之所以会在9月份作出密集处罚,其缘起或与此轮A股震荡并无过多关联;早在今年4月份,证监会稽查部门就已部署了"证监法网"行动,该行动在组织部署、人员调配、反应机制等方面较以往均有所升级。此次行动和传统查案不一样,实行了"统一指挥、科学分工、密切协同、快速反应"的新机制,提高了执法质量和效率。从案件类型看,在证监会9月份披露的违法违规案件中,内幕交易、编造传播虚假信息、信息披露违规、市场操纵等行为均与此前的稽查对象与目标相一致。但不同的是，监管层在股灾前后开展清理整顿场外配资活动、禁止大股东违规减持，以及对违规交易加强监管等措施，促使了前一段时间证监处罚活动的增加，这也成为9月份证监罚单较多的原因之一。也就是说，对配资的稽查、调查减持等事项，显示出市场变化带来的新问题。这同时也体现在A股震荡过程中，市场监管机构对新问题进行反思和查处的决心。

然而，问题还在于，证监机构的大范围处罚，能给广大股民，尤其是在股灾中深受其害的股民带来什么实惠呢。监管部门对此是否想过做些什么。

从以往证券市场的监管特点来看，监管部门总是在强调维护一个健康的证券市场秩序，并以查处违规违法案件为重要手段。所以，出笼一大批罚单似乎足以显示其严格履行了职能，实现了作为监管者的任务。但是，证券市场的繁荣发展最终离不开广大股民的支持。在"看不见的手"把股市推高以后，大股东携盈利满盆跑了，有内幕消息的也及时跑了，操纵股价者更是跑得快，剩下被套的就是大多数中小股民们，他们还在"股市会继续上涨"、"在向6000点进军"的虚假狂欢声中一下子摔得半死。如今，通过事后的处罚，证监会拿回了24个亿，或者更多，而股民呢，股民们看到这样高额而密集的罚单却未必满意。因为他们什么也没有挽回，唯有的只能是继续持有跌了一大半的股票，继续痴痴地等待。而谁又知道下一轮牛市又给他们带来什么。

诚然，证监会的重罚既是要惩罚已然的违法违规者，更是要威慑他们以及其他潜在的可能违规违法者不要步其后尘。但回顾以往，我们看到了什么？被罚者依然能够"曲线救国"地发财，有的从监牢里出来后很快成为市场里的新宠，剥夺几年证券市场主体资格的处罚对他们更谈不上什么教训，监管者事后的跟踪执法不足，或者几乎不作追究。如果让被罚者既没有感到痛得要命，还能够有机会重出江湖，这样的处罚显然没有任何威慑力。此次股灾事实证明，我国证券市场违规违法行为依然十分严重，治乱世用重典,我们需要更严厉的处罚手段。成熟的市场都会经历这么一个用重典监管的阶段。同时,对违法违规者依法打击,还要做到"治市"不留死角,使每一个违法违规者都有切肤之痛,这正是受伤股民需要的心理慰藉,也是他们对市场恢复信心的重要一步。

其次,除了精神抚慰之外,对于在不正常股灾中遭受的物质损失,股民们理当也耿耿于怀,鉴于证券市场的违法犯罪与股民遭受损失有法律上的因果关系,他们对于股民的损失是否应该给于赔偿,这同样也是监管者不能不考虑的问题。在司法层面,前几年对证券市场的集团诉讼制度讨论过一段时间,也有过股民起诉特定股票和上市公司的相关案例,但结果往往令起诉者失望,获得的些许赔偿与付出的努力和遭受的损失相距甚远。归根到底,只有让那些严重的违规违法者彻底被市场抛弃,让他们在经济上赔得倾家荡产,受害的股民才感受到得到了点什么。

(载《南方都市报》,2015年10月4日,金泽刚专栏)

抓捕举报人的理由怎么站得住脚

近日,媒体报道湖南衡东县干部董志国因举报县委副书记谭建华赌博而被衡阳警方带走并被监视居住,此事引起一片哗然。媒体的报道有两点特别引人注目:一是被举报人谭建华在被免职后不久,就换了一个地方做某单位筹备组的领导,其新任工作被认为有重用的迹象。这似乎印证了谭建华本人认为自己只是在哥哥开的酒店跟几个亲戚玩玩牌不算是赌博的解释;二是举报人董志国反被抓,是因为其提供被举报人的信息给调查公司,该调查公司对谭进行非法调查,直至拍摄到其在酒店赌博的视频,从而导致谭被予以纪律处分和免职,因此,认为董志国涉嫌非法获取公民个人信息罪。

针对此事,多数网友认为,赌博官员受重用,举报者反被抓,难免让人觉得举报者受到打击报复。有网友甚至直呼:"没有领导支持请不要举报领导。"也有网友说,官员依法享有公民权,拥有自己的私人空间,跟踪偷拍是对其私域的侵犯。但有网友反驳道,"偷拍要区别对待:如果以获取他人隐私为自己谋私利,无疑是非法行为;如果是为了正义,为了揭发违纪违法行为,就是合法,就要受到法律保护。"

而当地官方对"匿名举报人被抓"之事很快也做出了解释。董志国之所以被抓,是因为牵涉衡阳市公安机关近来侦破的一起非法获取公民个人信息的重大案件。今年7月底,衡阳市公安局接到群众举报,7月31日对涉嫌犯罪案件进行立案侦查,从而捣毁了长沙一个非法商务调查公司,逮捕了周某等5名犯罪嫌疑人,并缴获一批用于非法获取公民信息的窃听、窃照专业器材以及用于作案的车辆。董牵涉该案的原因是,2015年5月衡东河西开发区管委会办公室主任董志国因对时任衡东县委副书记的谭建华不满,经密谋,由董提供谭的相关信息资料给调查公司,某企业老板提供十万元资金,最终该调查公司偷拍到被举报人赌博的视频资料。从被举报人7月4日被抓拍,7月28日被免职,到7月底"公安局接到群众举报",捣毁了偷拍被举报人的调查公司,再到8月10日,举报者董志国被以"非法获取公民个人信息罪"监视居住。稍加分析,这一连串事情发生的时间顺序很容易令人联想到,抓捕举报人颇有蹊跷。

既然举报人被以刑事案件立案,那就涉及刑事诉讼的程序与实体两方面问题。就程序而言,正如董志国的律师和家属质疑,警方实行"监视居住"的强制措施在程序上就存在不当。《刑事诉讼法》规定,对监视居住应当在犯罪嫌疑人、被告人的住处执行,无固定住处的,可以在指定的居所执行,指定居所监视居住不得在羁押场所、专门的办案场所执行。而董志国被监视居住地是位于衡阳市的某某宾馆,该宾馆有专人把守,系衡阳市纪委专门的办案场所。难怪董志国家属怀疑这种做法是有人"暗箱操作"、"打击报复"。

在实体上,举报人为了举报违法犯罪,获得确凿证据,为他人提供目标对象资料和调查资金,该行为是否构成"非法获取公民个人信息罪"更值得探讨。

我国刑法为保护公民信息,规定了出售、非法提供公民个人信息罪和非法获取公民个人信息罪两个罪名。前者是指国家机关或者金融、电信、交通、教育、医疗等单位的工作人员,违反国家规定,将本单位在履行职责或者提供服务过程中获得的公民个人信息,出售或者非法提供给他人,情节严重的行为;后者是指窃取或者以其他方法非法获取上述信息,情节严重的行为。就本案举报人董志国的行为分析,就当司法机关认为举报人将被举报人的信息提供给调查公司,这也仅仅是涉及一个人的信息,而且其主观用途是为了固定违法犯罪的证据,显然达不到犯罪的程度;或者说,举报人是为非法获取公民个人信息,但这里获取的也只是限于被举报人一个人的信息,而且主要是涉及其违法犯罪的信息,这也谈不上达到犯罪的严重程度。另外,董志国亦不是上述调查公司的同伙(或成员),他与调查公司系一种"服务合同"关系,所以,也不能将其与有关犯罪人作为共同犯罪论处。

　　值得一说的是,有反腐人士认为,对于类似的侦探式反腐,在一定程度上破坏了法治秩序,违反程序正义。在此,笔者要强调,为了打击对方而雇人秘密跟踪调查,以获取违法犯罪的证据,这类做法确是一种有悖政治伦理甚至可能涉及违法犯罪的不健康行为,应当加以约束。但是,这类行为是否构成犯罪,只能依据刑法本身来进行判断。不能因为举报违法犯罪的手段不正当,或者存在官员道德上的瑕疵,就硬要贴上犯罪的标签。我们固然不提倡用一种非正义的手段去打击另一种非正义,但我们也不能完全否认,以一种小的错误去纠正大的错误的做法在当今社会仍然具有一定的存在价值。

(载《南方都市报》,2015年10月12日,金泽刚专栏)

最高罚单还要是最有效罚单

10月13日深圳交警通过大数据分析,发现一辆号牌为粤B9E5Q9黑色越野车存在严重的连续性交通违法行为。交警在将该车查扣后,通过车辆所属公司相关负责人了解和调查比对,确定是该公司一名女员工实施了这些违法行为。经调查,该车于2014年12月上牌,从使用到现在不足一年的时间已有30次交通违法未处理,包括自今年3月至今已有23次占用应急车道违法,排名首位。从违法图片看,该车对违法占用应急车道情有独钟,即使正常车道没有车辆其依然任性地行驶在应急车道上。根据《深圳经济特区道路交通安全违法行为处罚条例》第18条的规定,驾驶机动车在高速公路、城市快速干道或者隧道内行驶,非紧急情况占用应急车道、路肩的,处3000元罚款,记6分。深圳交警据此开出共计处罚6.9万元、记138分的罚单。据了解,这也是今年深圳交警对单项交通违法开出的最高罚单。不过,此前的8月17日,深圳市交警曾对一辆泥头车查出套牌和超载两项"重罪",合共开出高达8.5万元的"巨额"罚单。

当今,我国机动车保有量已接近2亿辆,毫无疑问,交通秩序和交通安全已成为国民生活的重要环节,交通违法犯罪每每造成惨痛的代价更使得全社会"严打"的呼声不断。在大城市车辆多事故多的背景下,不久前实施的《深圳经济特区道路交通安全违法行为处罚条例》无疑备受瞩目。此次

"最高罚单"自然被认为是深圳地方立法的成效。但值得注意的是,据媒体报道,深圳新交规实施后开出的9张5万元的天价罚单,多数尚处于未缴纳状态。

天价罚单未被缴纳的原因多种多样,最有可能的因素就是对于某些车辆而言,罚单的金额已经超过车辆本身的价值,车主干脆选择放弃。诚然,天价罚单的目的是为了规范道路交通秩序,但事实证明,罚款并不是数额越大效果就越好。对违法行为的惩罚不应该仅仅局限于罚款,而应综合考虑。我国《道路交通安全法》第88条对道路交通安全违法行为规定了多种处罚方式,包括警告、罚款、暂扣或者吊销机动车驾驶证、拘留等。而《深圳经济特区道路交通安全违法行为处罚条例》却主要是采用了两种方式,而且以罚款为主。从罚款数额上看,《道路交通安全法》对机动车违反法律法规停放、临时停车规定的罚款幅度为20元到200元,而深圳的处罚规定最高为3000元。尽管根据立法法赋予新的地方立法权限可以解释深圳的地方立法与国家《道路交通安全法》存在的矛盾,但巨额罚款会不会令当事者产生与法治的对立情绪还是值得思考的。

从法治的精神出发,惩罚的目的终究是为了保障交通安全与秩序,惩罚本质还是为了教育民众自觉遵法守法。然而,多张天价罚单未缴纳,恰恰体现了事与愿违,不仅仅没有起到教育民众遵纪守法的作用,反而有"宣传炒作"的嫌疑。事实上,除了惩罚的力度和及时性之外,惩罚的对象也应有全面性。本次事件中被处理的女司机是通过大数据分析出来的,大数据有助于抓重点,而要实现普遍性教育,不是抓一两个典型就能够做到的。惩罚的有效性是由惩罚的严厉程度和违法行为被及时发现的概率两个因素决定的,仅仅提高惩罚的严厉程度还不够。通过严格的执法,做到凡违必罚,提高违法行为被发现的概率,更能够加大惩罚的威慑力,教育心存侥幸的交通违法者。

回到女司机一案中,女司机短期内违章高达数十次,且多种违章行为竞合,如此严重的违法行为为何没有被及时制止亦令人困惑。交警部门的解释是"通知不到本人",若果真如此,那违法者则存在有意逃避处罚之嫌,那更是罪莫大焉。所以,除了罚款,管理部门是否应该采取更加严厉的处罚措施,如剥夺驾驶资格等,否则,这最严的交通法规就有片面追求经济利益的不正当目的。

除了处罚之外,执法的有效性还有赖于警方将女司机一案存在的相关疑惑也一并解开,并公之于众。比如,这辆豪华奔驰车究竟是谁的,媒体报道说该车辆并不属于违法女司机私人所有,而是属于她所在的公司,一家国资控股企业。那么,该女司机只是企业的一名专职司机,还是自己有权长期占用此车的企业领导?再说,身为国资控股企业,是否有必要购买如此奢侈的豪华车?如此说来,处罚女司机后是否要处罚车辆所属单位似乎也是个问题。

当一件事成为公共事件后,当事者的身份不应该再成为谜团。从罚款处罚延伸到违法背后的问题,并且予以公开,这才是处理类似女司机案的应有思路。否则,对于钱多而任性的司机(或者单位),执法效果很可能会大打折扣。

当今,我国机动车保有量已接近2亿辆,毫无疑问,交通秩序和交通安全已成为国民生活的重要环节,交通违法犯罪每每造成惨痛的代价更使得全社会"严打"的呼声不断。在大城市车辆多事故多的背景下,不久前实施的《深圳经济特区道路交通安全违法行为处罚条例》无疑备受瞩目。此次"最高罚单"自然被认为是深圳地方立法的成效。但值得注意的是,据媒体报道,深圳新交规实施后开出的9张5万元的天价罚单,多数尚处于未缴纳状态。

天价罚单未被缴纳的原因多种多样,最有可能的因素就是对于某些车辆而言,罚单的金额已经超过车辆本身的价值,车主干脆选择放弃。诚然,天价罚单的目的是为了规范道路交通秩序,但事实证明,罚款并不是数额越大效果就越好。对违法行为的惩罚不应该仅仅局限于罚款,而应综合考虑。我国《道路交通安全法》第88条对道路交通安全违法行为规定了多种处罚方式,包括警告、罚款、暂扣或者吊销机动车驾驶证、拘留等。而《深圳经济特区道路交通安全违法行为处罚条例》却主要是采用了两种方式,而且以罚款为主。从罚款数额上看,《道路交通安全法》对机动车违反法律法规停放、临时停车规定的罚款幅度为20元到200元,而深圳的处罚规定最高为3000元。尽管根据立法法赋予新的地方立法权限可以解释深圳的地方立法与国家《道路交通安全法》存在的矛盾,但巨额罚款会不会令当事者产生与法治的对立情绪还是值得思考的。

从法治的精神出发,惩罚的目的终究是为了保障交通安全与秩序,惩罚本质还是为了教育民众自觉遵法守法。然而,多张天价罚单未缴纳,恰恰体现了事与愿违,不仅仅没有起到教育民众遵纪守法的作用,反而有"宣传炒作"的嫌疑。事实上,除了惩罚的力度和及时性之外,惩罚的对象也应有全面性。本次事件中被处理的女司机是通过大数据分析出来的,大数据有助于抓重点,而要实现普遍性教育,不是抓一两个典型就能够做到的。惩罚的有效性是由惩罚的严厉程度和违法行为被及时发现的概率两个因素决定的,仅仅提高惩罚的严厉程度还不够。通过严格的执法,做到凡违必罚,提高违法行为被发现的概率,更能够加大惩罚的威慑力,教育心存侥幸的交通违法者。

回到女司机一案中,女司机短期内违章高达数十次,且多种违章行为竞合,如此严重的违法行为为何没有被及时制止亦令人困惑。交警部门的解释是"通知不到本人",若果真如此,那违法者则存在有意逃避处罚之嫌,那更是罪莫大焉。所以,除了罚款,管理部门是否应该采取更加严厉的处罚措施,如剥夺驾驶资格等,否则,这最严的交通法规就有片面追求经济利益的不正当目的。

除了处罚之外,执法的有效性还有赖于警方将女司机一案存在的相关疑惑也一并解开,并公之于众。比如,这辆豪华奔驰车究竟是谁的,媒体报道说该车辆并不属于违法女司机私人所有,而是属于她所在的公司,一家国资控股企业。那么,该女司机只是企业的一名专职司机,还是自己有权长期占用此车的企业领导？再说,身为国资控股企业,是否有必要购买如此奢侈的豪华车？如此说来,处罚女司机后是否要处罚车辆所属单位似乎也是个问题。

当一件事成为公共事件后,当事者的身份不应该再成为谜团。从罚款处罚延伸到违法背后的问题,并且予以公开,这才是处理类似女司机案的应有思路。否则,对于钱多而任性的司机(或者单位),执法效果很可能会大打折扣。

(载《南方都市报》,2015年10月19日,金泽刚专栏)

"扶老人险"能否解决扶老人危险的困境

10月15日晚,支付宝推出"仅需支付3元,一年之内可随便扶起跌倒的老人的"扶老人险。据透露,上线仅三天,就有2.6万人参与投保。支付宝对该保险的介绍是:保障因老人摔伤撞残等意外,被保险人提供帮助后导致被误认为是肇事者,而需要通过法律途径来解决的法律诉讼费用,赔偿限额2万元。保期一年,并赠送全年的法律咨询服务。

自从2006年彭宇案发生后,每每遇见"扶还是不扶"的事件总是引发社会关切。为了破解此尴尬,今年3月北京市十四届人大常委会第二十次会议还审议了《北京市院前医疗急救服务条例(草案)》,鼓励好人好事,并明确提出要对诬陷和恶意索赔者追究法律责任。而此前的2013年6月深圳市颁布的《深圳经济特区救助人权益保护规定》已有相似的一些规定。这些地方性规定,其宗旨都是从伤者(主要针对老人)和救助者两个角度,运用法律保障老人的权益,且降低救助成本,保护好人免受诬陷。不过,效果如何至今尚有待观察,但"扶还是不扶"的问题依然困扰着我们,"讹人"的现象还时有发生。"扶老人险"的出现,似乎在给这一法治怪圈指出一条新路。

先抛开商业利益不谈,"扶老人险"作为支付宝推出的新业务,开启了利用商业模式来鼓励与人为善,化解道德危机的先河,这一点无疑值得点赞。但仔细阅读"扶老人险"的具体条款与保障细节,又不得不对它能否实际解决扶老人危险的困境产生疑问。

首先,这份由华安财产保险股份有限公司署名的"个人责任保险条款"规定:该保险条款并非专门针对"扶老人"问题设计的,通篇都是一个可以通用的"个人责任保险条款"。被保险人界定为"依法具有完全民事行为能力的自然人",保险对象是"被保险人因过失造成第三者的人身伤亡或财产损失,依法应由被保险人支付的仲裁或诉讼费用以及事先经保险人书面同意支付的其他必要的、合理的费用",这丝毫没有体现出它是在"扶人反被讹"的情形下所需要获得经济保障的问题,而且,条款本身似乎已默认了被保险人自身有过失,与"被误认为肇事者"的理赔条件自相矛盾。

其次,对于支付宝介绍中提到的"被误认为是肇事者"的概念,如何界定也值得推敲。对此,法律上没有明文规定,作为当事人的救助者显然不能自证清白,被扶老人和第三方平台更没有发言权,真相如何,只能有赖于法院的最终判决。所以,如果救助者真的撞了人,或者法院认定其没有撞人,那支付宝就不存在赔偿的问题;如果救助者事实上没有撞人,法院却判定其为肇事者,那么,基于法院判决,又有何种途径来证明自己属于"被误认为是肇事者"的范畴呢?结果还是无从救济。这就出现了一个保险不保险的怪圈。也就是说,如果真的因扶老人惹事上身,"扶老人险"能有多大的作为颇有疑问。

从另一个角度,这个 3 元钱的扶老人险背后所体现的价值判断,似乎对老人也不公平。人民日报的一项调查分析认为,在此前的 149 起扶老人纠纷中,有 30 多起系冒充好人的撞人者,占 1/5 多一点。支付宝作为非传统的电子产业,老年人并不属于主流用户,仅仅针对"扶人被讹",而不覆盖"贼喊捉贼"等情况,隐隐透露出将老年人妖魔化的趋势,这种潜在悖德现象值得我们反思。

当然,如果不从法律层面来看待"扶老人险",单从实际宣传效果来看,或许真的可以让那些清白的扶老者不再惧怕去扶老人。道德的回归不仅可以依靠法治保障、媒体宣传,或许也可以依靠某种程度的商业运作。但值得提醒的是,面对这种新兴事物,我们在叫好之前,还是要思考它在解决实际问题中的效果,甚至负面效应。

(载《南方都市报》,2015年10月21日,金泽刚专栏)

"穷人共妻"的法律悖论

10月14日,浙江财经大学经济与国际贸易学院的谢作诗教授在自己的博客中发出《"3000万光棍"是杞人忧天》一文,此文认为,一切问题的本质都可以归因于价格和收入问题,"光棍的存在只是增加女性的相对稀缺性、提高其价格,绝不意味着两性市场就不会出清、就会出现剩男"。因此,性别失调问题就转化成收入问题。谢教授提出解决"3000万光棍"的性问题的方法可以是让低收入男子"多人合妻",甚至允许同性结婚合法化等。

几天来,谢教授的"穷人共妻论"遭到了一片讨伐,为此,他连忙又抛出了《写给只会浮躁谩骂不会理性思考的人们》一文,以回应多数人的质疑。在其回应一文中,除了引用了几个支持他的网友观点之外,看不出多少新意,还是在强调"人类的一切关系,本质上都是交易关系。交易并非都体现在货币金钱上。婚姻是交易。"谢教授还提出新的道德观,"不让3000万光棍有女人,使他们生活没有希望,然后去强奸、砍人、爆炸(这里强调只是可能性),难道这就是你的道德? 你这是饱汉不知饿汉饥、站着说话不要腰疼,这才是天底下最大的不道德。"而且,"'一妻多夫'早就存在。国外有,例如印度就有。中国过去有,现在也一直有"。

对于谢教授的"人类一切都是交易"的论调,一些网友已做批驳,如"人不是数字,也不是你所谓的经济",其所谓的经济学思路解决光棍危机,是

"假设人没有感情,只有工具理性而已"。退一步讲,就当婚姻可以包含金钱等物质要素,有市场交易的成分,但由此也推不出几个穷人加起来就对于娶一个老婆的结论来。几个穷人的财富加起来固然会多一点,但怎么能够等于他们合在一起就可娶一个女人做老婆呢?不说理论上没有根据,还有女方会愿意吗?对于那些"被多个穷人共着"的女性来说是否也存在着将女性沦为生产和泄欲工具的嫌疑呢?

这不仅是对我国宪法和婚姻法所规定的男女平等原则的冲击,也是对现代女性尊严的严重冒犯与失敬。再说,若真的"合伙娶老婆",孩子算谁的,是不是都要去鉴定?没有哪个男人会心甘情愿的去抚养一个与自己毫无血缘的孩子的。这正说明,人类婚姻家庭关系绝不等同于财产的交易关系。谢教授反感谈道德,但人类不能没有道德,除非你不是人类。人类之所以比其他动物更高级是因为我们的兽性被伦理道德文明所约束。为了解决性压力,就可以不再对自己的丈夫或妻子忠诚,做破坏家庭的"第三者"可以成为缓解性压力的有利手段,这种突破道德底线的思维注定不能被人所接受。

至于说男人没有女人,就会导致强奸、砍人、爆炸等犯罪增加,这更是谢教授的猜测而已。基于现代犯罪学,就强奸罪而言,没有任何实证依据证明强奸犯大多是单身汉。法律界早有"熟人强奸"之说,却从未见"单身强奸"说,不知道谢教授可否验证一下。依据谢教授的逻辑,现行刑法严厉打击的组织卖淫罪恐怕连犯罪都算不上,甚至还是有益于社会的(为男人解决性需求)。再看看在反腐实践中,那些比情人有多少的贪官往往都是"妻子不用"的。事实上,婚外性关系的存在本身就说明了,男人不是因为没有女人而去找别的女人。

除了心理上和伦理上的障碍外,在实际生活层面,几个男人与一个女人组成的一个家庭,肯定也是不稳定的。从两性关系上讲,在潜意识里,男人天性就是有很强的占有欲的,在几个男人和一个女人组建的家庭中,除极少数个案外,多数家庭必将因男人争相占有女人的争斗而发生家庭悲剧。谢教授举到了解放前偏僻农村存在的几个接近于穷人共妻的事例,但其说服力有多大,恐怕连谢教授本人也感到心虚,只能弱弱地说说吧。若由此得出中国"一妻多夫"早就有,现在还有的结论实在过于草率。更不用说,社会中的那些不正常现象只要存在就是合理,就要承认下来吗?例如,吸毒贩毒是典型的交易行为,难道我们因为有毒品类犯罪,就干脆将它们合法化吗?答案不言自明。

说到底,一夫一妻制本是社会发展过程中自然选择的最佳生育和结合方式,也是我国基本的婚姻家庭法律制度,是人类文明进步的标志。从历史上看,西方发达国家经济实力再强大选择的依然是一夫一妻制,甚至于越是经济发达国家越崇尚一夫一妻制。即使那些少数几个承认同性恋的国家,与他们个人的财富多少也没多大关系。诚然,谢教授想用经济学理论解决性与婚姻问题的动机未必不当,法律也的确不能一成不变,随着社会意识形态和社会矛盾关系的发展变化,法律需要做出适当的调整,甚至改变。但是,人类法治经验证明,良法的制定一定是建立在社会基本道德之上的,脱离社会基本德性的法律不可能被立法所通过。作为一名经济学人,谢作诗当然不必熟知法律,但其所说言语至少不能表现得太法盲。

(载《南方都市报》,2015 年 10 月 26 日,金泽刚专栏)

事故行政问责,为何可信度不高

无论是《公务员法》,还是《行政机关公务员处分条例》所列举的处分方法,都没有"罢免、免职"的明确规范。因免职缺乏明确的程序,用起来就比较自由灵活。

近日,浙江省安监局发布了《温岭市捷宇鞋材有限公司"7·4"厂房坍塌重大事故调查报告》,事故定性为"重大的生产安全责任事故",共22名涉事官员被处分。

根据刑法和最高司法机关的解释,"温岭厂房坍塌事故"中14死33伤的后果,属于情节特别恶劣的情形,直接责任人员徐某某、戴某某理当受到法律的惩治。另外22人所受到纪律处分,其依据是《行政机关公务员处分条例》和《党员纪律处分条例》,属于行政问责的范畴。自十八届四中全会以来,依法治国的理念更加深入人心,在党纪与国法的关系上,强调"党纪严于国法,国法高于党纪"。10月21日修订更新的《党员纪律处分条例》也明确显示了这一内涵。一方面,它删除了与刑法等法律法规重复的条款,对党员涉嫌犯罪的,"给予撤销党内职务、留党察看或者开除党籍的处分"。另一方面,对达不到犯罪程度但违反党纪的行为也规定了相应的纪律制裁措施。

电影《烈日灼心》中,有句台词"法律是人性的低保"。这似乎可从侧面解释纪律处分被广泛运用的缘由。法律规定的是最基本的行为底线,而对于党员、官员来说,需要遵守的纪律应当是一根定在法律之前的红线。

乍看起来,法律与纪律并行不悖,似乎是一个完美的事故处理模式,但制度设计的美好在现实中未必能够如愿。事实上,党纪政纪处分如何发挥其最大的功效,怎样处理纪律处分与法律制裁的关系,为什么在法律与纪律双管齐下的严厉追责下,安全生产事故依然层出不穷?这些都是我们不能不思考的问题。

不可否认,党纪与政纪处分都是"自上而下"的问责,对于事故的调查与追究都发生在内部,发生在体制内的问责机制难保责任得到真正的落实。封闭的问责机制还容易招致民众生疑。网络上就曾出现过著名的"35人定律",因近年来多起事故死亡人数恰好为35人,怀疑官方公布的死亡人数不真实。这种臆测至少反映出,有些时候行政问责在民众中缺乏足够的可信度。

再拿免职来说,目前,免职在事故追责中运用广泛。但无论是《公务员法》,还是《行政机关公务员处分条例》所列举的处分方法,都没有"罢免、免职"的明确规范。因免职缺乏明确的程序,用起来就比较自由灵活。当场罢免或是调查后罢免亦没有统一的标准。有的时候"免职"成了"平息民怨"的权宜之计。更有一些被免官员在风头过后换上另一顶乌纱帽。如此一来,纪律处分不仅没有成为对党员、官员严格要求的红线,反而成为个别人逃避责任的"避风港"。

事实证明,在重大事故面前,一旦多名领导落马,公众的注意力很容易被吸引,事故的法律问责和司法进程则被官员下课的欢呼声所淹没。这说明,民众的法治意识还亟待加强,社会对法律的信仰亦有待培养。特别是在两种处理方式并行不悖的情况下,法律更应当成为全体民众包括广大党员干部最普遍的行为规范。

(载《新京报》,2015年11月5日,金泽刚专栏)

性侵未成年人案件的赔偿机制期待突破

近日,全国人大常委会二审民法总则草案,草案中出现了一条新规定,即"未成年人遭受性侵害的损害赔偿请求权的诉讼时效期间,自受害人年满十八周岁之日起计算"。就是说,如果儿童期遭遇了性侵害,那即便当时因种种原因没有主张自己的权利,或者没有追究侵害方的责任,年满18周岁后仍可以要求侵害方给予民事赔偿。这次针对民事诉讼时效的修改,无疑是针对司法实践中存在的问题,弥补实际漏洞,以利于维护未成年人的合法权益。

长期以来,我国对于遭受性侵害的少年儿童的法律保护,主要是以刑罚方法制裁侵害人为主,这种做法未能完全补偿受害人所遭受的身心损害。就人身损害赔偿请求权提起的时间而言,根据我国现行《民法通则》规定,因身体受到伤害要求赔偿的诉讼时效期间为一年,从知道或应当知道权利被侵害之日起计算。因此,一般来说,受性侵未成年少女提起损害赔偿请求权的时间应于刑事案件审结后一年之内。然而,在很多情况下,受害者因处于未成年阶段,不能明确判断其权利是否受到侵害,侵害有多严重,以至于不能及时提起法律诉求。所以,新草案的变革无疑有益于给受害未成年人的权利保护提供充足的时间和获得更多赔偿的机会。

不过,除了诉讼时效问题,对遭受性侵害的未成年少女的权利保护更体现在其实体诉求能否得到司法的认可。

根据目前的法律规定,在大多数性侵儿童案件中,对被害人造成身心健康的损失给予民事赔偿一直微不足道,甚至被忽略不计。据报道,有统计表明,仅从2013年到2015年的三年间,公开见诸报端的性侵儿童案件就达1035起,但在司法实践中,这些被性侵儿童获取民事赔偿的过程却面临重重困难。到目前为止,没有一起受害者提起的民事索赔能够明确获得法院的支持,为数不多的赔偿额较高的一例仅为5万元,而且是"调解"结案。前不久被媒体广为报道的广西百色性侵案,百色助学网负责人王某,以助学的名义性侵多名女童,结果本案竟然成为了一起刑事附带民事零赔偿的案件,令民众困惑不解。

关于犯罪后如何赔偿损失的问题,我国《刑法》第36条规定,由于犯罪行为而使被害人遭受经济损失的,对犯罪分子除依法给予刑事处罚外,并应根据情况判处赔偿经济损失。承担民事赔偿责任的犯罪分子,同时被判处罚金,其财产不足以全部支付的,或者被判处没收财产的,应当先承担对被害人的民事赔偿责任。这被称为民事赔偿优先的原则。但是,根据我国《刑事诉讼法》第138条规定,被害人因人身权利受到犯罪侵犯或者财物被犯罪分子毁坏而遭受物质损失的,有权在刑事诉讼过程中提起附带民事诉讼。因受到犯罪侵犯,提起附带民事诉讼或者单独提起民事诉讼要求赔偿精神损失的,人民法院不予受理。2000年《最高人民法院关于刑事附带民事诉讼范围问题的规定》亦做了同样的规定。

因此,不管是刑事附带民事诉讼还是刑事案件结束后单独提起民事诉讼,司法只支持直接的物质损失赔偿,不支持精神损害赔偿。2013年10月"两高"和公安部、司法部印发《关于依法惩治性侵害未成年人犯罪的意见》应该是最新的规定,但它也只是强调,"对于未成年人因被性侵害而造成的人身损害,为进行康复治疗所支付的医疗费、护理费、交通费、误工费等合理费用",人民法院依法予以支持。这还是坚持物质损害赔偿原则。如果受害方在刑事案件结束后,另行提起精神损害赔偿诉讼,依然难以得到法律的支持。

所以,从长远来看,就像现在的民法总则草案突破诉讼时效一样,民事精神损害赔偿在未成年人遭受性侵害的案件中是否也可考虑加以突破,这是值得进一步探索的。因为在这类案件中,犯罪行为对被害人一生的精神创伤往往要大于一时的直接身体伤害。这样的突破也完全符合联合国《儿童权利公约》规定的"儿童利益最大化原则"。

此外,此类案件通常隐蔽时间久,取证难度大,也给请求损害赔偿带来障碍。性犯罪案件的证据留存状况与报案的及时与否成正比,不及时报案就会加大取证的难度。在中国的传统观念中,遭受性侵害未成年人的家庭或者监护人大多以此为耻,加上司法机关对于当事人隐私的保护做得不够完善,易给被害人造成"二次伤害",以致被害人不愿意寻求法律帮助,这也成为他们进行维权诉讼的思想阻碍。

从国外来看,一些国家也经历了一个从强制公民报告的模式到法律与社会措施并举的主动报告模式的转变过程。例如,德国就有完善的儿童保护法律以及健全的儿童保护体系,法律与社会措施并举,鼓励被害儿童和家长主动报案,并设置健全的以家庭服务为导向的儿童保护理念和体系。比利时建立医生保密中心,通过建立信任关系,鼓励被害儿童及其父母主动报案,并帮助儿童回归家庭,该中心独立于司法机关,保证报告者和加害者的匿名性。这些做法都是值得我国借鉴的。要保障性侵害案件的受害人获得应有的赔偿,建立新型的社会保护机制亦不可或缺。

(载《南方都市报》,2015年11月5日,金泽刚专栏)

抢劫银行致富后该怎么受罚

2015年10月21日,警方利用先进技术,侦破了一起十六年前发生于郑州的特大银行劫案,成功抓获涉案的犯罪嫌疑人。令人吃惊的是,头号嫌犯石某利用当年抢劫银行分得的赃款100余万元起家,经过多年的积累,已经发展成为一名资产过亿的企业家。

在这起银行劫案中,石某等人不仅侵犯了在场银行员工的人身权利,而且共同劫走了银行资金200万元,即给银行造成了200万元的直接经济损失。根据刑法规定,对石某等人抢劫银行的犯罪行为,适用刑罚的要求是,"处十年以上有期徒刑、无期徒刑或者死刑,并处罚金或者没收财产"。与此同时,刑法还规定有,"犯罪分子违法所得的一切财物,应当予以追缴或者责令退赔;对被害人的合法财产,应当及时返还;违禁品和供犯罪所用的本人财物,应当予以没收。"这就是说,不仅要追缴犯罪分子违法所得的一切财物(或者责令退赔),还要"并处罚金或者没收财产"。即既要追回犯罪分子的违法所得,还要以罚金或者没收财产等形式给与严厉的经济处罚。

现在的问题是,石某是将赃款作为自己发展经济的本钱,然后一步步发家致富的,其如今的亿万资产是否属于抢劫赃款的收益,或者说仍然属于刑法规定的"违法所得"的范畴,这是值得思考的。

对于犯罪所得产生的收益,我国刑法并没有明确的规定或者直接的解释,不过,有关具体罪名的规定涉及到这个问题。如对于洗钱罪,刑法规定应当没收洗钱罪的上游犯罪所得产生的收益。在掩饰、隐瞒犯罪所得罪中,刑法也将"犯罪所得及其产生的收益"明确规定为掩饰、隐瞒的犯罪对象。然而,刑法理论和司法实践中普遍认为,犯罪所得产生的收益应该是指,犯罪所得直接带来的经济利益。如果在获取犯罪所得后,经过了一系列的发展阶段,中间介入了其他生产要素,也包括风险性因素,最后产生了新的利益,则不能认定为犯罪所得产生的收益。因为这个构成是有风险的,也可能经营失败,不仅没有收益,而且还可能使犯罪所得也丧失殆尽。2006年3月最高人民检察院出台的《人民检察院扣押、冻结款物工作规定》亦规定:"犯罪嫌疑人、被告人实施违法犯罪行为所取得的财物及其孳息属于违法所得。"这里的孳息显然是直接的财产收益。在国际上,《联合国反腐败公约》对于犯罪所得进行了比较详细的界定,认为:"四、如果这类犯罪所得已经部分或者全部转变或者转化为其他财产,则应当以这类财产代替原犯罪所得而对之适用本条所述措施。五、如果这类犯罪所得已经与从合法来源获得的财产相混合,则应当在不影响冻结权或者扣押权的情况下没收这类财产,没收价值最高可以达到混合于其中的犯罪所得的估计价值。"可见,没收的财产始终是围绕"原犯罪所得",而不是相距遥远的新财产。

所以,针对石某抢劫银行一案,其亿万资产不能认为是抢劫所得产生的收益,更不能作为"违法所得"予以没收。

当然,鉴于石某抢劫所得与如今拥有的亿万资产有一定的联系,司法机关在处理本案时,除了考虑维持有关企业正常生产经营秩序等因素外,对于石某等人予以严厉的财产刑惩罚还是很有必要的。比如说,既要追缴石某等人抢劫银行所得的200万元以及其应有的孳息;还可以没收其个人拥有现金资产,房产,以及其他能够单独剥离出来的资产,具体财产有多少,没有一个绝对的比例,可根据其各类资产的现实情况依法处理。

实际上,类似石某抢劫银行案的问题在其他犯罪领域也是存在的。几乎就在郑州宣告破获这起银行劫案的同一天,南京市中级人民法院发布消息称,根据最高人民法院的指定,南京市中级人民法院受理了中国人民大学招生就业处原处长蔡荣生受贿案。根据南京市人民检察院指控,2005年至2013年间,被告人蔡荣生利用其担任中国人民大学招生就业处处长职务上的便利,以及本人职权或者地位形成的便利条件,接受永华香港集团董事长王某等人的请托,在招录考生、调整专业等事项上为王某之女等44名学生提供帮助,非法收受王某等30人给予的财物共计2330.8074万元。这两个案子看似风马牛不相及,但蔡案也潜在一个共同的难题:违法所得如何没收,即那些通过行贿进入人大读书所获得的毕业文凭是否也是违法所得,应当追回吗？

对于那些行贿进入人大读书的学生来说,他们的违法所得是进入名校读书的机会,以及获得由高等学府颁发的极具含金量的文凭,这是不可用金钱来衡量的现实利益。但不可否认,这些"犯罪所得"的源头就在于对人大招生处处长的行贿行为,而如今,显然没有可能再去追回这样一些经过几年学习后获得的真文凭。这大约也说明了刑法追究的"收益"不能与违法犯罪行为相隔太远,这无疑也是刑法谦抑精神的表现。

(载《南方都市报》,2015年11月6日,金泽刚专栏)

给张台长送钱的演员也当法办

11月3日上午,由安徽省淮南市人民检察院提起公诉的安徽广播电视台原党委书记、台长张苏洲涉嫌贪污、受贿案,在淮南市中级人民法院一审公开开庭。向张苏洲送予钱财的还包括总政歌舞团歌唱演员吴某和阿某某,她俩均曾在全国青歌赛中斩获大奖。据报道,经张苏洲安排,2009—2012年,安徽(广播)电视台多次邀请阿某某参加安徽卫视春晚等节目的演出,为感谢关照,阿某某3次共送了6万元给张。(11月5日澎湃新闻)

该案的特别之处在于许多行贿人都是演员,且阿某某等行贿人的名字已高调出现在新闻报道中,但未见相关报道谈及行贿人现在处于何种状态,是否正被追究法律责任。甚至从报道内容来看,阿某某等人的行贿行为被描述得轻描淡写,似乎与违法犯罪毫不相干。综合各路新闻信息似乎反映出,这些行贿台长的演员至今仍"逍遥法外"。就当是实力非凡、得奖无数、前途无量的歌手演员,难道他们就可以游离于反腐的法网之外吗?

的确,在以往的贪腐案件中也存在许多行贿人未被追究的情况。例如,在轰动全国的国家食品药品监督管理局原局长郑筱萸受贿案中,有8家企业曾为药品、医疗器械的审批等事项向郑行贿,但该8家企业及相关人员均未见被追究刑事责任的报道。在湖南省郴州市原纪委书记曾锦春受贿案中,当地某商人曾向曾行贿8次,共计240余万元,在案件侦查过程中,该商人3次被传唤,3次被释放,最终似乎也是不了了之。据相关案件统计,2009年至2013年全国法院受理一审行贿犯罪案件共计12821件,生效判决人数12364人;受理一审受贿犯罪案件共计53843件,生效判决人数48163人,行贿犯罪案件收案数仅为受贿犯罪案件的24%,行贿犯罪案件的生效判决人数仅为受贿犯罪案件的26%。可以说,"重受贿轻行贿"的司法"习惯",与轰轰烈烈的反腐形势极不相称。

对行贿者的宽宥,使行贿者逍遥法外,不仅是纵容行贿人继续腐蚀官员,亦破坏了社会公平竞争的大环境,加剧社会矛盾,产生不稳定因素。因为行贿行为为行贿者带来了不当利益,使行贿者处于更加有利的位置,而未行贿者则需忍受因未行贿而带来的不公正对待。如此恶性循环会导致更多的人选择行贿来获取不正当的利益,其结果是社会公正坍塌,甚至伦理道德沦丧。另外,一些受贿者都是在行贿者的诱惑下实施违法犯罪的,加大对行贿者的处罚除了可以纠正社会的不正之风,维护公平竞争外,还能在很大程度上抑制受贿犯罪的发生。

当然,对于行贿犯罪处罚过轻除了原刑法规定偏轻之外,司法机关的执法不严也是重要原因。一方面,由于受贿犯罪具有隐密性,司法机关往往需要从内部攻破以此破获受贿案件,因此行贿者的"帮助"十分关键;另一方面,一个受贿人会对应许多行贿人,因此,查处行贿者难度更大,司法机关不愿意花费较大的人力、物力去侦破"这么多"的行贿犯罪,似乎有法不责众之嫌。

但是,在这起案件中,对于侦查机关而言,要查到行贿人应该不难,特别是已通过媒体公开报道的人员。然而,相关部门未做进一步处理(至少未见报道),或许是因为牵涉范围太广,或许是因为司法机关的惰性,或许还有其他不可说清道明的要素。实际上,相关部门正好可以通过处罚本案的行贿人,达到警告其他大量潜在行贿者(如其他演员歌手)的目的,说不定还可由此打破演艺圈的某种潜规则,发挥刑事案件最大的社会效果。

其实,对于行贿人的打击不力长期以来备受诟病,早在多年以前最高司法机关就下发过《关于在办理受贿犯罪大要案的同时严肃查处严重行贿犯罪的通知》，但实际执行效果并不理想。事实上，即使依据原刑法对行贿罪的处罚，对一般的行贿犯罪，也是处五年以下有期徒刑或者拘役，若因行贿谋取不正当利益，情节严重的，或者使国家利益遭受重大损失的，处五年以上十年以下有期徒刑，情节特别严重的，甚至可以达到无期徒刑。这样的处罚本也不轻，只不过立法还添有后面一款，即"行贿人在被追诉前主动交待行贿行为的，可以减轻处罚或者免除处罚"，这却成为执法者无限扩大化适用"从轻处罚或者免除处罚"的依据。

如今《刑法修正案（九）》已经正式施行，其修正规定是："行贿人在被追诉前主动交待行贿行为的，可以从轻或者减轻处罚。其中，犯罪较轻的，对侦破重大案件起关键作用的，或者有重大立功表现的，可以减轻或者免除处罚。"修正案的规定不仅加大了对行贿人的惩治力度，而且，极大限制了对行贿人的从轻或者免除处罚。当然，对于行贿犯罪的处罚不能仅仅体现在法条的变化，更重要的还是要执法者严格执行与适用现行法律。唯有如此，才能够真正体现法条的价值和生命，将纸面上的法运用到实践当中，从而真正实现国家和人民的意志。

（载《南方都市报》，2015年11月12日，金泽刚专栏）

如何破除明星涉毒的怪圈

近日,曾经的著名歌手尹相杰再次因为涉毒被查。稍作盘点,自去年3月以来,经媒体报道就有几十个演艺圈的明星涉毒,明星吸毒似乎已形成了一个怪圈。

实际上,由于"犯罪黑数"的存在,涉毒的明星肯定不止已经曝光的数量。正如张艺谋导演在微博中亦坦言,"曾亲见多位演员在拍摄间隙蹲墙角聚众吸大麻,圈子里风气不正,很多人劝我尝尝摇头丸,还苦口婆心对我讲'这是灵感来源'……"

的确,吸毒明星在被抓后往往找各种借口为自己开脱,使用最多的理由就是寻求灵感、疏解压力。在某种意义上,明星可能要承担与普通人不一样的压力,但是以此作为吸毒的理由未免过于牵强。在现代化快节奏的社会,每个人都会有或多或少的压力,但以吸毒等违法犯罪的方式缓解压力却是骗人的鬼话,否则,单身汉是不是就可以以没老婆为由头对女性实施性侵害呢?

其实,明星涉毒事件频发的原因恐怕还是要在名与钱上找原因。一些明星成名太早、太快,钱来得太容易,而且出了名想不挣钱都难,就会被人吹捧得下不来。以尹相杰为例,他1993年通过一首《纤夫的爱》红遍大江南北,二十多年来靠这首成名曲驰骋荧幕,还可以从歌星到主持人,似乎十八般武艺样样精通,什么都能来。自去年以来,吸毒的明星中大多数年龄都小于40岁。对于明星吸毒的大环境,演员陈道明的总结很中肯,即泛娱乐的文化生态、唯票房的剧本创作、纯圈钱的文企上市和没教养的艺人涉毒,深刻反映出当前的"文化失觉"和文艺浮躁风。

此外,社会和公众对明星过于宽容也是明星吸毒的原因之一。虽然国家新闻出版广播电视总局出台过"封杀"涉毒明星的通知,但相关规定的"封杀"只是暂时性的。许多明星在涉毒被曝光后,仍然可以通过鞠躬道歉、受访袒露心路历程、参加慈善活动等方式实现华丽翻身。悔过总能得到原谅,演艺圈和民众对于这类明星持过于包容的态度。此前就有知名大腕说要给吸毒明星一口饭吃,就是要给他们复出的机会。尹相杰第一次吸毒被抓后,也有不止一个演艺圈人士为其说话。在我国,普通民众更是从未发生过抵制有前科劣行的明星演出的事件。正是由于社会对吸毒明星的宽容,大大降低了明星吸毒行为应该付出的代价。导致惩罚缺乏应有的威慑力。

必须明确,挣钱容易,责任越大,出名容易,责任越大,这是法治社会权利与义务相一致原则的基本要求。明星不仅仅是一个娱乐大众,容易赚钱,受人追捧的职业,更应注重甚至约束其作为公众人物的社会影响力,也就是社会正能量。所以,明星违法犯罪极容易起到混淆社会价值标准的负面作用,相对于普通人而言,明星等公众人物涉毒的社会危害性可能更大。

面对涉毒事件屡屡发生的大环境,治理涉毒明星到了"治乱世用重典"的时候。纵观去年以来涉毒明星被判处的刑罚,大多数刑期都不超过一年有期徒刑,罚金刑更是蜻蜓点水。对他们的"封杀"也不彻底。现在想来,尹相杰第一次被抓时的悔过真是笑话(类似的悔过笑话还不少),这至少说明了一点:第一次处罚似乎太轻,不至于让他改过自新。对于毒品犯罪"用重典"并不是因为其身份特殊而从重或者加重处罚,这里强调的仍然是严格追责,不能因为是名人而容易被社会接受轻判。

明星涉毒的怪圈非一日形成,治理明星涉毒必须编织更加严密的行政和刑事法网。此前文化管理部门对于污点明星的一些限期禁演乃至终身禁演的处罚措施值得进一步完善和落实。但这种体制内的"行政性处罚"毕竟容易给人"自家人袒护自家人"的感觉。从长远来看,在已开始施行的刑法修正案(九)规定从业禁止后,对涉毒犯罪的艺人明星,应当尝试适用禁止其自刑罚执行完毕之日或者假释之日起从事相关演艺职业。当然,与普通人涉毒犯罪一样,由于涉毒者戒除毒瘾非常困难,如何使戒毒措施跟得上治理犯罪的需要,也是惩治明星涉毒犯罪需要研究的问题。

(载《南方都市报》,2015年11月19日,金泽刚专栏)

教师"虐童"别让"家规"替代了法律

下令学生们自己掌嘴100下,或许这算不上虐待被看护人且情节恶劣,但这种行为至少已严重侵犯那些未成年学生的人身权利,恶劣程度未必轻多少。

近日,临沂市经济开发区禹韩小学的一年级孩子,集体接到老师的指令,要求每个学生打自己的嘴巴100下,而且必须高高抬起,重重落下。据报道,出事后,那名老师已经调离了这所学校,去其他地方教课去了。

其实,近些年,类似虐待儿童的事件频频发生,表现多种多样,尤其是幼儿园屡屡曝光此类事件。例如,有的幼儿园为提高出勤率长期给孩子服用"病毒灵";有的幼儿教师用针扎幼儿逼其喝尿;还有的幼儿园老师用熨斗烫伤幼儿等。三年前,浙江温岭幼儿教师颜某某及其同事涉嫌虐童的照片一经网络曝光,舆论哗然,网民纷纷要求严惩肇事者。颜某某很快受到刑事指控,虽然后来只被处以15天的行政拘留处罚,但这一事件无疑应该让虐童者警醒。

就在虐童事件不断曝光之际,正好刑法修正案(九)处在征求意见期间,虐童事件促使虐童入刑的呼声高涨。不久前通过的刑法修正案(九)终于回应了人们对这个问题的关切。即在原刑法第260条(规定虐待罪)之后增加一条:"对未成年人、老年人、患病的人、残疾人等负有监护、看护职责的人虐待被监护、看护的人,情节恶劣的,处三年以下有期徒刑或者拘役。"若是单位犯此罪的,对单位判处罚金,并对其直接负责的主管人员和其他直接责任人员,依照前款的规定处罚。这一罪刑单位的设置,无疑为虐童行为划定了更为严厉的红线,使处治虐童事件多了一种最严的选择。

事实上,现行教育法、教师法、未成年人保护法等对于虐童行为都有禁止性规定。如教育法规定,"教师应当尊重学生的人格,不得歧视学生,不得对学生实施体罚、变相体罚或者其他侮辱人格尊严的行为,不得侵犯学生合法权益。"教师法规定了教师应当履行"关心、爱护全体学生,尊重学生人格","制止有害于学生的行为或者其他侵犯学生合法权益的行为,批评和抵制有害于学生健康成长的现象"的义务。教师法还规定,教师"体罚学生,经教育不改的","品行不良、侮辱学生,影响恶劣的",由所在学校、其他教育机构或者教育行政部门给予行政处分或者解聘,情节严重,构成犯罪的,依法追究刑事责任。在虐童行为入刑后,上述规定与刑法有了更好的衔接。

回到临沂这起事件中来,当事小学的校领导竟然评价这位老师只是"一时糊涂"做了错事。如今将这位老师调去其他地方教课似乎就是对这件事的处理结果。如此轻描淡写的做法明显违背了教育法、教师法、未成年人保护法,甚至治安管理处罚法的规定。作为一名小学老师,自己虽未动手,却下令学生们自己掌嘴100下,或许这算不上虐待被看护人且情节恶劣,但这种行为至少已严重侵犯那些未成年学生的人身权利,与浙江温岭的虐童事件相比,其针对的是全体学生,恶劣程度未必轻多少。说到底,这种做法有以单位"家规"代替依法处理的嫌疑,值得进一步思索。

(载《新京报》,2015年11月25日,金泽刚专栏)

农妇缉凶,要点赞更要反思

据媒体报道,十七年前,河南农妇李桂英的丈夫齐某某被同村五人伤害致死,李自己也身负重伤。但这五个嫌疑人一夜之间人间蒸发。李桂英遂到当地的项城公安局询问,得到的答复是,人跑了如大海捞针,"你有线索吗,你有线索我们就去抓"。从此,李桂英本人踏上了漫漫缉凶路,足迹踏遍全国十多个省份。为了寻找线索,她不仅求助于自家的亲朋好友,甚至把有的在外打工者也发展为自己的"线人"。1998年其中两名犯罪嫌疑人落网就是李桂英提供的线索。随后,又经过十几年的奔波,李桂英于2011年3月和2015年11月查获另外两名犯罪嫌疑人的线索,并使他们得以归案。

李桂英千辛万苦的缉凶精神令人感动。十七年来,她跑了十多个省份,致使5个嫌疑人中4个被抓,应该说这个结果已很不错。她经历的酸甜苦辣正如她所言,只有自己知道。但李桂英还是认为这太慢了,还有最后一个没抓到,自己对不起死去的丈夫。李桂英的执着可见一斑。不仅如此,为夫缉凶的经历还极大增强了李桂英的法律意识。她打算下一步除了继续查找最后一名嫌疑人,还要追究窝藏包庇者乃至渎职者的责任。而且,李桂英让四个考上大学的孩子三个学了法律,她的目的很明确,就是要"替像我一样的人办点事儿"。说李桂英是又一个秋菊恐怕并不为过。

有意思的是,对于此事,据说村里人尚有不同看法。有村民认为,李桂英很不容易,一个女人孤苦伶仃,替丈夫抓凶手,还要带五个孩子,替死去的丈夫照料父母,在十里八村找不到这样的能人。但也有人并不认可李桂英,说她告状告得太凶,被抓的人家也很惨,搞得村里不安宁。甚至还有人说她已经有点不正常。这反映出的是,"和为贵"的传统思维与"缉凶到底"的亲情发生了显著冲突,"认死理"的李桂英未必能够得到一边倒的赞誉,但法律应该站在她这边。

其实,我国《刑事诉讼法》对李桂英的行为是支持的。如该法第50条规定,"必须保证一切与案件有关或者了解案情的公民,有客观地充分地提供证据的条件,除特殊情况外,可以吸收他们协助调查。"第82条规定,对于通缉在案的,或者正在被追捕的人,任何公民都可以立即扭送公安机关、人民检察院或者人民法院处理。李桂英为夫也为己寻找犯罪嫌疑人躲藏的线索,无疑更是符合情、理、法的。

不过,李桂英缉凶一事很容易令人想起公权力是否缺位的问题。为什么几名在逃嫌疑人,都要通过被害人来提供线索,才能抓捕归案,对此,项城市公安局给出的说法是,"工作中存在一些问题,原因是那么多年的案子,一些负责办案的老警察不在了,加上以前办案技术不行,才拖了这么久。"这种把办案不力归咎于时间久远和技术不行等理由,岂能说得过去?道理再简单不过,不去积极缉凶,当然只会把时间拖得久远,拖到有的人离退。即使有再好的技术,人的因素也永远是第一位的。

况且,李桂英丈夫之死属于一起命案,这起命案嫌犯身份清清楚楚,只需要缉拿归案即可。而缉拿嫌疑人是公安机关作为专门侦查机关的首要职责,怎么能以没有线索就搁置一边呢?这种守株待兔式的办案方式首先就违背了人民警察法的基本规定。况且,事实已经证明,抓获嫌疑人并不是那么难,李桂英作为一名对侦查学、犯罪学一无所知的农村妇女,单枪匹马都能够成功摸清多名嫌疑人的藏身情况,公安机关却无能为力令人不解。回想以往,与那些为"特殊群体"(如明星)办案格外"快捷"的事件相比,此次李桂英的遭遇令人唏嘘。

还有,项城公安机关一再说办案经费不足,不是一有线索就能去跑的,这涉及办案的成本问题,的确也是不能不考虑的。但既然办案要考虑成本,那现在李桂英提供线索抓到了嫌疑人,就减少了办案的成本支出,有关部门是不是要对其予以报销或者补偿呢?事实上,公安机关遇到侦查重大疑难案件时也经常贴出奖励"线人"的通告。当然,侦查机关决不能因此懈怠办案,否则就是不作为,是渎职。

(载《南方都市报》,2015年11月25日,金泽刚专栏)

为什么一部分案件久拖不决

最近,一位在哈尔滨的曲姓老人多次向我咨询一起案件。她一个人住在哈尔滨,去年年底装修一套新买的房子,就在今年春节快装完时遇到楼上漏水,新装的吊顶和厨房设备以及木地板严重受损。找到楼上邻居,漏水的人家说是他们家的饮水机漏了,要找卖饮水机的厂家来赔。双方谈不拢,曲姓老人遂告到道里区法院要求赔偿。案子起诉时,我帮她估算过一个时间,这种事实再清楚明白不过的案件最多三四个月能够结案吧。因为民事诉讼法对办案期限也是有明确规定的。不曾料想的是,如今8个多月过去了,庭还没有开。不久前,这位老人多次到法院信访,天天去找领导(法官不是态度不好,就是找不着),终于有评估公司到家里测量损失了,但开庭时间仍未确定,今年能不能结案看来还是问题。其间,曲老太还跟我强调,一定是楼上找人了,法官在故意拖拉。

我虽然并不相信是法官故意拖延这件案子,但这么一起简单明了的民事案件也要审上一年时间,而且还只是一审,除了案子多如牛毛、堆积如山外,想不出什么其他合适的理由。难怪原告曲老太说对方一定找人了。不过,结合近来司法改革的形势,早就听说一些地方出现了部分法官对审判工作已心神不定,等待工作变动,期盼高工资到来等要素已经影响到部分法官的日常工作。果真如此,那不会是少部分案件久拖不决了,这可是司法改革"意想不到"的后果。

其实,一个案件得不到及时审理,不仅是个程序正义的问题,有时对案件审理本身也会带来不利影响。就这起漏水案而言,漏水始于今年2月,案件从3月起诉延至12月初还未审理完毕,不说民事损害的证据已发生变化,容易产生争议,拖了这么久,受害方的损失怎么计算更是成了问题,比如这导致原告将近一年时间不能入住新房子,这算不算损失?如果要算怎么计算?被告方能否接受?这都关系到当事人服判息讼的问题。

法官被认为是智慧与正义的化身,智慧体现于化解纠纷的技艺,正义则要通过审理案件的行为让人看得见,感受得到。爱德华·S.考文曾言:"法官乃会说话的法律,法律乃沉默的法官"。法律会说话,正是通过法官审判案件来实现的,一旦法官判决失去了居中之心,等于法律在说胡话,甚至说昏话。若一个案件的审理过程都需要如此艰难等待,当事人怎么能够信服我们的法院,我们又怎么叫他们信服法律?

除了部分人等待彷徨、办案拖拉之外,法官辞职的现象仍然没有停歇。近来,我所熟悉的本市两位博士法官(也是高、中院的中层干部)辞职的传闻已是沸沸扬扬,引起不小的震动。据说,从高、中级法院中层干部出去的法官,到了律所或者大型企业法律部门工作年薪都是百万,一般的法官当然难以抵御百万年薪的诱惑。看来,我们的确到了该认真思考"为什么改革来了,他们却走了"的时候。新的司法员额制必然会重塑司法机关内部的利益格局,对人员的升迁、待遇和工作量都会产生影响。这势必会导致一些法律人重新谋划职业出路。然而,人员流动的过程竟然是,增强的力量还未强大起来,原有的力量却在急剧减弱。如此一来,一线司法工作人员面临的压力自然不容忽视。而法官又不是什么人都能干的,也不是短期就能够培养起来的,所以,在这个改革过渡期如何保障司法队伍的稳定,避免人员动荡,保证各类案件依法正常审理是改革执行者亟待紧急应对的。

回想起半年前上海向社会公选高级法官、检察官的一幕,当时司法队伍为进了几位新人而大书特书,如今,真要是走了几位(副)庭长(副)院长,司法机关是不是就没了声音呢？按照传统做法，他们所在单位一定会极力挽留，但真要是留不住，放行还是应该为上策。一来，人各有志，法治精英本就应该具备乐于孤独的职业坚守精神；二来，他们到其他单位同样是在为国家法治建设添砖加瓦。再说，说不定最后一次人生选择真的是一种重生呢。所以，也没有什么想不通的。

当然，话也说回来，应对司法改革时期司法人员思想不稳定，甚至"没心思办案"的现象，有关部门还得拿出得力的措施。一方面，在发挥思想政治工作优势的同时，仍然要积极治理法官的不作为，这一点不能有丝毫懈怠。另一方面，改革的设计与执行者要顺应社会发展的态势，适时调整改革方案，让绝大多数法官情有所依，让法官们看得见"法律的帝国"就在不远处。鲁迅先生也曾说过这样一句话，"是弹琴人么，别人心上也须有弦索，才会出声"。

（载《南方都市报》，2015 年 11 月 28 日，金泽刚专栏）

运钞车案的赔偿属于什么性质？

今年10月底发生的东莞运钞车押运员开枪射击致死一名用砖头砸车男子的事件余音未了。在公安机关对涉案押运员梁某某予以刑事拘留后，近日，受害方家属同有关方面又进行了谈判，并已达成180万元的赔偿协议，赔偿款已打入受害方账户。家属称，虽与押运公司达成赔偿协议，但他们会继续聘请律师跟进相关法律程序，关注被刑拘的开枪人员的司法裁判结果。

从该事件的上述进展来看，受害者的家人得到了高额的赔偿。但从整个案件的性质来看，因为涉及到开枪致人死亡，所以这起案件尚未结束。对于刑事案件的处理，我国虽然并没有对"先刑后民"这一司法处理方式做出明确具体的规定，但在长期的司法实践中一直被默认采用，即对于一起有严重社会危害性，触犯刑律的案件，就应该先追究刑事责任，然后再追究民事责任。而《民事诉讼法》也规定，如果一个案件必须以另一个尚未结案的案件审理结果为依据的，那么应当中止本案的审理，也就是说当存在民事诉讼需要以刑事诉讼的审理结果为判决依据时，民事诉讼应当予以中止，先行适用刑事诉讼程序查明案件事实，做出相应的处理。

仅从目前来看，案中当事双方的责任应该还未厘清，比如究竟有没有发生剐蹭，剐蹭的原因是什么？押运员究竟是鸣枪示警时击中被害人，还是故意打死被害者？案件尚未进入司法审理程序,但赔偿却已到位,这不得不让人有"民欲阻刑"的怀疑。类似的情况以前不是没有过。

而从曝光的视频来看,死者确实在一直追着用砖头敲打运钞车的玻璃。但即便如此,运钞员是否有权开枪击毙他人呢？对此,中国人民银行、公安部《关于银行守库、押运人员在执行任务中使用武器的规定》是这样规定的,在执行守库、押运现金、金银、有价证券任务中,为保卫国家财产安全,遇有下列情形之一时,押运人员可以使用武器：(一)保卫目标受到暴力侵袭或者有受到暴力侵袭的紧迫危险；(二)佩带的武器,遭到暴力抢夺；(三)护送现金、金银等财物的交通工具(包括机动车辆和非机动车辆)遭到暴力劫持；(四)押运人员和运送现金、金银等财物的车辆驾驶人员人身遭到暴力侵袭。但这四点都有一个共同的前提条件,就是在"非开枪不能制止"的情况下。也就是说,押运人员只有在不开枪不能解决危及情况下才能开枪,如果当时情况非开枪不能制止,押运员则没有责任；如果当时被打击对象没有产生严重的现实威胁,不是万不得已,那这样的开枪可能就要承担刑事责任。即便如此,守库、押运人员在上述四种情况下,对不法侵害人开枪射击只限于使其失去侵害能力；除特别紧迫的情况外,应先口头或鸣枪警告,如果不法侵害人有被慑服的表示,或者已经丧失侵害能力,应即停止射击。这样的规定说明了一个原则,那就是使用武器者必须恪守"最小武力"原则。

问题是,在押运员认为已是"万不得已"的情况下开枪,并致人死亡,那押运员要承担多大的责任呢？这就首先要分析其开枪行为是否符合正当防卫的条件,否则,就可能构成过失犯罪,甚至是故意杀人性质。

可以肯定,作为专业的押运人员当然有义务判断侵害者的侵害行为目的何在,尤其是是否有抢劫运钞车的动机。如果有证据表明侵害人不法侵害在先,押运员是出于防卫的目的而开枪的,只是由于其对当时情势的判断有误,将侵害者一枪致命,则超出了防卫的必要限度,构成防卫过当。根据我国刑法规定,防卫过当是要负刑事责任的,但应当减轻或者免除处罚。

退一步讲,如果当时运钞车"认怂",在被砸后采取走为上策,逃离现场(事后再追究砸车人的赔偿责任),那死者也未必会继续追赶,人们一定也会为这样的运钞员点赞。

依据东莞市长安镇镇在官方微博发布的公告显示:一辆押款车执行押运任务路经乌沙兴三路路口附近时,被一名男子黄某(江西人)用石头、水泥块等物追砸车辆,导致车辆玻璃破损。车内押运员多次劝阻无效后,开枪射击导致其受伤倒地,后经救治无效死亡。从该公告看,官方是想说明押运员已经经过劝阻警告,并不是匆忙开枪的,但是不是万不得已,自然无法判明。不过,从赔偿结果来看,押运公司似乎又证明了押运员开枪打死人的行为不妥。当然,这些还只是从目前报道的信息中加以推断,至于案件进入司法程序后,结果如何,还要依赖司法查明的事实情况究竟如何。

对于一起定性清楚明了的刑事案件,先进行民事赔偿,促进双方的和解,无疑有积极意义。现行《刑事诉讼法》也专设了轻罪案件的刑事和解程序,在满足特定条件下,被追诉人向被害人赔礼道歉、赔偿损失并能够达成谅解的,人民法院可以依法对其从轻或者减轻处罚;对犯罪情节较轻的,可以免除处罚。但刑事案件不能够追求以赔偿来息事宁人,否则极容易发出背离法治的错误信号:"我有错(罪),但我也有钱!"况且,这钱是谁的呢?

(载《南方都市报》,2016年12月02日,金泽刚专栏)

30万元受贿案何以"搅动"刑事司法界

刑法的修正无法回避与旧法的关系。刑法修正案（九）对贪腐犯罪要求定罪要数额与情节并重，即除了数额以外，其他犯罪社会危害性的因素都要加以一并考虑。

国家体育总局拳跆中心副主任赵某受贿30万元，一审获刑十年，赵某上诉后，二审法院改判赵某有期徒刑三年。该案是刑法修正案（九）对贪污贿赂犯罪的构成进行重大调整后，在何为数额较大、巨大、特别巨大的司法解释尚未出台前，北京法院作出的"试水"之判。

一个级别和数额都不高的腐败犯罪的判决新闻引发了刑事司法界的刷屏，甚至专门有辩护人据此开始撰写辩护词。该案为何引发公众高关注度？这说明全社会对贪污贿赂犯罪定罪量刑标准的关注。

其实，从修法目标来看，此次刑法修正案有关贪腐条款的变动，初衷是为了积极适应反腐败斗争的形势。全国人大常委会法工委在新闻发布会上有这样的解读："《刑法修正案（九）》针对当前反腐败的形势，呼应人民群众的呼声，坚持宽严相济的刑事政策，落实了中央有关任务要求。"所以，在刑事政策上，刑法修正的宗旨也并不意味着对贪腐被告人要"从轻"的意思。刑法修正案（九）倒是从多方面完善了惩治腐败的刑法规范，在制裁措施上还加大了惩罚的力度。

再从法理来看,此次修法也不等于同等数额的腐败犯罪一定要比以前判得轻。以前的确是"唯数额论",易导致对犯罪危害的判断过于局限贪腐数额,而且也难体现刑罚的个别化,所以,有必要加以修正。但现在,比较修正前后的规定,未必适用新法就轻。例如,拿最低档次的刑罚幅度来说,原来规定:个人贪污数额不满 5000 元,情节较重的,处二年以下有期徒刑或者拘役;情节较轻的,由其所在单位或者上级主管机关酌情给予行政处分。而新法规定,贪污数额较大或者有其他较重情节的,处三年以下有期徒刑或者拘役,并处罚金。这就是说,对于贪污受贿 5000 元以下的,原来要求还必须"情节较重"才加以处罚,且处罚是二年以下有期徒刑或者拘役;修改后,却是数额较大,或者有其他较重情节,是二选一,哪怕数额达不到较大,只要"情节较重",也要处三年以下有期徒刑或者拘役,并处罚金。

即使就具体情况而言,本案从网上查阅的判决书内容看,亦未见被告人赵某有从轻、减轻处罚情节,至少不完全符合修正后新法规定的从轻处罚条件,即"在提起公诉前如实供述自己罪行、真诚悔罪、积极退赃,避免、减少损害结果的发生"。为此,在三年以上十年以下有期徒刑的法定量刑幅度内,判处三年有期徒刑也明显偏轻。如果确有以上理由,二审判决书也应该着重阐述,写得清楚明白。

诚然,刑法的修正无法回避与旧法的关系。刑法修正案(九)对贪腐犯罪要求定罪要数额与情节并重,即除了数额以外,其他犯罪社会危害性的因素都要加以一并考虑。有的受贿行为可能仅仅只是个人获得了好处,未造成严重损失,有的受贿则相反,二者定罪量刑就要有区别。上述赵某一案,因赵某受贿可能改变全国性赛事的比赛结果,对体育比赛的公平性造成了恶劣影响,这倒是量刑时不可忽视的。同时,新法也不宜对以往的判决弃之不顾,不能让同样的犯罪,就因为"几个月的时间"而遭受落差很大的处罚。这既背离刑法的平等原则,亦有损司法的稳定性和公信力。

(载《新京报》,2015 年 12 月 3 日,金泽刚专栏)

存钱获得假存单,银行该不该赔

今年10月份,浙江的10余名储户拿着存款单到存款银行取款时被告知存款已于一年前被秘密取走,6200余万存款神秘失踪。更令人震惊的是,储户手里拿着的竟然是虚假存单。明明存进银行的钱却神秘失踪,这已不是新鲜事。2008年,储户张某将900万元存入工商银行江苏某支行,存款到期后,却发现已被银行营业部主任何某转走用于偿还个人债务。打了6年官司,到2014年,二审法院的认定是银行无过失。在今年年初,浙江杭州42位储户的9505万元存款也在所存银行"失踪",幸好,公安机关及时破案,使储户拿到了本息。

根据法律规定,储户与银行之间系合同关系,发生存款丢失,按照正常的逻辑,除非银行能够证明储户存在串谋行为,或者有重大过失(如泄露存款信息和提供特定身份证明等),否则,就应当承担全额赔付存款及利息的责任。从各地存款失踪的个案看,有的是通过计算机网络转走储户存款,更多的则是通过银行的"内鬼"获取储户存款信息,包括关键的印鉴、密码等,继而转走或取出存款。就前一种情况来看,作案成为可能,是因为银行系统的网络安全性不足,储户对此并无半点责任,银行应当赔付,其部分损失则可向安全系统供应商追偿。而后一种情况,银行也没有理由将责任推到内外勾结的"内鬼"个体身上,因为"内鬼"盗取储户存款信息及存款本身,必然有赖于其在银行任职的职务身份。

就本案而言,给储户虚假存单就属于上述后一种银行"内鬼"作案的类型。在法律上,银行工作人员在银行柜台工作,其代表的就是银行,虽然其个人出具的是虚假存单,但其出具金融票证的行为实际上是银行对存款人存款的确认。基于民法上的表见代理理论,银行应该为其工作人员的代理行为担责。储户的存款视为存入了银行,本息都应该由银行支付。诚然,涉案的两名银行职员可能会因伪造金融票证罪被追究刑事责任,问题是银行同样不能以此为借口推脱责任。因为即使两名银行工作人员的犯罪行为成立,储户确实有理由信任工作人员的行为,因为工作人员有代理银行从事金融业务的权利外观。任何存款人都不可能走进银行后,要求验证给自己办事的工作人员是否属于银行员工,或者验证他们从事的是不是真的银行金融业务。

值得说明的是,在一些案件中,相关银行往往要求丢失存款的消费者自己取证,否则银行不负责任。这种貌似坚持"谁主张,谁举证"的做法其实没有道理。因为客户把钱存进了银行(包括银行内的职员),保护钱款的责任就是银行的义务,对于类似案件,应该由银行自证其没有过失。

银行存款失踪事件通常还有一个特点,即每次都是在储户拿着存单取款时才东窗事发,这不免让人质疑银行内部的监管措施是否形同虚设。作为金融机构,银行理当具有最严密的内部监控体系,否则,就容易被"内鬼"钻空子。本案出现虚假存单的原因很可能与银行操作流程不当有关。在银行改革后,以往需要两名工作人员共同完成的业务现在可由一人负责,大额的业务由主管授权即可。主管的授权更多是形式意义上的审查(如看一看),由于银行的业务繁忙,而主管的数量较少,主管在授权时难以真正一一核对、检查监督,"内鬼"遂有机可乘,直到将巨额存款神秘转走。

再看整个金融行业的监管,银行业主管部门,包括央行和银监会,实现身份和意识的转换已是迫在眉睫,它们应该立足于充分尊重和保障储户等消费者利益的角度,严格各类管控措施,如技术上敦促各金融机构升级网络系统;制度上及时修改储蓄管理法规,增加严密保护储户存款、一旦出现失窃等问题时需由金融机构举证等内容。只有金融机构自己扎紧篱笆,才是防治"内鬼""盗贼"窃取储户存款的基础举措。

还有,在这类事件中,有的银行主张的是否承担责任需要由公安机关认定的说法并不正确。这种说法的依据是,在司法实践中,处理这类案件常常会采取"先刑后民"的方式,即认定民事责任必须以刑事追责为基础。但是,在此类存款失踪案件中原告储户与被告银行之间只涉及民事性质的存款合同关系,银行工作人员的违法犯罪行为并不影响和阻碍民事责任的认定,因此,处理这类案件不必要,也没有理由选择"先刑后民"的方式。改变这种传统思维定势,对于处理类似案件具有重要引导作用。

最后,时刻提醒,在日常生活中,对于大额存款,储户应该多加询问,谨慎行事,即使不能识破高息骗存款的骗局,至少是有利于防止为了蝇头小利而蒙受巨额损失的。

(载《南方都市报》,2015年12月5日,金泽刚专栏)

大学生售鸟案司法判决为何难服众

如果动辄就判定为"情节特别严重",不仅说明入罪门槛偏低,而且也说明各量刑档次之间缺乏必要的梯度差异。

眼下,"大学生售鸟16只被判十年半"一案,俨然又要变成一出俗套的互联网新闻反转大戏。

几天来,多数网友支持被告人闫某某父亲的观点,认为掏鸟被判十年半实在太重,甚至有网友发出"人不如鸟"的言论。巧合的是,这几天两名省部级干部因为受贿千万元以上被判处十二年有期徒刑。当人们自觉不自觉地将这两类案件加以比较时,民众对社会正义的感受与司法判例下的正义遂有了显著"落差",这更成为质疑判决的理由之一。

有法律专家认为,法院是严格根据法律规定作出的判决,没有问题。动物保护人士则强调,我国法律不是太严,而是不够。

对照判决书和相关法律规定,闫某某在掏得燕隼后,先是自己养,然后主动联系和出售,这的确触犯了刑法保护濒危野生动物的罪名。再参照司法解释,涉案隼类10只以上即被定性为"情节特别严重",就要判处十年以上有期徒刑,所以,法院判决即使没有纳入更多柔性的因素,但就定罪和量刑而言,闫某某涉案16只燕隼、1只凤头鹰的情节已属"情节特别严重",判处十年半似乎并不重。

但民众为何还是"震惊"这样的依法判决呢？除了农村孩子"掏鸟窝"是常事这种朴素的民间意识之外，有必要分析其背后潜在的其他影响要素。

姑且不说我国《刑法》第341条规定，非法猎捕、杀害珍贵、濒危野生动物罪和非法收购、运输、出售珍贵、濒危野生动物、珍贵、濒危野生动物制品罪的最高刑为十年以上有期徒刑，这在世界上是偏高的，单就将"猎捕、杀害"与"收购、运输、出售"相等同也有过严之嫌。

而对于苛严的立法，更要保证公正合理的执行。如果动辄就判定为"情节特别严重"，不仅说明入罪门槛偏低，而且也说明各量刑档次之间缺乏必要的梯度差异。如按照现行标准，走私、非法收购、运输、出售受保护动物1只或者象牙1根、犀牛角1千克，都属"情节特别严重"，依法应当判处十年以上有期徒刑，不仅社会公众难接受，连司法人员也会感觉过于严苛。

在量刑档次方面，以作为宠物饲养的蜂猴为例，非法收购、运输、出售案件中的"情节严重"和"情节特别严重"，分别为3只和4只，各档次之间级差数过小，导致涉及该罪就极易达到最高量刑档次。如果适当提高量刑数量标准，拉开各档次之间的距离，便可以有利于司法针对不同情形做出相适应的处罚。不仅如此，确立这样的数额标准的依据究竟是什么，恐怕没有人说得明白。如此一来，在司法机关的解释成为办案"权威"的年代，体现少数人意志的解释逾越了承载人民意愿的立法。

除了立法和解释的因素外，民众对不同案件的轻重比较也值得尊重。犯罪的本质就在于社会危害性，即对法律保护的利益的侵犯程度。我国刑法规定的具体罪名，就是按照不同犯罪侵犯的利益轻重排列的。一般人对法律保护的利益的理解未必全面准确，但大众朴素的情感反而没有更多渣滓。例如，同属破坏环境资源的犯罪，一些污染环境的案件在实践中屡屡发生，有的污染甚至导致当地水源丧失，鱼虾绝迹，数十年治理都难以恢复，民众怨声载道，却从未见重刑伺候。这里固然有立法因素的制约，但司法如此"厚此薄彼"必然有损普遍的公平正义。说到底,我们没有足够的理由批判民众关注身边赖以生存的水源和鱼虾超过关注远在森林里的动物。我们不妨问问,二者相比,谁更正义呢?

无论如何,我们不能用对这起案件的严格执法,去弥补长期以来民众普遍匮乏的保护珍贵、濒危野生动物的意识。这样的"杀一儆百"也是几个年轻人难以承受之重。

(载《新京报》,2015年12月8日,金泽刚专栏)

惩治贪官不能"重自由刑轻财产刑"

近日,江西萍乡市原副市长贺某某涉嫌受贿与滥用职权一案开庭审理,检方指控贺某某受贿90余万,滥用职权罪造成损失1260万元。本案较为特别的是,媒体报道中援引办案人员介绍,贺某某长期担任萍乡市领导,贺氏家族在萍乡成立或持有股份的企业共19家,其中仅房地产公司就有5家,开发楼盘面积近40万平方米。贺氏家族企业借助贺的权力经商积累了巨额财富,仅少缴税款、土地出让金及罚款等就达1亿多元。在贺分管城建的十多年间,其弟同时担任3家房地产公司董事长,开发多个楼盘,先后拿到12宗地块,在萍乡被叫做"贺半城",意思是整个城市的一半都是贺家的。不过,本次开庭,对贺某某的指控并未涉及其家族企业问题。(新京报12月10日)

看来,通过对贺某某的审判,即使其本人倒下,可能也难以"殃及"多少贺氏家族因贺的权力庇荫而获得的巨额经济利益。的确,刑法毕竟不是万能的,刑罚只能惩罚犯罪人本人,不可搞连带处罚。但对于犯罪人利用其公权力给其亲戚朋友带来的"福祉",法律也并非束手无策,关键还是要强化司法对贪官实施经济制裁的理念。如果贪官虽然被抓,但其受益者还能继续享受贪腐行为带来的荣华富贵,这就是留了尾巴的反腐,绝不是人民群众乐意看到的。

的确,对于职务犯罪,实践中总存在一种打击的重点是剥夺贪官的权力使其不可能再犯罪为上的观念,似乎贪官下了台就万事大吉。其实,这么做不仅不符合当前治理腐败的刑事政策,也有违打击贪腐犯罪的法律规定。

我国刑法对于贪污贿赂犯罪规定了明确的财产刑,主要包括罚金和没收财产。罚金的数额依据犯罪情节决定,没有最高数额的限制。没收财产可以没收个人的部分或者全部财产。而对于贪污贿赂犯罪,刑法规定都要并处罚金或者没收财产。有人梳理了公开报道的贪腐案件发现,34名涉贪超千万的落马官员中,从被判无期的内蒙古自治区政府原副秘书长武某某到判死缓的原铁道部部长刘某某,都被判处没收个人全部财产。然而,在相关判决中大多也仅写明财物的项目,难以看出到底没收了多少个人财产。不久前,媒体几乎同时报道了云南原副省长沈某某和江西省人大常委会原副主任陈某某均因受贿罪被判处有期徒刑十二年,但均无并处财产刑的报道。

事实上,不少贪腐案件都存在一个共同点,那就是以腐败官员为靠山的利益共同体,包括家族式腐败,有俗语称"贪腐亲兄弟,寻租父子兵"。而在这类案件的处理中却往往难见涉案亲友的身影,他们可能被另案处理,有的甚至不予处理。其中,对贪腐所得的财产利益更是蜻蜓点水式的处罚居多,国家和人民遭受的巨额损失通常得不到有效的弥补。

在实践中,如何对待和处置与犯罪人有密切关系的人因腐败官员的贪腐行为所获得的利益一直是个难题。关键是,在处理贪腐案件时,不能仅仅关注对犯罪人适用人身自由刑,还应该关注财产刑的适用,以及对贪腐利益的延伸处理。贪腐财产大多关涉国有资产和人民群众切身利益,对犯罪人施以人身刑罚并不能弥补以上损失。虽然在惩治贪腐官员时大多都要判处没收财产刑,但是许多贪官的个人财产远小于其贪腐的实际利益。特别是在家族式腐败案件中,贪腐的收益多数由他人获得,虽然法律规定可以追缴违法所得,但在实践中却难以实施,一方面由于一些贪腐行为十分隐蔽,且披着合法经营的外衣,非法所得的界限难以分清;另一方面由于追缴财产干扰多、难度大,司法机关经常怠于追缴。

以媒体报道的本案为例,对于贺某某家族因其腐败行为产生的非法利益,完全可以依法查处。其一,要将与贺某某有共同贪腐行为的其他家族成员作为共同犯罪处理,这样,他们共同取得的财产,哪怕是登记在其他人的名下,也要在查明后进行追缴和处罚。其二,对于贺某某的家族企业进行独立审计,如果企业的成立和经营行为涉嫌违法犯罪的,则要依法进行追究,例如,如果确实涉及逃税等犯罪行为,那就应该追究危害税收征管罪的刑事责任。如果不构成犯罪,则依照有关行政法律法规处理。当然,贺某某的弟弟背后是否还有其他保护伞,也应该一并予以查清,并坚决依法处理。

总之,对贪官的惩治不应该仅仅关注判处人身自由刑,还应该重视追寻贪腐财物的去向,重视追回贪腐行为给其他人带来的腐败利益。在某种意义上,追偿国家和人民失去的经济利益也是反腐败的目标之一。

(载《南方都市报》,2015年12月12日,金泽刚专栏)

"挟尸要价"涉嫌触犯刑律

基于尸体的情感属性,政府有关部门完全可以在这个问题上有所作为,比如,将打捞、保管尸体的费用纳入社会救助体系。

最近,宝鸡一水电站发生"挟尸要价"事件,水电站员工发现少女丽丽的遗体后不是第一时间报警,而是将其尸体泡在水里,找家属索要6000元打捞费。

由于人的尸体寄托着死者家属的情感与亲朋好友的哀思,挟尸要价行为至少在客观上有伤风化,主观上也是对死者、对生命的不尊重。然而,此类事件频频发生不能不令人思考,撇开伦理道德的因素,此类行为在法律上是否具有一定的正当性呢?尽管尸体不同于民法上的一般物,但参照民事法律关系,挟尸要价比较近似于民法中的无因管理行为。

无因管理是指没有法定或约定的义务而为被管理人的利益实施管理的行为。在"挟尸"的过程中,水库管理人员是为他人的利益而打捞尸体,但是在打捞尸体之后,将尸体绑在栏杆上的行为则并未尽到善良管理人的义务。虽然民法中规定无因管理行为可得到必要的费用,但这一费用仅限于管理人为管理这一事务所支出的必要费用,且因为管理人未尽到善良管理义务,还应扣减部分费用。可见,从近似无因管理的角度出发,"挟尸"(管理人)要价不能过高。此外,若参照"遗失物"处理,则水库管理人员也应当是在进行善良管理的情况下,才有权向死者的亲属主张必要的支出费用。

可见,无论是适用无因管理,还是参照"遗失物"处理,水库管理人员确实有权获得必要的补偿,就此而言,打捞者"要价"的行为似乎并不违反民法的基本精神。然而,若尸体管理人员不尽善良保管义务,甚至粗暴处置尸体,则有可能触犯刑律,涉嫌犯罪。《刑法修正案(九)》对此有明确规定,即"盗窃、侮辱、故意毁坏尸体、尸骨、骨灰的,处三年以下有期徒刑、拘役或者管制。"其中,侮辱、毁坏尸体罪是指以暴露、毁弃等方式损害死者的尊严或者严重伤害有关人员感情的行为。尸体极容易腐烂,但水库管理人员却故意将尸体置于水中多日,已涉嫌构成侮辱、毁坏尸体罪,有可能是要追究刑事责任的。

由于尸体的特殊性,打捞尸体不同于打捞一般"物",打捞和管理的费用都应该高一些,这一点一般人也都能够理解。但这决不是挟尸要价的借口,更不能成为侮辱、毁坏尸体的理由。

需要强调的是,基于尸体的情感属性,政府有关部门完全可以在这个问题上有所作为,比如,将打捞、保管尸体的费用纳入社会救助体系,由政府为打捞者提供必要的补贴,这对于那些贫困家庭而言也是非常必要的。所以,从长远来看,防止挟尸要价,还有赖于政府部门多作为,善作为。

(载《新京报》,2015 年 12 月 15 日,金泽刚专栏)

林森浩案件折射死刑价值观的变迁

轰动校园的复旦大学医学院研究生林森浩投毒杀人案,两年来一直是人们关注的焦点,直到近日,林森浩被执行死刑算是告一段落。如果说被告人的教育背景是本案备受关注的表象,那么,今日之民众对于死刑的态度发生了重大改变则是其内在原因。

林森浩案件可谓是一起事实清楚、证据确凿的故意杀人案,但其审判之路之所以如此艰辛,其难点就在于是否应对林森浩判处死刑(立即执行)。林森浩一审被判处死刑消息一出,有对案件判决拍手叫好的,也有人认为判处死刑过重的。而后,一百多名复旦学子联名签写了《关于不要判林森浩同学"死刑"请求信》被寄往上海市高级人民法院,希望法院不要判林森浩死刑立即执行,并列举了林森浩在校期间的种种表现以证明其不是穷凶极恶的杀人狂魔。即使死刑被核准后,林父始终坚持认为案件仍存在许多问题没搞清楚。还有,在整个案件审理过程中,媒体的跟踪报道也为大家带来了更多庭审之外的信息,两家人的角力,加上其他方的种种见解,使这起案件不仅添加了几分感性的色彩,还带有庭外协商调和的味道。

抛开感性与温情,事实和法律是裁判这起案件的根据和标准。对于故意杀人罪,刑法规定的刑罚首选死刑、无期徒刑或者十年以上有期徒刑,只有情节较轻的,才判处三年以上十年以下有期徒刑。林森浩曾说下毒只是和黄洋开的"愚人节"玩笑,并不存在杀人的故意,但其在黄洋住院治疗期间探病多次却一直未说出投毒事实,甚至在黄父问他和黄洋关系如何时也未坦白,直到警方侦查清楚后才供述了杀人的事实,并没有自首等可供从轻、减轻处罚的情节。所以,判林森浩犯故意杀人罪并无不当。在受审期间,林森浩曾表示自己作案是受了当年"朱令案"的启发,认为有钻法律空子的机会,其性质也是十分恶劣的。

在事实和法律并无多少争议的情况下,对林森浩案件的"纠结"其实正是基于死刑适用观念已经发生了变化。如今,死刑价值观呈现从单一到多元化的发展趋势,大家不再一昧地认为杀人偿命天经地义,而是开始思考死刑背后存在的经济成本、社会成本以及人权保障、死刑有无威慑力等深层次的问题,特别是近年来一些冤案错案又增加了人们对死刑正确性的怀疑。然而,这一切还是动摇不了死刑的存在价值。毕竟,法律是严谨、公平的。刑法规定的每一个罪名都有相适应的刑罚,适用刑罚的基本原则就是要坚守罪刑法定,罪责刑相适应,以及适用刑罚一律平等。加上报应主义的刑法思想在中国老百姓心中依然根深蒂固,我们固然要保障犯罪者的生命权,但对肆意剥夺他人生命权的人的惩罚排除适用死刑得不到多数人的认同。

死刑固然有其不尽如人意的地方,且我国一直致力于减少死刑的适用,刑法修正案已经废除了大量经济犯罪的死刑罪名,暴力犯罪的死刑也在减少。严控死刑、逐步减少死刑适用已成为我国刑罚的重要发展方向。但是,不管刑法死刑罪名如何减少,对于像故意杀人这种蓄意谋杀他人生命的犯罪一时还不能取消死刑。事实上,不仅中国如此,一些英美国家对这类犯罪也是适用死刑的,如美国在2011年就对39人执行了死刑,其中相关死刑的判决基本与凶杀行为有关。在相关民意调查中,仍有63%的美国人支持对凶杀犯判处死刑。

回顾林森浩案件,我们看到了法院判决死刑的慎之又慎,完全不同于以前的从重从快,更听见了民众中已经存在着"死刑犹豫"的声音,这也完全不同于以往对于杀人犯的一片喊杀声。特别是在本案审理过程中,被害方与被告方都在大众面前直面社会,甚至双方互有"接触",媒体与其他方(如大学生们)也积极介入,使得这起案件在情与法的碰撞中成为全民大讨论的社会公共事件。诚然,人情和法理既矛盾又统一,司法往往不能不在乎法外开恩的请求,但也决不能偏重人情而忽视法律。林森浩案件无疑已经成为司法慎用死刑、民众讨论死刑的样本,林森浩的死刑已经有"协商"的味道。

(载《南方都市报》,2015年12月16日,金泽刚专栏)

公安局长通过司考不该是稀奇事

最近,浙江省衢州市公安局长王建历经十年终于通过了司法考试,此消息一出立即引发广泛关注。公安局长通过司法考试如此稀奇,不能不让人想到,政法部门的大多数领导是不是都没有司法职业资格这个硬本本?政法部门的领导该不该是法律行家的疑问油然而生。

其实,《警察法》第28条明确规定:"担任人民警察领导职务的人员,应当具备下列条件:(一)具有法律专业知识;(二)具有政法工作经验和一定的组织管理、指挥能力;(三)具有大学专科以上学历;(四)经人民警察院校培训,考试合格"。显然,做警察的领导应当具备足够的法律专业知识,但如何判断是否具有法律专业知识呢?在没有法定标准的情况下,受人尊重且比较权威客观的司法考试无疑可以成为最有力的证明。就此而言,公安局长通过司法考试的行为似乎仅仅是符合了法律规定的"具有法律专业知识"而已,舆论沸腾的原因才更值得反思。

法律既是一门学问,也是一种技艺。在国外法律与医术就经常被相提并论。法律也可能涉及人命关天的大事,绝不是什么人说懂就能懂,或者能够走上领导岗位后再去边做边懂的。事实上,法律与人们的生活密切相关,涉及人与人、人与单位等各种主体之间的人身和财产关系,公安机关处理案件所需要的刑法知识更是与人的生命、自由等息息相关。毫无疑问,没有法律专业知识做底气,指挥处置法律事项未必能够有理有节,更难做到有力有效。

虽然公、检、法三机关都属于司法部门,但法律仅仅要求检察官和法官通过司法考试,对警察却没有相应的要求。《警察法》第26条规定担任人民警察应当具备下列条件:(一)年满十八岁的公民;(二)拥护中华人民共和国宪法;(三)有良好的政治、业务素质和良好的品行;(四)身体健康;(五)具有高中毕业以上文化程度;(六)自愿从事人民警察工作。但遇到刑事案件,警察则是处于司法第一线的,除了具有良好的身体素质外,更需要具备相应的法律知识。试想,如果警察不能分辨违法和合法,区别罪与非罪,那其执法过程该有多么危险?稍有不慎很可能造成冤案错案。事实也证明,这些年诸多冤案错案首先就是在公安侦查环节出了问题。

多年来,公、检、法的领导常常作为一些地方官员升职的阶梯,如有的地方中院院长一职就是地方安排副厅级干部的一个岗位,候选人懂得多少法律反而不重要,司法工作的特点也不被看重。这种选任领导的方式导致一些司法机关的领导并不是很懂法律的人。现代社会正在迈向民主与法治社会,姑且不说人治与法治截然对立,国家政策也不能代替法律,因此,执法者懂法应是理所应当的事情,不值得炫耀。

据介绍,此次新闻中的王建曾担任浙江省公安厅法制总队队长一职,实际上,这是公安机关中与法律关系最为密切的综合性部门。法制总队的主要工作职能就包括办理执法问题的请示和答复,对地方性公安法规、规章作应用性解释;参与研究、处理重大、疑难案(事)件,提出法律意见和建议;依照规定对有关案件进行法律审核等,除此以外,王建还兼任了浙江大学法学院等高校的兼职教授,而这些事项都需要懂法,而且是很懂。这更加说明,王建确实是需要通过司法考试的法律专业人士。

还需强调的是,在司法改革的今天,法院、检察院正在探索实行员额制,院长、检察长也开始亲自办理案件了,这对于司法机关领导干部的法律水平有了更高要求。与此同时,不能忽视公安机关(刑事侦查)也是司法的重要环节。对法律专业知识的把握有助于提升公安干警的法律意识,增强他们的法治思维。因此,从长远来看,对政法机关的领导进行考察任用时,有必要增加通过司法考试这个条件,当司法考试成为公、检、法选拔领导的重要环节时,公安局长通过司法考试当然就不会是稀奇事了。

(载《南方都市报》,2015年12月21日,金泽刚专栏)

官员"吃喝"能否入刑

治理官员的吃喝行为,除了政纪处分外,还可以从多方面入手,但与"财物"相比,将"吃喝"纳入"不正当好处"更容易被社会所接受。

据中央纪委监察部网站报道,近日,天津市纪委查处了天津市委委员、天津市医药集团原党委书记、董事长张建津(正局级)严重违纪案件。

张建津被"双开"的主要理由是吃喝问题。例如,他常常以商务接待为名,组织和接受公款宴请,每餐除了高档菜肴必点,茅台、五粮液、特供保健酒必上。有时叮嘱他人把茅台酒倒入矿泉水瓶,再摆上酒桌,有时则是躲到下属单位会议室,请来名厨做菜大吃大喝。此外,在出国(境)考察期间,其仍不忘接受商人的宴请,甚至让陪同的私企老板为其举办"生日PARTY",一餐花费高达上万欧元。

官员因吃喝受处分早已不是什么新闻。多年来,官员吃喝风盛行,最多也是被当做违纪定性处理。所以,只要是吃点喝点,就不算什么大不了的事,如同只要不收钱,就谈不上违法犯罪。正是因此,近几年来,即使中央一再三令五申,反腐形势如此严峻,一些官员仍然控制不住自己的嘴巴和欲望。可以说,这些官员有今天这样的结果,首先是长期以来根本不把大吃大喝当回事的惯性使然。

其实,反对官员大吃大喝并不是今天才强调的。前些年,就有人把公款吃喝等纳入铺张浪费的范畴,建议设立浪费罪,以追究刑事责任。但正如将"性贿赂"入罪难以界定性贿赂自身的涵义与尺度一样,吃喝多少算是浪费犯罪也不好把握。对此,不是公款吃喝的浪费又怎么办?其实,归根到底,治理官员吃喝还是为了约束官员廉洁从政,并不在于吃喝本身。如果吃喝不与官员的职务行为相联系,强调谦抑性的刑法显然是不宜介入的。问题是,如果吃喝与官员的职务行为明显相关,如有的是拉拢腐蚀,有的是投桃报李,那如何处置就值得思考。

就拿张建津违纪案来说,其吃喝大致可区分为两种情况,一是有求于他的商人老板请客,二是自己组织吃喝,并做假账报销。无论哪种情况,它们都侵犯了公务人员职务行为的廉洁性,而且也属于"利用职务之便"。将这种行为与受贿相比,尤其是第一种行为,二者的对象实际上也是一致的,即都是财物,只不过受贿犯罪收受的对象是官员个人占有财物,而吃喝的对象则是数人(包括行贿人)共同的消费。可见,二者本质也是相近的,只不过吃喝官员之所得与一般的受贿罪有所区别而已。加上传统观念上的障碍,导致吃喝的数额再大也不被认为是犯罪。不过,站在请官员吃喝者的角度看,其为谋取不正当利益,为官员提供吃喝的行为,与给予国家工作人员以财物的行贿性质没有质的区别。

如此一来,治理官员的吃喝行为,除了政纪处分外,还可以从多方面入手,其一,对于为谋取不正当利益宴请官员的行为,若情节严重,影响恶劣的,可以考虑以行贿罪追责。其二,对于公款吃喝的,一律责令有关官员退赔全部费用。如果在入账报销过程中有贪污行为的,还要追究贪污罪的责任。其三,从长远来看,《联合国反腐败公约》规定贿赂犯罪的对象是"不正当好处",这可以作为我们打击腐败犯罪的借鉴。显然,与"财物"相比,将"吃喝"纳入"不正当好处"更容易被社会所接受。

(载《新京报》,2015年12月24日,金泽刚专栏)

汪峰败诉显现名誉侵权与舆论监督的界限

12月24日上午,知名歌手汪峰诉风行工作室创始人、资深娱乐爆料人卓伟及新闻报社(《新闻晨报》)、新浪公司等名誉权纠纷案在北京市朝阳区法院宣判,汪峰方一审败诉。该案的起因是今年4月20日,卓伟在其个人新浪微博发布的一篇题为《章子怡汪峰领证　蜜月会友夫唱妇随》的文章,并配文字"赌坛先锋我无罪　影坛后妈君有情"。4月21日,《新闻晨报》记者郁潇亮在《新闻晨报》上发表涉及汪峰的题为《用慈善为赌博张目是丧尽天良》的文章。因认为上述微博及相关报道侵犯名誉权,4月29日,汪峰提起两起名誉权诉讼,将卓伟和上海报业集团、郁潇亮、北京新浪公司分别诉至朝阳法院。

近几年明星维权诉讼案并不鲜见,且涉诉原因大多是媒体(人)公布或者评论明星的某种言行,被公布或者评论的明星则认为自己的名誉受到侵害,甚至遭到了侮辱诽谤,继而提起诉讼。

无论是一般的名誉侵权,还是严重的侮辱诽谤,其实质首先在于发表的言论与实际情况不符,甚至是无中生有,编造杜撰。在汪峰诉卓伟和新闻晨报一案中,判决指出,汪峰曾多次在境外赌场活动并经多家媒体报道,其于2015年4月参加的得州扑克大赛也因涉赌被相关部门叫停,故评论者将其与赌博相联系,并非无中生有,此种联系具有一定事实和逻辑上的合理性。卓伟称其为"赌坛先锋"虽有夸大的成分,但并未违背事实。因卓伟的言论并未超出社会评价范围,因此难以认定其降低了汪峰的社会评价。也就是说,社会对汪峰赌博的评价在卓伟发布言论之前就已形成,卓伟的评论是以社会评价为基础的,其以社会评价为底色的"描绘"只不过是"艳"了一点而已。

事实上,明星名誉侵权案本质上反映的是名誉权与言论自由的紧张关系。在个案中名誉权和言论自由往往此消彼长,要么是名誉权占优、牺牲言论自由,要么是言论自由占优、牺牲名誉权。因此,在名誉权与言论自由之间寻求一个平衡点才能从根本上解决名誉侵权纠纷。

早在上个世纪60年代,美国司法就在探寻这个平衡点。在沙利文诉纽约时报一案中,布伦南法官指出:"错误的陈述也有'呼吸的空间',故也需要保护。"同时,"有关公共问题的讨论,应该无限制、强而有力和完全开放(uninhibited, robust and wideopen),其中包括对政府或公职人员之猛烈、刻薄以及有时令人不快的尖锐攻击"。德国宪政法院在1982年的"竞选诽谤案"中也作出了相应的论述,"如果一人自愿使自身暴露于公共批评,那么他就放弃了部分其受到保护的私人领域"。

其实,公众人物与普通民众的不同之处就在于其是否自愿暴露于公共言论中,公共言论自然有褒有贬,公众人物不应在受到公共批评后就随意主张名誉权受害。作为明星,既然享受了成名所带来的荣誉与财富,也应该承担明星光环带来的不同评价。与普通人相比,明星更应该宽容舆论。这也是权利义务对等的基本原理所决定的。

结合本案,虽然《新闻晨报》的报道大量使用"一副君子坦荡荡小人长戚戚的架势"、"抛下私德当赌徒"、"为赌局正名"、"丧尽天良"等贬义性的话语。但正如判决所言,涉诉文章虽然措辞激烈尖锐,但其所述基于大体真实,且该文章和配图所评论的行为具有社会公共利益的性质,文章亦有弘扬社会正气的愿望。因此,涉诉文章是媒体正当行使舆论监督权的一种行为,难以认定构成对汪峰名誉权的侵害。说到底,媒体批评汪峰赌博之语固然难听,但基于社会公共利益和弘扬社会正气的目的,这样的言论就是自由的,是司法应该保护的。

为此,对于一般人的随意性评价,哪怕比较负面的嬉笑怒骂,明星都应该学会忍让与释然。相对而言,司法对明星名誉权的保护有更苛刻的条件。在某种意义上,这也是一种社会公平正义吧。

(载《南方都市报》,2015年12月29日,金泽刚专栏)

"铁窗内嫖娼"绝不是普通违规违纪案件

去年5月的一个晚上,32岁的何玉玲(男)在江西省抚州市东乡县看守所内服刑期间接受了一次性服务。当时,在"在押人员伙房"内,何玉玲将大米袋摆在地上,与一名被看守所副所长雷荣辉私带进来的卖淫女,在米袋上发生性关系。此事经人举报后,雷于2015年8月被免职,并被处以党内严重警告处分。涉及此事的还有一名民警和一个带卖淫女进看守所的社会人员何某某,或者被处以罚款。事后,雷荣辉告诉媒体,他当晚是受何玉玲"感情"蒙骗才做出此事。

不过,媒体调查发现,事发当晚,在看守所值班的副所长雷荣辉、民警艾某某,是在接受了社会人员何某某一条香烟后,由雷荣辉将此人和卖淫女带进了看守所。何某某将卖淫女带出看守所后,还将一名曾在看守所羁押过的人员徐某带进看守所收押室,与何玉玲会面。其间,徐某还向所内人员分发香烟,何玉玲将部分香烟带回了监区。何某某带卖淫女到看守所与何玉玲发生性关系的过程,被人偷拍,后因举报案发。

江西抚州这起看守所羁押犯人嫖娼事件,与此前黑龙江省讷河监狱在押人员"猎艳"一案,可谓一南一北,遥相呼应。不过,讷河监狱"猎艳"案在去年1月经媒体报道后,很快,该监狱监狱长、政委等14人受到撤销党内职务、行政撤职等处分。而对此案负有监管职责的讷河监狱四名狱警不久前也分别被以玩忽职守罪和滥用职权罪判处 1 年 4 个月至 2 年 6 个月的有期徒刑。按理说,此事的教训已经非常深刻,而就在此事宣传和处理期间,江西抚州东乡县看守所爆发这样的监管丑闻,这更加说明了此类问题的严重性,甚至带有一定典型性。何玉玲靠一条香烟就能够"穿过铁窗把娼嫖",看守所的雷副所长为何胆敢将看守所当作自家的菜园,想让谁进谁就能进？此案不应该只是一起免职而已的案件。

监狱与看守所(执行短期刑罚时)同属国家的刑罚执行机关,如果它们的门槛形同虚设,监所的惩罚和教育功能就会大打折扣,司法的最后一道防线也就轰然倒塌。所以,作为刑事司法的最后一道工序,这决定了看守这道大门的狱警必须认真履行职责,严格执行监规。否则,势必造成极为不良的社会影响。这起事件,看起来值班狱警就收了一条香烟,似乎谈不上受贿犯罪。但"穿过铁窗把娼嫖"的丑闻扩散开来,其造成的社会影响决非小事一桩。

根据刑法规定,国家机关工作人员滥用职权或者玩忽职守,致使公共财产、国家和人民利益遭受重大损失的,处三年以下有期徒刑或者拘役。2012 年最高司法机关"关于办理渎职案件适用法律若干问题的解释"对上述"重大损失"做出的规定就包括了"造成恶劣社会影响的"。在讷河监狱"猎艳"案中,四名狱警被追究渎职犯罪的刑事责任正是基于这一解释的规定。如今,东乡县看守所副所长允许将卖淫女带进看守所"伙房内"实施性交易的行为造成的危害,足以评价为"恶劣社会影响",没有足够理由不予追究刑事责任。不仅如此,事后这位副所长的反省也很不够,他所言"受'感情'蒙骗做出此事"完全不能令人信服。相反,这位副所长轻描淡写的解释反而让人怀疑类似监管失控事件在这个看守所是不是仅此一次,有关部门不妨以此为线索继续追查下去。

除了涉嫌职务犯罪外,此案雷副所长等狱警允许外来人员带卖淫女进看守所与在押犯实施性交易,直接触犯了刑法关于禁止组织、容留、介绍卖淫嫖娼的规定。退一步讲,即使不是有人组织卖淫嫖娼,哪怕是"引诱、容留、介绍"他人卖淫的,刑法也规定了"处五年以下有期徒刑、拘役或者管制,并处罚金;情节严重的,处五年以上有期徒刑,并处罚金"。可见,涉及此事的两名狱警以及带进卖淫女的何某某都已涉嫌容留、介绍卖淫罪,也是需要负刑事责任的。当然,雷副所长等人基于此行为与前面背离职守的行为之间具有密切关联性,可以选择其中一个较重的罪予以处罚。

说到底,"铁窗内卖淫嫖娼"事件决不是一起普通的看守人员违规违纪案件,在这里,违规违纪与违法犯罪之间的界限必须厘清。更不可在一起事实清楚的刑事案件面前,因为涉及的是国家公职人员就绕道而行,以致作出避重就轻的处理。

(载《南方都市报》,2016年1月4日,金泽刚专栏)

企业接纳退休官员妥不妥

新年伊始,上海滩再爆劲闻,1月7日下午3时许,上海市纪委发布消息称,原上海市检察院检察委员会一位专职委员季某涉嫌严重违纪,目前正接受组织调查。这位前任检察官的另一个重要身份是复星集团现任高管,他担任这家私营企业的党委副书记、纪委书记、总裁高级助理兼廉政督察部总经理。

公开资料显示,该前任检察官更早前还担任上海市检察院公诉处处长。2012年有媒体称,季某说此前有人高薪聘请他下海做律师,但他不舍离开公诉这份工作。但他还是在这一年提前退休,进入复星集团任职,在复星集团内部负责廉政督察工作,据称将内部不少违规干部送上了法庭。可如今,他自己面临被诉上法庭的可能。

作为一名知名检察官"下海"后又被查,震动不小,疑问也不少。比如说,季某本人既然是提前退休,其身份究竟如何,他离开检察院是完全脱离公务员身份了吗?如果完全脱离国家公职人员身份,那现在查处的"涉嫌严重违纪"很可能是以前做检察官的事情。如果是复星集团的事,恐怕就不该归纪委来调查了。如果还挂着国家工作人员的身份,那就有点红顶商人的味道,这也是有违相关规定的。就当其保留公务员身份而退休,再到一个集团公司任职,这依然存在公权力延伸之嫌,也就是涉及官商结合的性质,与当前反腐败的形势同样不相符。

几天前,中国社科院发布的第五部《反腐倡廉建设蓝皮书》(下称"蓝皮书")指出,官办、半官办、官民合办的"红顶中介"与少数党政机关干部藕断丝连,关系暧昧。这里所言的"藕断丝连,关系暧昧",从轻处说,就是在法律底线内互相利用,各取所需,往重处说,就是突破政治纪律,甚至搞权钱交易,逾越法治红线。季某被查固然不涉及"红顶中介"的问题,但如果他是以退休国家工作人员身份进入民营企业或者上市公司,那就有权力与商业混搭勾兑的嫌疑。实际上,各路媒体的报道都在强调其"检察院检察委员会原专职委员"的身份。不仅如此,在加入复星集团以后,季某还在2012年11月举办的首届全国十佳公诉人论坛上,认为自己在复星的工作也是"检察职能的延伸"。这样的解读,虽然强调的是把自己的法律职业能力用到企业管理上,但无疑还是带有检察官身份的嫌疑。

当然,作为一名国家工作人员,并非就只能一辈子待在国家机关。如果是彻底辞去公职,再到民营企业拿高薪,也是无可厚非。这样的先例不是没有。如果提前拿着国家的退休金,再去企业任个职,拿份年薪,官与商的关系就不好处理了,难免会有人说闲话。同样的道理,如果是快要退休了(或者已到退休年龄),再由组织上安排到国有企业,或者带有国有成分的企业继续任职,这种做法也是值得商榷的。

经过近几年真抓实干的反腐廉政教育,有的观念真的该改一改了。国家工作人员临退休之际再到企业拿几年高薪的做法,似乎是要奖励那些辛苦又廉洁了一辈子官员,但在我国,共产党人做官是在为人民服务的宗旨从来没有变,清正廉洁更是公务员,特别是高级公务员的本分。况且,现在公务员退休后的生活保障还是有的,至少他们比大多数普通老百姓的社会保障还要好一些。如同上述"蓝皮书"所建议的,要健全党员干部廉洁成长机制,在公务员中建立与业绩挂钩的浮动薪酬体系。坚持"开前门",保证工资收入足以保障公务员体面尊严地生活;坚决"关后门",严肃处理"小金库"、违规发放津补贴及其他违纪违法行为。所以,退休官员根本不必要到企业任职,这与新形势下国有企业的廉政建设也是完全一致的。

最后,再从接纳企业的角度说说这个问题。国有企业乐于接受退休官员,除了组织安排之外,大概也会考虑官员权力的衍生性,以及权力带来的资源效应。民营企业这么做也排除不了类似的意图。但事实证明,在反腐败渐入佳境且永远在路上的形势下,退休官员这个"连接点",也是一个危险点,用到了好官员,可能相安无事,一旦遇到的是问题官员,无异于安装了一个定时炸弹,爆炸起来威力更大,对企业的危害也就更大。

(载《南方都市报》,2016年1月9日,金泽刚专栏)

郑州强拆医院案，追责不能忘却刑法

这些年来，强拆事件屡见不鲜，且强拆的剧情经常令人意想不到。比较多的是，住在房子里的居民半夜被人强行拉走后房屋就不见了，或者外出村民回家时找不见自家房屋了。还有的是，暴力拆迁者干脆用铲车等直接把人和房子一起推倒。几天前发生在郑州的这一次，则是索性把还在运营的医院给推倒。1月7日上午，郑州大学附属第四医院遭多人强拆令人震惊，不仅造成3名工作人员受伤，而且令放射科和太平间受损，室内数字胃肠机、CT等多台医疗设备被毁，太平间内有六具尸体被掩埋。

对于房屋拆迁，《城市房屋拆迁管理条例》早已作了明确规定。拆迁人取得房屋拆迁许可证后，还要与被拆迁人就补偿、安置或者搬迁等事项，订立拆迁补偿安置协议。而众多强拆事件正是发生在协议尚未达成之前。被拆迁房屋还在所有人的名下，无疑应当受到法律的保护。尽管"钉子户"长期坚守的事件也时有发生，但在这个时候，除非法院裁决强制执行，其他任何强拆造成的财产损毁都是对房产所有人权益的公然侵犯。而由此引起的法律责任，可能包括民事责任、行政责任，还有可能涉嫌刑事犯罪。

事实上，根据法律规定，一旦涉嫌犯罪，一般是要刑事追责优先的。而现实往往相反，一些拆迁单位只要有了拆迁许可，达不成协议的就可以霸王硬上弓，强制拆迁大不了赔点钱成了一些人的惯性思维。与此同时，只要不闹出像山东平度那样烧死村民的事,就很少启动刑事追究程序。稍加分析,这样的做法或许与现行法律规定有关。《城市房屋拆迁管理条例》在"罚则"部分仅规定政府房屋拆迁管理部门违反本条例规定,构成犯罪的,依法追究刑事责任,而没有规定具体拆迁人如何承担刑事责任。即便如此,这也只是一种误解,因为任何人只要触犯刑法,根据罪刑法定原则,就应该追究刑事责任,与其他法律法规是否明示无关。

从此次郑州个案来看,强拆者首先直接造成医院房屋、医疗设备等重大财产损毁,依据刑法规定,"故意毁坏公私财物,数额较大或者有其他严重情节的,处三年以下有期徒刑、拘役或者罚金;数额巨大或者有其他特别严重情节的,处三年以上七年以下有期徒刑。"据此,郑州市政府新闻办10日发布的消息中"参与强拆的钩机司机邓某某被警方控制"大约是基于这一依据。但控制这一名司机显然是不够的。因为强拆不会是一个司机个人的事,更不可能是司机擅自为之。拆迁单位的负责人是否是组织、指挥或者参与者值得认真调查。至于分管拆迁工作的征收办负责人员,如果也参与其中,无论是教唆、协助,均应作为共同犯罪处理,而不只是免职的问题。如果没有参与强拆,则要排除渎职犯罪的可能。经历了这么多年,强拆已不是一时、偶发的现象,如今强拆者还以不知道构成犯罪为借口更是说不过去的。

不仅如此,此次强拆医院还造成太平间内六具尸体被掩埋,其影响亦十分恶劣。根据《刑法修正全案(九)》规定,"盗窃、侮辱、故意毁坏尸体、尸骨、骨灰的,处三年以下有期徒刑、拘役或者管制。"如果明知是医院的太平间而暴力强拆,且掩埋尸体造成有尸体毁坏的,则要承担刑事责任。

(载《新京报》,2016年1月12日,金泽刚专栏)

若百度发布了虚假广告该如何追责

近日,亿友公益等36家健康类公益组织联名举报百度涉嫌发布虚假医疗广告,并向北京市工商局寄出举报信,要求工商部门介入调查。1月16日,国家互联网信息办公室针对百度贴吧存在违法违规信息及商业化运作管理混乱、部分搜索结果有失客观公正、百度新闻炒作渲染暴力恐怖等有害信息的突出问题,约谈了百度公司负责人。

作为国内搜索引擎的龙头老大,百度的盈利模式受到质疑,如其部分收入来源于"莆田系",而"莆田系"就是各种野鸡医院的代名词。还有,百度搜索结果中的涉黄、暴力等信息也早已不鲜见,只是以往未见如此大规模的争议、举报。若非此次因"血友病吧"被承包而引发众怒,百度存在的问题很可能还会捂下去。

有意思的是,前几日全民观看的庭审快播涉黄一案与本次百度事件颇有些相似之处。百度和快播都属互联网企业,且二者提供给客户的不良信息均非两企业主动发布。快播案究竟是技术之争还是法律解释问题在判决前尚有争议,但技术显然已不是掩盖犯罪的借口。在快播被诉案中,快播团队因放任涉黄信息的缓存、上传而涉嫌触犯刑律,而在百度的虚假广告事件中,百度实际上也放任了虚假广告的"野蛮生长"。另外,快播是通过广告盈利,并非直接通过黄色视频获利,而百度反而直接从假广告中受益。如此看来,百度的行为似乎已不能用放任来表达,而有积极主动推广虚假广告之嫌。

据媒体报道,百度对于虚假广告的说法并不完全认可,只是称所有在百度推广的企业,都必须提供合法的资质证明。任何在百度开展网络营销的医疗机构都必须具备卫生行政部门颁发的《医疗机构执业许可证》。而判断广告的真假并不只是依据是否具有行政资质,即使有资质,只要广告内容夸大失实仍属虚假。与此同时,根据《广告法》规定,发布医疗、药品、医疗器械等广告,应在发布前由有关部门对其内容进行审查。又根据《医疗广告管理办法》规定,工商行政管理机关负责医疗广告的监督管理。卫生行政部门、中医药管理部门负责医疗广告的审查,并对医疗机构进行监督管理。但百度在推广医疗广告时并未提供相关卫生行政部门的审查文号。

或许有人会说快播涉黄太严重了,所以要立案查处。但问题是,无论是黄色视频还是虚假广告,除了数量规模之外,更重要的首先是定性。淫秽物品荼毒青少年的身心健康,虚假医疗广告却能够导致许多病人不治而亡。比较危害程度,虚假广告的危害不亚于传播淫秽物品。因此,重点关注的应是虚假广告行为的性质,而不是量的大小比较。

也许百度等网络广告发布商对虚假广告所以听之任之,与我国《广告法》并未发挥实际作用有关。《广告法》的"软弱"早已广受诟病,最为典型的例子就是大多数代言虚假广告的明星均未受到多少惩罚。《刑法》虽然规定了虚假广告罪,但在实践中鲜有案例佐证。是立法出了问题,还是执法存在软肋,值得反思。

回到本次事件中,虽然百度已被有关部门约谈,但是否会因此而受到行政处罚,乃至刑事追究目前未见端倪。从百度的回应中也很难看出有深刻反省之意。法律是道德的底线,作为当今互联网的龙头企业,事实上也是从社会中获取了巨大利益的企业,百度除了遵守法律底线外,无疑还应该承载较高位的商业道德标准,担负知名企业的社会责任。

技术是把双刃剑,但平等更是法律乃至社会生活的基本原则。查处快播案对于全社会都是一个启示,也是一个法律的标杆,对于百度"容忍"的虚假广告行为,也应该有所启迪。从快播案中找出的法治规则,必须适用于其他互联网企业,这不该有多大的疑问。

(载《南方都市报》,2016年1月19日,金泽刚专栏)

"无差别杀人"怎么预防都不为过

2016年1月19日7时15分左右,江西宜春发生一起恶劣交通伤人事件,犯罪嫌疑人胡某驾驶小轿车故意冲撞行人。截至下午6时20分许,已造成4人死亡,18人受伤,据报道,死伤者多为学生。此前的1月9日,泸州市公交269路公交车司机涂北川,在驾车载客途中,有一名乘客将携带上车的汽油倒在车厢内并点燃纵火,幸好被涂北川及时扑灭。这两起恶劣伤人事件与不久前发生的宁夏银川公交车纵火案亦近在咫尺,而银川公交纵火案造成17人死亡,32人受伤。

和以往类似的蓄意伤人事件相比,此类案件的犯罪嫌疑人往往都是因与他人产生纠纷,或者认为自己遇到了不公平对待,遂采取极端报复社会的行为,其报复的对象"不管是谁",也就是对象不特定的"无差别杀人"。

在上世纪八九十年代,"无差别杀人"在我国还只是个别现象。本世纪初开始,此类案件逐渐增多。有媒体统计,在2003到2013年十年间,就发生了38起无差别杀人事件。在此类事件中,驾车撞人和公交车纵火案占比最高。

从这类犯罪的主体特征看,他们报复的对象都是些和他们差不太多的普通百姓。他们之所以成为社会的"失意者",固然有制度和市场竞争等外在原因,但其自身能力和素质也是内因所在。特别是一旦其判断力发生严重偏差,他们的"失意"很可能快速地发展出一种对全社会都怨恨的心理,而其仇恨怨的对象,只能是他们最熟悉的社会弱者阶层。而在社会弱者中,乘坐公共汽车出行者最具代表性,加上公共汽车安全防护薄弱,乘车人就成为了"无差别杀人"案的常见受害者。

的确,"无差别杀人"案件具有随机性和不确定性,加上作案成本低,作案者又来自未明的普通群体之中,防范起来非常不易。但是,这并不意味着,我们就无所作为。

实际上,针对接二连三发生的公交纵火案,交通运输部、公安部早就要求地方政府和公交公司加强公交车安检工作,不能让安检流于形式,这是防范公共汽车安全隐患的基础。地方政府财政、公交公司须拿出资金用于保障公交车等公共交通安全,建立和落实严格的安检制度,加设小型安检设备,配备安检员,真正让公交车安检员发挥作用,及时发现和制止携带易燃易爆等违禁物品的旅客。在一些有条件的地方,可以探索实施"公交强制安检"工作。与此同时,加大宣传力度,让公众提高安全警惕意识,及时反映可能存在的违禁危险物品,尽早发现和制止潜在的公共安全威胁。

公交车本身易燃,加上结构封闭,遇到突发事件应急救援的时间往往只有十几秒的时间,能否把握住这十几秒的最佳救援时间至关重要。加强这方面的技术研究十分必要,也完全可能。如研发公交车防爆新技术,如遇易燃易爆危险品自动报警;遇到紧急情况,公交车门能自动迅速打开,以便快速逃生。2013年厦门陈水总事件发生后,全市165辆BRT车辆上安装自动爆玻器。有利于客车在遭遇火灾、恐怖袭击等紧急情况下,可以从车窗快速逃生。它能在最短时间内使玻璃爆裂又不会伤及乘客安全。危险品检测技术也可以进一步升级提高。如可以在公交车上车门设置危险物品自动感应器报警器,以便及时发现和阻止乘客携带危险物品乘车。当然,公共汽车的司乘人员树立高度的安全责任意识,练就过硬的应急处置本领,是确保乘客的安全出行的最直接屏障。在"1·9"泸州公交纵火案中,司机涂北川仅用22秒成功处置险情,就是极好的例证。

诚然,一提到报复社会、无差别杀人,就有人找到社会原因,诸如分配机制存在不公、贫富差距过大、贪腐现象依然多发高发等,所以倡导"堵不如疏",要重点解决底层群众的困难,畅通解决问题的渠道。从宏观方面讲,这固然没错,但问题是,社会公共政策的进步需要一个过程,社会机制存在问题绝不能成为无差别杀人者杀戮无辜的理由。

去年9月,中央政法委、中央综治委、公安部联合在大连召开了聚焦公共安全的全国社会治安防控体系建设工作会议,这次会议特别强调,在运用好传统的风险排查机制基础上,依托物联网技术、智能安防系统,探索"人力+科技""传统+现代"的风险预警模式,提高对风险动态监测、实时预警能力,及时切断风险链。这对于预防公共安全风险,应对"无差别杀人"事件,同样具有重要的指导意义。

今天,面对无差别杀人事件频发,再回想德国社会学家乌尔里希·贝克教授在上个世纪80年代提出的"风险社会"的概念,真让人深有感触。"风险社会"已经从一个单纯的学理概念,转而成为公众能够感知、表达自己所处时代特征的流行话语。在这样一个风险社会,对"无差别杀人"怎么预防都不为过。

(载《南方都市报》,2016年1月23日,金泽刚专栏)

"南大碎尸案"让人想起"命案必破"

发生于1996年1月的南京大学一大一女生被杀害碎尸案,之所以被旧话重提,除了这起案件十分恶劣且至今没有侦破之外,还出现了在时间过去二十年后能不能继续追诉的疑问。

杀人碎尸的犯罪嫌疑人如果因为二十年不能破案,就将逃脱法律的制裁,这是任何具有朴素正义情感的人都难以接受的。然而,只要翻阅一下刑法条文,这一担心并无必要。我国刑法固然规定了刑事追诉的最长期限为二十年,但同时规定:"在人民检察院、公安机关、国家安全机关立案侦查或者人民法院受理案件以后,逃避侦查或者审判的,不受追诉期限的限制"。所以,已被追查多年的"南大碎尸案"不可能因为追诉期限的限制而停下脚步。反过来说,如果这起碎尸案要是现在才发现,那就要受追诉期限的限制,一般不能再予追诉了。

可见,由于不了解刑法,一些"法盲"般的说法很容易传播开来,加上网络快捷迅速,有的网民在转发相关言论时又"不求甚解",以致蒙蔽许多普通人的眼睛。当然,这种对刑法规范的误读,与传播网络谣言还是不可同日而语的。还好,公安部门及时发布消息,澄清了上述言论,并明确表态,警方将依法追查到底,绝不放弃。南京警方对此案一追到底的决心令人欣慰。不过,警方的破案决心不由得令人想起"命案必破"这个话题。

近代刑法学鼻祖、意大利刑法学家贝卡利亚说过,刑罚的有效性不在于刑罚的残酷性,而在于刑罚的及时性和不可避免性。如果犯罪人长期逍遥法外,不仅对于被害人极不公平,对于其他人也是一个潜在威胁。事实证明,有些犯罪人就是在戴罪作案。所以,长期以来,争取及时破案是各国司法机关防治犯罪的有效手段与基本目标。在我国,"命案必破"已成为公安机关打击犯罪的口号和指标。

应当承认,站在打击犯罪和保护人民的角度,追求"命案必破",对于督促侦查机关从速办理命案有着积极的意义,但站在客观科学的角度,"命案必破"的逻辑又带有曾经的"大跃进"色彩。犯罪学研究表明,犯罪,尤其是暴力犯罪,是人格、社会和环境的产物。碍于科技、人性和认识的局限,不可能所有案件都能侦破,或者被及时侦破,极少数大案、要案长时间破不了也符合客观规律。正是因为"命案必破"在很大程度上体现出侦查机关的主观意志,其在督促快速结案的同时,很容易造成刑讯逼供、抓人顶罪等职务方面的违法犯罪行为,并为冤假错案埋下伏笔。所以,对"南大碎尸案"至今没有侦破也要有正确的认识。

其实,就犯罪防治而言,侦破命案是问题的一个方面,更重要的目标还在于减少命案,防控命案发生。事后的破案和惩罚更多是在预防犯罪人本人再犯罪(亦安抚被害人及其家属),但在事发前或者事发过程中,若能够及时防控犯罪,则可将损害减小到最低程度。事实证明,事前的防控对于被害人及其家属而言,远比惩罚犯罪人重要得多。据媒体报道,上海市公安局刑侦总队就做过这方面的尝试,他们在"命案必破"的基础上,提出"命案防控"理念,建立了"疑似被侵失踪人员调查"等机制,由此有益于提前防治命案的发生。

当然,期待公安机关实现"命案必破"的同时,如何建立一套行之有效的命案防控体系恐怕不是公安机关一己之力能够做到的。把命案侦破作为社会治理的一部分,协调各方力量,创新联动机制,这一定是值得探索和作为的。

(载《新京报》,2016年1月25日,金泽刚专栏)

处理制止当街小便被打案,不要伤了正义者的心

日前,漯河市实验中学的一名老师李志超因在街头制止四名青年当街小便,遭到三次暴打。前两次被打有一对夫妇进行劝阻,也被几名打人者威胁赶走。第二次被打后,见李老师打电话报警,这四人再次冲上来进行第三次暴打。李志超被送到医院时,鼻孔出血,面部浮肿,嘴部全被打烂,血流不止。在床上躺十多天了,由于尾椎骨骨折,至今还不能坐立。据医生介绍,由于右手小指骨折严重,病愈后可能无法恢复功能了。不仅如此,在派出所民警赶到现场后,四名青年并不逃离,反而围到警车旁,大喊"咋了,俺们是未成年人……"当民警要求到派出所问话时,四个人都争着往警车里钻。民警将李志超和四青年其中之一带到派出所,在调查询问过程中,另外三青年跑到派出所,不停地踢门要求见同伴。

针对这样一起性质极为恶劣的打人事件,漯河市公安局办案民警回复媒体:目前案子正在抓紧侦破当中。由于牵涉未成年人,且双方互相指责,加上对李志超的伤情鉴定需要时日,故警方十分慎重。当"轻伤二级"的鉴定结果出来后,警方立即立案展开调查。

确如被打的李志超老师所言,仅仅因为一句劝人不要当街小便的话,就遭受如此狠打,这几名青年(可能有未成年人)简直是无法无天。回顾事件的过程,这四名打人者,首先是善恶不分,且是以恶为美。他们三次殴打

好言相劝的李老师,一错再错。对旁边的劝架者还恶语相加,进一步反映出这几名打人者主观恶性不浅。如此随意殴打他人,这既是对他人人身权利的严重侵犯,也是对社会秩序的公然挑战。

其次,当警方前来制止和调查时,几名青年人的做法则已经不能用心智不成熟或者法盲之类来形容了。面对警方调查,他们根本就不当回事儿。从他们底气十足的喊话来看,国家保护未成年权益,对未成年人违法犯罪一律从宽的刑事政策反而被他们视为违法犯罪的"保护伞"和"挡箭牌"。这几名打人者显然已不是十来岁的少年儿童,对于打人犯法不可能不知晓,然而,在明知国家从宽政策的情况下,他们对于法律却失去了起码的敬畏之心。

再来看警方的态度。明知四名青年(哪怕是有未成年人)将李志超打伤,现场、受害证据,以及打人者就在眼前,办案民警却只带一人回去调查,在调查询问期间,其他三个打人者竟然找到派出所踢门(要给同伴送烟和打火机)。此时此刻,警方"十分慎重"的是什么呢?现在的受害人是摆在警察面前被打得面目全非的李老师,警方完全有理由先将几名嫌疑人控制,再查是否符合责任年龄等细节问题。否则,就明显背离了法律面前人人平等的基本原则。如果非要等伤情鉴定出来,那要是其他几个嫌疑人逃走了,追逃起来岂不更加困难,司法成本就更大。警方为什么愿意承担嫌疑人可能在警察鼻子底下溜走的恶名呢?再说,这类随意殴打他人的案件是直接的人身伤害加典型的寻衅滋事,刑法规定得清楚明确,对这种寻衅滋事行为,法律并不要求造成轻伤以上的伤情,所以,依据《刑法》和《治安管理处罚法》,对这四名打人者立即进行人身控制是有足够的法律依据的。一定要等到"轻伤二级"的鉴定结果出来,警方才立案调查,这种做法已经伤害了被害人李老师,而且,也伤害到其他信仰法律和坚守正义者的心。

就在这几天,人们还在讨论广州番禺19岁的韦某奸杀女童案,韦某13岁掐死1男孩,14岁刺伤1女童,(经从宽处理出狱后)很快又奸杀了这名上学的女童,如此犯罪轨迹不能不令人反思,司法对于未成年人违法犯罪该如何从宽,我们是不是从一个误区走向了另一个误区呢。从宽不能成为放纵,挽救违法犯罪的未成年人,不是等他们长大了再犯罪时,再予惩罚。

(载《南方都市报》,2016年1月25日,金泽刚专栏)

应赋予"拼车回家"合法性

据媒体报道,1月21日,交通运输部运输服务司有官员明确表示,对于春运期间互联网平台推出的"拼车回家",只要不以营利为目的,交通运输部持支持态度。

然而,仅以官员表态的方式"开一个口子",恐怕还不是法治的表现,其稳定性、权威性也不够。反思现行法律规定,才是解决问题的根本所在。

依据我国《道路运输管理条例》,机动车在道路上营运,必须取得营运许可证。缺少营运证,"擅自从事道路运输经营"的,就是"非法营运"。何谓"擅自从事道路运输经营",交通管理部门目前仍以"是否取酬"作为划分标准,且"取酬"含义非常广泛。以至于近几年,拼车车主被罚款、被扣车、诉讼后败诉的案件不胜枚举。

值得注意的是,行政机关自家规定自家解释的做法早已受到质疑。新的《立法法》规定,立法应从实际出发,科学合理地规定公民、法人和其他组织的权利与义务、国家机关的权力与责任。"法律规范应当明确、具体,具有针对性和可执行性"。行政机关为自己设定执法权限应该有严格的程序制约,解释的底线就是要抑制利益冲动。交通管理部门界定的过于宽泛的"营运标准"明显具有追逐部门利益的嫌疑。

而就一般法理而言,营运的本质特征在于"收取运费,获得利润"。作为经营行为的"营运"必须具备日常性、连续性的行业特征。而拼车主要是车主顺路捎带同路人,这种行为首先应该从民事法律上进行界定,车主收取一定费用,只是用来弥补自己过桥费、油费等成本开支,这符合民法的自愿公平原则。《道路运输管理条例》规定的"客运经营者应当持道路运输经营许可证依法向工商行政管理机关办理有关登记手续"显然是指专门的客运班车,并不包括个人之间的临时性拼车。所以,将拼车界定为一种偶发性的民间自助行为更为合情合理,亦不违法。

其实,搭便车现象在发达国家十分普遍。美国纽约市政府设立了HOV(高承载率汽车)专用车道,鼓励私家车主上下班时拼车。德国则建立了较为完整的拼车组织体系,有公益性质的拼车协会,也有为供求双方提供中介的服务机构,还有提供专业拼车服务的营运公司,且出台了完善的拼车规范,包括如何分摊油费、发生事故如何赔偿等细则。这些无疑具有借鉴意义。

在明确了时代与市场造就了"拼车"现象后,如何监管与提供相应的公共服务,才是管理部门的职责。监管者需要制定科学合理的交通安全规则,颁行严格的奖惩机制。比如,监督拼车各方实现信息对等,签订拼车协议约定路程、期限、费用及支付方式、双方责任义务等要素,尤其要有约定购买旅游或者交通保险事项。把严控拼车改变成为拼车服务,或许这才是民众乐于看到的。当然,对拼车者而言,拼车回家,拼的是便捷省心,而不可"拼"自己和他人的安全。

(载《新京报》,2016年2月1日,金泽刚专栏)

"偷拍县长收礼"案如何能让人释怀

近日,因"偷拍县长收礼视频"而闻名的江西汪冬根案二审判决尘埃落定,被告人汪冬根被改判五年零六个月(比原判少了六个月),此案再次引发关注。

2013年中秋节,汪冬根和儿子汪金亮爬上江西省万载县县长陈虹老家对面的房子,拍下了多人去县长家送礼的视频和照片。拍完18天之后,汪冬根和汪金亮被万载县警方带走。万载县公安局在2014年6月出具的起诉意见书中指控汪氏父子涉嫌"组织、领导黑社会性质组织罪"。2015年7月,汪冬根案一审判决,其涉黑罪名和偷拍县长收礼事件都未在判决书里出现。不过,宜春市袁州区法院认定汪冬根偷拍万载县卫生局原局长打麻将、要挟报销医保、夸大伤情骗保险公司赔偿和发生交通事故后叫人打人等行为,分别构成了敲诈勒索罪、诈骗罪、寻衅滋事罪,判处汪冬根有期徒刑六年,并处罚金1.5万元。在汪冬根不服上诉后,今年1月12日,宜春市中级人民法院作出二审判决,法院认定其犯寻衅滋事罪证据不足,一审的三罪变成了两罪,一审的六年有期徒刑被改判为五年零六个月。

针对此案,多家媒体的报道强调的都是,被拍官员还在继续为官,而偷拍者却被起诉判刑,且被诉的又不是偷拍行为本身。其实,此案虽因"偷拍县长收礼"而引起关注,但"偷拍"未被起诉并不奇怪。司法机关追诉的是犯罪行为,某个行为受到关注并不等于就是违法犯罪,够不上起诉的条件,也就不能进行刑事追究。只不过,由于偷拍官员的行为与反腐败相关,至少看起来汪冬根被抓(无关偷拍)容易让人联想到公权力在"找茬"报复,引起关注就不足为奇了。在这个时候,有关部门除了反复说明,被拍者收礼只是亲朋好友的礼节性往来之外,司法追责过得了硬才最有说服力。

一方面,针对民众关心的问题,公权力不能给人"余音未了"的感觉,特别是涉及官员违规违纪,乃至违法犯罪的问题,一定要揭开伤疤说清楚。就像当初陕西的"表哥"杨达才案那样,杨达才被判刑后,关于"表"的问题似乎还是没有说清楚(包括在判决书中)。这就要求公权力对引起案件的事实本身也不可忽视,尽管它未必是个真的犯罪问题。但将它解释得清楚明白,这既是一种群众需要的普法活动,也是让人理解政策,信服法治的理由。如果在这类问题上总是以"还在调查"等为由敷衍了事,甚至置之不理,势必就会案子虽了,疑问却还未了,社会效果就会大打折扣。

另一方面,更重要的还是要回归案子本身。因为某个线索而发现了涉嫌犯罪的行为,司法进行追究并不为过。但汪冬根案一开始就给人走偏门的感觉,涉嫌的罪名从"组织、领导黑社会性质组织罪",到敲诈勒索罪、诈骗罪和寻衅滋事罪,在这里,究竟是司法人员的法律水平不够,还是有意要搞"从重打击"呢。由于公权力干预司法的先例并不鲜见,所以,怀疑当地司法机关有意打击偷拍官员者的想法也符合正常逻辑思维。而越是被怀疑,就越应该拿出公正而经得起检验的司法裁决说话,而此次两审法院的判决似乎都没有做好这一点。

就二审判决而言,从媒体报道中可寻见判决两罪的事实有两宗:一是因慑于汪冬根拍摄的打麻将视频可能对己不利,万载县卫生局局长魏某某指示卫生局下属单位工作人员违规为他人报销医药费11187.8元;二是汪冬根在因车祸受伤后纠缠医生,夸大病情,骗取误工费、伤残赔偿金、被抚养人生活费各项费用共计58385.98元。而根据刑法规定,敲诈勒索公私财物,数额较大或者多次敲诈勒索的,处三年以下有期徒刑、拘役或者管制,并处或者单处罚金;诈骗公私财物,数额较大的,处三年以下有期徒刑、拘役或者管制,并处或者单处罚金。再结合江西省的地方性规定,敲诈勒索一万多元的案件,法院的量刑一般在一年刑期左右,诈骗五万多元的,一般也只判三年多的有期徒刑。在两个罪合并处罚后,五年零六个月的量刑结果也明显偏重。

而且,这样的判决还是基于上述行为构成犯罪为前提的。事实上,正如本案辩护人所言,汪冬根只是帮他人向卫生局长魏某某问了情况,没有提及视频的事,更没有对魏进行威胁、要挟、恐吓,汪冬根的行为够不够得上敲诈勒索罪本身就成疑问。同时,即便认定汪冬根间接实施了敲诈勒索的言行,但卫生局是国家机关,不是某个自然人,也难以成为敲诈勒索罪的受害对象。这样一来,无论是根据事实还是法律,对汪冬根定敲诈勒索罪有悖疑罪从无的司法原则。

总之,审视这起因偷拍县长收礼而引起的刑事案件,司法机关是否坚持了独立司法的精神,是否坚持了罪刑法定和疑罪从无的原则,确是值得拷问的。或许有人认为,汪氏父子的做法本就不得人心,但一码归一码,就当是治理所谓的"刁民",还是得走法治之道,唯有秉持法治精神,才能让人对疑案真正释怀。

(载《南方都市报》,2016年2月1日,金泽刚专栏)

冤案追责,当以公开促公正

就在几天前,内蒙古公布呼格吉勒图错案追责结果之后,又有两起冤案平反昭雪。2月1日,浙江省高院依法对陈满故意杀人、放火再审案公开宣判,撤销原审裁判,宣告陈满无罪。陈满自1992年12月底被抓,至今已失去23年人身自由。2月4日,福建省高院对莆田许玉森、许金龙、张美来、蔡金森抢劫一案作出再审宣判,宣告4人无罪。他们中的第一个自1994年2月28日被抓至今已近22年。

毫无疑问,这两起20多年的冤案即将拉开追责的大幕。但人们忧虑是,从以往的实践看,多数冤案很少有人承担刑事责任。对此,首先还是要立足法治,从发展的眼光看问题。

从上个世纪的79年刑法到97年刑法,再到本世纪十多年来的若干个《刑法修正案》,与冤案的纠正一样,刑法对所有犯罪嫌疑人和被告人的保护得到了普遍的加强,保护人权、罪刑法定、疑罪从无等原则理念得到了进一步贯彻执行。如同平反冤案错案一样,追究办案者的法律责任同样要严格遵照刑法和刑事诉讼法规定,定罪要达到事实清楚,证据确实充分,排除一切合理怀疑的证明标准,不能为了错案追责而制造新的错案。况且,由于年代久远,人员变动大,很可能有的关键证据已难查清,具体责任就不能落实。再说,时间过去多年,还可能产生追诉时效已过的问题。只不过,这些慎用刑法的原因对于大多数民众来说未必都能够理解。

不过,与刑事追责不同,十八大以来更加强调"党纪严于国法",党纪政纪责任则是办错案者必须承担的。尤其是针对那些在全国影响极其恶劣的冤案错案,党纪政纪处理如何以公开促进公平公正颇值得研究。

首先是谁来落实党纪政纪责任。据报道,错案的追责都是由公检法三机关按照内部处分程序各自进行的。厅级干部和市里的处级干部则是经过内蒙古自治区纪委和呼和浩特市纪委来处理。在冤案的主体就是公检法本身的情况下,在本系统内追究同行者的责任,确有"下不了狠手"的嫌疑。在大力推进司法改革,积极倡导完善司法责任制的今天,设定一个相对独立令人信服的主体来落实错案追责已迫在眉睫。

其次,在处理程序上,公开是促进公正的关键。冤案追责应该公开处理过程,公开处理的依据和标准,甚至可引进外部监督机制(如听证)。而且,最后的调查报告信息也要向社会公开,包括如何确定具体责任人,他们失职渎职在什么地方等。唯有公开,才能保证外部监督和群众监督不是空中楼阁。

最后,就是要依法落实对责任人的追偿和建立赔礼道歉机制。根据《国家赔偿法》规定,赔偿义务机关赔偿损失后,应当责令有故意或者重大过失的工作人员等承担部分或者全部赔偿费用。但自《国家赔偿法》施行至今,公开报道从未出现过责任人被追偿的案件,追偿条款名存实亡,这一明显有悖法律的现状必须得到扭转。此外,刑讯逼供等导致的冤狱,首先就是对受冤者人身权利的侵害,针对当初的侵害,不妨建立"恢复原状"的弥补方式,即追加一个责任人与受冤者面对面的赔礼道歉程序,这不仅可以起到警示他人的作用,对于被冤枉者,也是最好的精神抚慰。当然,这一切同样也要以公开凸显正义的力量。

(载《新京报》,2016年2月6日,金泽刚专栏)

冤案追责期待创新思维

农历羊年岁末,两起冤案平反再次引发关注。2月1日,浙江省高院依法对陈满故意杀人、放火再审案公开宣判,撤销原审裁判,宣告陈满无罪。陈满自1992年12月底被抓,至今已失去23年人身自由。2月4日,福建省高院对莆田许玉森、许金龙、张美来、蔡金森抢劫一案作出再审宣判,宣告4人无罪。他们中的第一个自1994年2月28日被抓至今已近22年。除了含冤死亡者之外,二十多年的牢狱之灾再创冤案新记录。

与以前多起冤案一样,这两起冤案一开始就蒙受着刑讯逼供的阴影,只是纠错历时二十多年。陈满案经历若干年人大代表提案,最终以最高检抗诉的方式启动再审程序,而这样的再审据说还是首例。许玉森等人的案件更是直到许玉森刑满释放后,经过律师等多方面努力才得以申诉成功。冤案的昭雪何其艰难。

毫无疑问,越是冤情严重的案件,越是应该追究办错案者的法律责任。然而,从近年来的实践来看,这种事后的正义实现起来依然很难重重。几乎可以说,追责比纠错并不容易。痛定思痛,树立新的人权保障理念,创新冤案追责的思维实乃当务之急。

首先,"慎刑不等于无刑",冤案不追究刑责一直备受质疑。如在呼格案中,刑讯逼供和玩忽职守的痕迹再明显不过,但结果无人承担刑事责任。

的确,受司法办案机制决定,对犯罪嫌疑人和被告人从侦查、逮捕,到起诉、定罪,直至最后的判决,牵涉公检法方方面面,其中每一步结论都要领导签字(批准),这就把具体办案者与各自的领导栓在了一起,导致责任混同,大小难分。还有,死刑案件,还要经过领导集体讨论决定,这就进一步加剧了集体责任的色彩。当一起冤案"人人有责"之后,责任的比较、分摊等思想导致责任不确定。而且,特别是历经近一二十年的法制建设,我国法律制度逐渐完备,尤其是刑事追责,就像平反冤案一样,追究办案者的责任同样要严格遵照刑法和刑事诉讼法规定,必须做到事实清楚,证据确实充分,并排除合理怀疑。由于冤案发生年代久远,人事变动大,很可能关键证据难以查清,具体责任就落实不了。

冤案追责还有一个争议,就是追诉时效问题。追诉时效,是指刑法规定的对犯罪人追究刑事责任的有效期限。认可追诉时效,是因为法律相信时间可以洗清一定的罪过,犯罪人在相当长的时间内没有再次犯罪,就推定其主观恶性和人身危险性大大减弱,对这样的犯罪人已无需予以刑罚惩罚和预防。而从实践来看,呼格案、陈满案及许玉森等四人的冤案历经一二十年,若适用刑讯逼供和玩忽职守等罪名,其追诉期限一般都不超过十年。所以,在案件昭雪之日,可能就超过了追诉期限。

然而,在坚持"慎刑"、"恤刑"的同时,并不是要放弃刑事追究。就重大冤案而言,至少对下列两类行为不能不考虑追究刑事责任。一是追寻当年办案轨迹,有一定证据证明有刑讯逼供行为的,不能轻易放弃追责;二是对于被冤者及其诉讼代理人有极其明显的辩护理由(如不在犯罪现场的证据),而得不到依法认可的,以及那些受冤者在判决后屡屡申诉却不被接受的,这样一些渎职行为应该纳入追责范围。至于追诉时效的问题,刑法规定了,"被害人在追诉期限内提出控告,人民法院、人民检察院、公安机关应当立案而不予立案的,不受追诉期限的限制。"虽然此处"被害人"不是指被告人本人成为被害人的情况(如呼格案的呼格本人)。但将这里的"被害人"扩大理解为包括后来证明被冤枉陷害的被告人(也是被害人),并不违背追诉时效的原理。

其次,追究党纪政纪责任要探索以公开促进公正之路。十八大以来"党纪严于国法"得以践行,一些严重违纪者甚至受到了断崖式降级处理。追究办错案者的党纪政纪责任完全可以参照当前的做法。与此同时,处理过程更待公开和公正。

目前,错案的追责主要是由公检法三机关按照内部处分程序各自进行。但在冤案的主体就是公检法本身的情况下,在本系统内追究同行者的责任,有"下不了狠手"的嫌疑。在大力推进司法改革,积极倡导完善司法责任制的今天,设定一个相对独立令人信服的主体来落实错案追责已很有必要。再有,在处理程序上,追责应该及时公开处理的依据和标准,必要时可引进外部监督机制(如听证)。最后的调查报告信息也要向社会公开,包括如何确定责任人,他们失职渎职在什么地方等。

最后,就是要厘清国家赔偿与追责的关系,落实责任人补偿和建立赔礼道歉机制。根据《国家赔偿法》规定,赔偿义务机关赔偿损失后,应当责令有故意或者重大过失的工作人员等承担部分或者全部赔偿费用。但自《国家赔偿法》施行至今,公开报道从未出现过责任人被追偿的案件,追偿条款名存实亡。今后,只有改变息事宁人、不做恶人的机关内部文化,改变宁愿慷国家之慨而不得罪人的从众心态,才能使法定的追偿责任制得到履行。此外,刑讯逼供等导致的冤狱,首先就是对受冤者人身权利的侵害,针对当初的侵害,不妨建立"恢复原状"的弥补方式,即追加一个责任人与受冤者面对面的赔礼道歉程序,这样不仅可以起到警示他人的作用,对于被冤枉者,也是最好的精神抚慰。

(载《南方都市报》,2016年2月6日,金泽刚专栏)

进行羁押必要性审查

由于没有保释制度,我国对犯罪嫌疑人和被告人的羁押时间往往较长,经常受到诟病。2012年修改后的刑诉法赋予检察机关羁押必要性审查职责就是减少不必要羁押的重要举措。

然而,三年来的实践证明,现行法律对羁押必要性审查的规定较为原则,制约了这项工作的实际效果。为此,近日最高检出台的《人民检察院办理羁押必要性审查案件规定(试行)》(下称《规定》)对于贯彻落实司法改革精神,解决适用羁押必要性审查存在的问题,规范检察机关司法行为具有重要意义。

羁押必要性审查,是指人民检察院依据刑事诉讼法规定,对被逮捕的犯罪嫌疑人、被告人有无继续羁押必要进行审查,对不需要继续羁押的,建议办案机关予以释放或者变更强制措施的监督活动。羁押必要性审查案件将由办案机关对应的同级人民检察院刑事执行检察部门统一办理,其他相关部门应予配合。

羁押必要性审查的启动包括两种情况,一是由犯罪嫌疑人、被告人及其法定代理人、近亲属、辩护人向刑事执行检察部门提出申请。有关部门收到申请后进行初审,提出是否立案审查的意见。二是刑事执行检察部门对本院批准逮捕和同级人民法院决定逮捕的犯罪嫌疑人、被告人,主动依职权对羁押必要性进行初审。

具体审查要进行形式审查和实质审查,前者是指审查被羁押者无需继续羁押的理由和证明材料。同时,要听取被羁押者及其法定代理人、辩护人的意见;也要听取被害方及办案机关的意见,以及侦查监督、公诉部门的意见;调查核实被羁押者的身体状况等。后者是指根据被羁押者涉嫌犯罪事实、主观恶性、悔罪表现、身体状况、案件进展情况、可能判处的刑罚和有无再危害社会的危险等因素,综合评估有无必要继续羁押。

经过审查后,存在三种结果,一是,应当向办案机关提出释放或者变更强制措施,例如,案件证据发生变化,被羁押者可能无罪或者免予刑事处罚,或者案件事实基本查清,证据已经收集固定,符合取保候审或者监视居住条件等。二是,可以向办案机关提出释放或者变更强制措施,主要是罪行不严重,主观恶性也不大,或者有年龄、身体方面的原因,处刑较轻,不予羁押不致发生社会危险性的,例如,预备犯、中止犯、过失犯;防卫过当或者避险过当;患有严重疾病、生活不能自理;可能被判处一年以下有期徒刑或者宣告缓刑的,等等。三是,无上述情形,经审查认为有继续羁押必要的,则通知办案机关继续羁押。

此次《规定》还细化了办案时间,刑事执行检察部门收到申请材料后,应当在三个工作日内提出是否立案审查意见。进入审查阶段后,应当在立案后十个工作日以内决定是否提出释放或者变更强制措施的建议,最多可以延长五个工作日。这就意味着被羁押者在申请后最长18天内应该得到明确答复。

最后,必须强调,细化羁押必要性审查措施,不是说就可以放松逮捕条件,相反,在保护被羁押者权益,严控羁押这个宗旨上,二者完全一致。切记,羁押必要性审查主要是应对"案情变化"而采取的保护手段,而不是为逮捕纠错的。

(载《澎湃社论》,2016年2月20日,金泽刚专栏)

"天价鱼"事件不能让消费者"假赢"

据媒体报道,哈尔滨"天价鱼"事件又有最新进展,事件专项调查组已完成对相关问题的调查,认定这是一起严重侵害消费者权益的恶劣事件,做出吊销涉事饭店营业执照、对店主罚款50万元等处罚决定,同时启动对相关部门负责人及工作人员的问责程序。

从哈尔滨官方前期调查认为,涉事饭店实行了"明码标价",不存在违规,且警方执法没问题等,到受害人出现后事件迅速反转,诸如"天价鱼"食材和斤两为假,消费者被打,营业证件过期,旅行社导游拿回扣,饭店设施不合格,所用发票造假涉嫌偷税漏税等问题,这些足以说明,这个是非之地不仅是个"天价"鱼庄,还是一个"五毒俱全"的鱼庄。可谓鱼非野生,做法却十分野蛮。

应该说,经过上述处理后,哈尔滨"天价鱼"事件似乎迎来了"迟到的正义"。然而,无论是调查组亲赴江苏上门道歉也好,还是处罚饭店,启动问责程序也罢,事件的重心该在哪儿必须搞搞清楚。

一直以来,每每"天价"事件爆出,当地官方最担心的城市形象受损,旅游秩序被破坏等"大帽子"后果。其实,城市形象绝不是一个宰客的鱼庄就能够给损了的,处理这类恶劣事件,归根到底还是要落实到当事者身上来,有道是"解铃还需系铃人"。只有把贪得无厌的不良商家处罚得不敢再犯,才能培育起良好的旅游市场秩序；只要把受伤的消费者安抚得心平气和，广大消费者还是会认可这座城市的。

事实证明，在遇到这类丑事时，当地官方若遮遮掩掩，听信一面之词，其结果往往是招致反转和打脸。处理这类事件不妨少说一些"从严问责"，"绝不护短"，"欢迎监督"之类的套话，而是从最基本的方面做起，即采取有效措施依法治疗昧心店主的贪心病，以及安抚好消费者受伤的心。当然，这二者之间是密切联系的。

具体说来，为防治"天价"事件，至少有必要做好以下两方面的基础工作。

首先，治病必须对症下药。英国工会活动家、政论家托马斯·约瑟夫·登宁在评论《资本论》时说过，"一旦有适当的利润，资本就胆大起来。如果有10%的利润，它就保证到处被使用；有20%的利润，它就活跃起来；有50%的利润，它就铤而走险；为了100%的利润，它就敢践踏一切人间法律；有300%的利润，它就敢犯任何罪行，甚至冒绞首的危险。"（托·约·登宁：《工联和罢工》，1860年伦敦版第35、36页）毫无疑问，"天价"事件都是为了追求利益最大化，既然他要逐利，那就罚得他痛苦不堪，让他一辈子记忆犹新。而且，唯有重罚才能达到"杀鸡给猴看"的效果。

罚款应该与营业状况和违法程度有关。而此次哈尔滨"天价鱼"事件，对涉事饭店开出50万元的罚单，外界只知道是"依照相关法律法规"而来，却不清楚具体的、明确的依据和理由，这样的处理难免有"平一时民愤"之嫌。按网民计算，该饭店收入每年是在亿元以上，就当是数千万的营业额，罚款50万一点也不多，何况还有诸多欺诈情节。不疼不痒的罚款，只会远离处罚的目的。其结果很可能是，在风头过后，当事店主换个地方和名称再开一家野生鱼庄。

其次，要让消费者成为真正的赢家，而不是舆论中的"假赢"。在"天价"事件中，消费者也是真正的受害人。无论是基于民事基本法的规定，还是根据消费者权益保护法，消费者受害后都有权获得赔偿。而在此次事件的争论中，丝毫未见有这方面的信息，似乎骗了白骗。这是需要纠偏的。

我国《民法通则》明确规定，由于过错侵害国家的、集体的财产，侵害他人财产、人身的应当承担民事责任。《消费者权益保护法》也规定，经营者提供商品或者服务有欺诈行为的，应当按照消费者的要求增加赔偿其受到的损失，增加赔偿的金额为消费者购买商品的价款或者接受服务的费用的三倍。据此，在此鱼庄高价消费所谓"野生鳇鱼"者，只要有证据证明的（媒体报道不止陈先生一人），该鱼庄都应该承担赔偿责任，赔偿金额为消费者接受服务费用的三倍。值得说明的是，就陈先生的消费问题，由于公安人员当初调解时不明饭店欺诈真相，故其消费打七折的调解结果无效，但消费者可参照该实际付款数额，要求鱼庄给付此数额三倍的赔偿。

当然，对追求"天价"的逐利者给与的经济处罚以及其应当给付的民事赔偿，绝不能是停留在舆论宣传中的空头支票。数额究竟是多少必须让消费者实实在在地看得见。譬如，有关部门要是把收到 50 万罚款的票据，以及给消费者的赔偿证明公之于众，那一定比说多少大话都更为实惠，更加令人信服。

（载《南方都市报》，2016 年 2 月 23 日，金泽刚专栏）

美华裔警察"误杀"黑人案会不会误判

据媒体报道,对于美国华裔警员梁彼得(Peter Liang)误杀非裔青年一案,陪审团经过商议后,认定梁彼得过失杀人罪(Manslaughter)、渎职罪(Official Misconduct)、刑事疏忽谋杀罪(Criminally Negligent Homicide)等五项罪名全部成立,量刑可能达到八—十五年。

近年来,美国警察射杀黑人案频发,但几乎很少有警察遭到重罪指控,在此背景下,此次陪审团接受检方指控,对梁彼得定罪的依据究竟是什么?

梁彼得案的案情并不复杂。2014年11月20日晚上11时许,从警18个月的华裔警员梁彼得与搭档在位于Brooklyn区里巡检一政府楼,在进入八楼一片漆黑的楼梯井时,因听到异常响动而开枪,子弹打在墙壁上反弹,意外击中了刚好从下一层楼梯口经过的非洲裔青年格利(Akai Gurley),并致其死亡。对此,检方认为,梁彼得向发出异常声响的方向开枪,没有考虑可能造成的死伤后果。而梁彼得表示自己当时惊慌失措,下意识地触动了扳机,并不是有意开枪。

陪审团认定有罪,可能主要是考虑到:一方面,受害者黑人Gurley本无罪,且在被枪击前没有做出危险性举动。与之前发生的数次白人警官误杀黑人案相比,之前被杀的黑人都出现无视警察命令、在警察面前做出危险动作、拒绝接受调查等抗法行为，故而使肇事白人警官获得了脱罪可能。但在梁彼得一案中，受害青年没有任何抗法行为，只是被梁的手枪走火击中。另一方面，梁彼得执勤时手指放在扳机上违反了警方规定，当时的具体环境条件成为定罪的关注点。陪审团成员正是认为这是导致格利死亡的关键原因。另外，子弹击中死者后，梁彼得未当即急救或呼叫声援，而是事隔四分钟才向总部报告，寻求协助。

诚然，无论是在什么法域的国家，即使是意外致死无辜者，都该承担法律责任，但是否承担十五年的自由刑则应该有充足的法律依据。在定罪方面，美国的陪审团制度有相当自由的空间，且陪审团成员组成复杂，他们的考虑不可能仅仅依据法律。就梁彼得案而言，陪审团的结论似乎是说，只要你的枪导致了无辜者死亡，你就得承担杀人（包括过失杀人）的罪责。而这样的认识显然还不够"专业"。不可否认，"漆黑的楼梯间"既是检方指控有罪的环境条件，也是实习警员慌张走火的原因，子弹反弹意外致死楼下被害人的几率有多大，这同样应该是定罪需要考虑的因素。

当然，基于美国的法律制度，陪审团裁决的合法性毋容置疑，也不易改变。不过，尽管陪审团已经做出了过失杀人罪名成立的裁决，但是梁彼得也不是一点机会都没有。很可能法官在最后的判决中会重视一些"例外"情节，对梁彼得做出从轻处罚。而这种"例外"首先就是不能不考虑美国警察的执法现状。

事实证明，在私人可持枪的美国，警察执法的防卫权扩大也是导致警察开枪致死无辜案件多的重要原因。如今，白人警察与被击毙的黑人，已然成为了美国社会的一根"敏感神经"。美国总统奥巴马曾发表过电视讲话，指出"白人警察杀黑人不犯法"是一个伪命题，无论开枪者属于什么种族，他都应该为无辜黑人的死亡承担责任。但事实上，在此前白人警察枪杀黑人的案件中，白人警察却极少被刑事起诉。近日纽约华人发动的"挺梁"游行亦直指美国政客们在有意利用梁彼得案来平息全国的反警怒火，缓解美国警民的紧张关系。对此,保持中立的法官应该是有认识的。在美国这个宣称"法治"与"平等"的社会,警员梁彼得案最终如何判决,让我们拭目以待。

(载《南方都市报》,2016年2月27日,金泽刚专栏)

受损车辆入市的责任与风险谁担？

近日,关于"某地爆炸事故受损车辆"被拍卖流入市场的信息不胫而走。如在 1 月 19 日,约 150 辆受损车在青岛一场拍卖会上,以低于市价数十万元的价格全被拍走。不出意外,有关车辆将在市场中悄然露面。有经销商就在二手车网上公开广告,明确卖的就是受损车,并承诺可以拿到齐全手续上牌。明明是在爆炸事故中毁弃的汽车,却经过保险公司的处置、拍卖机构的拍卖、汽车公司的竞买和维修,甚至管理部门上牌等程序得以流向市场,重新上路。

保险公司说公开拍卖不违法。也就是说,其代行了汽车厂商的职责,但在其自身无法提供售后服务的前提下,只是通过缺陷声明让买方明知而购买,这未必可作为免责的理由。

《保险法》规定,"保险事故发生后,保险人已支付了全部保险金额,并且保险金额等于保险价值的,受损保险标的的全部权利归于保险人"。拥有"受损保险标的的全部权利"似乎说明,在理赔后,保险公司有权随意处置受损标的物。但是,汽车销售存在严格的行政准入门槛,《汽车品牌销售管理实施办法》规定:汽车供应商不得供应和销售不符合机动车国家安全技术标准、未列入《道路机动车辆生产企业及产品公告》的汽车。

作为出险受损车,若只是轻微的外观破损,经过合法程序或许能够入市。可有些分明已面目全非,里里外外严重受损,仍作为新车、二手车上牌、上路,那和"非法拼装车"就没有了区别,其结果势必带来道路安全、管理等多方面隐患。这就要求保险公司针对受损车辆的不同情况进行权威论证,考虑到车辆的实际价值,对出售的说明能够出售的理由,对不能出售的一律按照报废车程序处理。有关处置情况,均严格进行登记备案,并将资料转交管理部门,以便监管之需。

不过,对照目前的制度,即使严重受损的车辆未必属于强制报废的范畴,经过修复后也并不难以通过车管所的检验。这样,原汽车厂商所说的这些豪车只是需要销毁的废金属之言,则只停留于建议而已。于是,保险公司出手卖车遂成事实。但如果保险公司把这些受损车卖掉还会涉及下游的拍卖机构和消费者方面的问题。

就拍卖而言,因《拍卖法》规定,"拍卖标的应当是委托人所有或者依法可以处分的物品或者财产权利。"这一点没有问题。《拍卖法》还规定,"法律、行政法规禁止买卖的物品或者财产权利,不得作为拍卖标的。""依照法律或者按照国务院规定需经审批才能转让的物品或者财产权利,在拍卖前,应当依法办理审批手续。"这就有争议了,因为受损车如何接受受损程度的鉴定,它们是不是法律"禁止买卖的物品",或者"需经审批才能转让的物品",这些对受损车似乎并无明确指向。拍卖者正是占了这个空子。且有卖就不愁买,竞拍的汽车销售公司正是抱着你能卖我就可买的心理,将受损车买来再图卖出盈利。

而作为竞买方,汽车销售公司将受损车买来后卖给消费者,直接接受《产品质量法》的约束。《产品质量法》规定,"销售者应当采取措施,保持销售产品的质量。""销售者不得销售国家明令淘汰并停止销售的产品和失效、变质的产品。"该法对"产品存在缺陷"造成损害的,规定了详细的损害赔偿责任。且因产品存在缺陷造成损害的,"受害人可以向产品的生产者要求赔偿,也可以向产品的销售者要求赔偿。"由于车辆保险关系导致汽车原生产厂商不再担责,所以,这时保险公司和拍卖机构以及竞买方都成了"产品销售者",一旦车辆因为受损缺陷造成消费者损害的,消费者都有权向上述任何一方要求赔偿。

不过,由于购车的消费者属于"知损买损",这是否可以免除销售者的责任呢?根据民法原理,在各方都明知缺陷的情况下,因产品缺陷而造成损害的,各方都有过错,都不得免责。当然,如果驾车者肇事构成犯罪的,只能由驾车者本人承担刑事责任。同样地,购买受损车辆的消费者由于无法享受到厂商"三包"等质保服务,一旦出现产品质量纠纷,消费者该如何向上述各卖方追责,也将成为难题。另外,购车后还涉及上牌、保险等环节,按照正常途径亦难于解决。

诚然,爆炸受损车辆不一定每辆车都会出事,但在未经过严格技术检测证明的情况下,哪一辆受损车都有出事的可能性。受损车的安全隐患就是法治社会的公共安全风险,这也是我们必须忧虑的。任何法律条文都不可能百无一漏,关键是执行者是不是有一颗公心。而这颗公心,关键就是公共利益大于一己私利,守护公共安全不能总是亡羊补牢。

(载《南方都市报》,2016年3月2日,金泽刚专栏)

防控公共安全风险须社会多方参与

据报道,2015年,我国安全生产事故总量保持了下降的态势。尽管如此,2015年重特大事故仍然有37起之多,平均每十天就发生一起。与此同时,一些严重危害公共安全的恶性案件还时有发生,它们共同构成了当今社会的主要公共安全风险。

诚然,公共安全接近于经济学意义上的"公共产品",政府是保证公共安全的核心主体,在公共安全的保障和维护中起主导作用。然而,在现有的社会结构形态下,我国公共安全风险防范工作明显存在着"过度依赖政府、社会力量闲置"这个突出问题。

党的十八大提出:"加快形成政社分开、权责明确、依法自治的现代社会组织体制"。在公共安全治理这个问题上,也要认识到社会有自己的运行规律,具有自我管理、自我服务、自我发展、自我完善的功能。长期以来由政府"一手包办",社会参与机制薄弱的局面必须得到改变。说得形象一点,就是要充分发挥社会的"自我代谢"功能。

《国家新型城镇化规划(2014—2020年)》亦提出,要"树立以人为本、服务为先理念,完善城市治理结构,创新城市治理方式,提升城市社会治理水平"。对于公共安全风险防控来说,就是要改革传统社会治安综合治理模式,加强政府主导下社会与民众的参与融合,从风险共担向风险共治转变。

引导普通公民参与公共安全风险预防,就是要发挥一般个人在安全风险防范中的独立价值。比如,在立体化社会治安防控体系中,建立公民—社区—警察紧密联结的常态化预防体系。上世纪 80 年代,美国纽约这个"大苹果"被新闻媒体戏称为"烂苹果"。特别是纽约的公园曾是犯罪的高发区,纽约市警察局通过组织志愿者参与"公园反犯罪计划"成功改善了治安,大大降低了犯罪率。志愿者由公园附近居民组成,他们的隐形存在,给犯罪分子巨大威慑。2013 年年末,新当选的纽约市长宣布威廉·布拉顿(William Bratton)重返纽约市警察局局长一职。这是布拉顿自 1996 年去职近二十年后的再次当选。作为曾经扭转纽约城市治安乾坤的功勋人物,布拉顿成为当下纽约城市管理不可多得的能臣。在日本,东京的社会治理形成了以居民为主角,地方自治体、非营利组织、志愿者团体与企业等积极参与的主体多元化态势。社会治理主体多元化已成为东京社会治理的重要特征。

在我国,多元化的社会治理实践也已受到重视,但尚未明显表现于公共安全风险防控领域。不过,近年来,群众的自治实践也有个例,如北京"朝阳群众"也成为打击违法犯罪的有力武器,引发比较积极的连锁效应。根据犯罪学中的破窗理论,糟糕的社区环境会为威胁公共安全的行为提供不良的示范效应,因此,动员居民参与社区的建设与维护,改造社区的不良环境,也有利于防治公共安全隐患。此外,还要发挥社会组织的作用。支持社团、NGO 等社会组织的健康发展,充分发挥其维护社会秩序、社会管理创新的作用,降低公共安全风险。积极培育第三方服务,发挥商业保险作为社会管理的重要辅助力量,强化保险机构监管,降低生产的公共安全风险。

当然,新形势下防范公共安全风险,发挥社会与民众参与的力量,离不开法治的引领与规范。在社会公共安全领域,我国仍然没有建立起体系化的公共安全法律法规体系,在这个问题上,比较典型的问题是,政府多头管理,职责不明晰,社会和民众参与也缺乏相应的法律保障,比如,除了见义勇为有地方性法规规定外,对在其他公共安全事件中发挥防控作用的个人或者组织,如何奖励尚无法可依。实现公共安全风险防控法治化,应当对公共安全相关法律法规进行体系化建设,从事故源头的预防,到公共安全灾害的预警和应急反应,再到安全事件发生后的处置,其中的每一个环节立法都不可忽视个人或社会组织的参与作用。

此外,实现公共安全风险防控法治化,还应当创新安全监管方式,结合网格式社会治理模式,规范乡镇、街道、社区等最基层安全监管执法工作,并实行安全管理信息公开制度,以便于公民个人监督和参与。同时,加强社会动员体系的制度建设,用法律规范动员的对象、范畴、方法等,明确非政府组织的参与制度,理顺社会动员的各类关系,为应对公共安全风险做准备。

(载《南方都市报》,2016年3月7日,金泽刚专栏)

比亚迪撞大众，真的不犯法么？

近来，关于比亚迪该不该撞大众的话题引爆网络。事件发生在今年3月5日，一辆大众轿车强制变道，被紧随其后的一辆比亚迪车撞翻。从视频上看，比亚迪似乎是故意撞翻大众的，网友们对于比亚迪该不该撞大众出现了明显分歧。

支持比亚迪撞大众的网友认为，比亚迪车主不怕耽误自己时间，不怕给自己带来危险，专门教训违规车主，可算是义举；而反对者则站在道德制高点上，认为虽然大众车主有错，但是比亚迪也不宜以暴制暴，毕竟这一行为本身十分危险，甚至可能造成难以控制的损害。对于交通违法行为到底是应该忍让，还是"以暴制暴"？其中的法律问题确实值得探讨。

根据交通法律，此次大众车变道时处于禁止标线，一般说来，违反禁止标线强行并线的，应承担事故的全部责任，其后交警的事故认定书也证明了这一点。但是，当违章行为发生在先时，如何加以制止未必只有一个答案，直接冲撞违章者更未必是正确答案。

从法律上讲，比亚迪车主的行为算什么性质首先就有争议。

就法理而言，造成他人损害，只有属于正当防卫、紧急避险或者意外事件，才不承担法律责任。理论上还有"自救""受害人承诺"的损害也可能不用担责。比照下来，类似这种故意损害一方利益的行为，要合法的话，只有符合紧急避险的条件才行。即故意撞车者损害了被撞人的利益,却因此避免自己或者道路上的其他人遭受更严重的损害。比亚迪车主的行为是否如此呢？如果自己完全可以停车(或刹车)避免撞击对方,也对周边安全毫无影响,在这种情况下,再去冲撞违章者实际上也是对他人的一种侵害。若果真如此,即使交警判定违章者负全责,违章者亦有理由控告恶意撞击者承担民事侵权责任。

而且,从网上公布的视频可以看到比亚迪车主两次加速阻止大众并线,可以推断出,在大众强行并线之前两车就可能已存在"斗气"行为。而根据《刑法》第一百三十三条之一:"在道路上驾驶机动车,有下列情形之一的,处拘役,并处罚金：(一)追逐竞驶,情节恶劣的"。刑法规定的"追逐竞驶"就是指行为人出于竞技、追求刺激、斗气或者其他动机,二人或二人以上分别驾驶机动车,违反道路交通安全规定,在道路上快速追赶行驶的行为。虽然在交警划分的事故责任中比亚迪无须负责,但是如果在撞翻车之前两车确实存在追逐竞驶的行为,则责任的划分就可能出现反转,甚至两车主有可能涉嫌危险驾驶罪。当然,构成这个罪还要考虑双方追逐竞驶的时间长短、速度大小等情节因素。可见,被撞大众负全责只是仅以结果论责,如果拿全过程来看,说不定比亚迪也有违规,甚至也要承受违反交通安全法的处罚。

不仅如此,比亚迪车主还自称撞翻过7辆车,每次都是对方负全责,其声称一般都是别人全责他才会撞上去,否则不会撞别人。这么看来,比亚迪车主似乎是专业的"制裁者",有点儿"碰瓷"的味道。但是在其"碰瓷"解气的同时,法律最应该评判的却是整个道路的交通秩序和交通安全,包括其他第三人的生命财产安全。被撞车辆是否违规,以及应受到何种处罚,应该由相关执法部门处理。作为个人的比亚迪车主显然没有"惩罚"违规车主的权限。更何况,撞车者需要先行判断"对方全责",万一判断失误呢？那时后悔可就来不及了。

事情还可作进一步设想,撞翻过7辆车的比亚迪车主显然是"故意撞车",由于运行中的汽车具有高度危险性,比亚迪车主实施直接撞击的行为,很有可能会导致被撞车车毁人亡,或者导致其他人员的伤亡,这就涉及危害公共安全了。实际上,看到别人违章而加速冲撞上去,造成他人人身伤害的,就可能涉嫌故意伤害甚至故意杀人罪。如果给旁边不特定对象造成危险,还可能构成以危险方法危害公共安全的犯罪。

可见,驾车撞击违章者的行为不是法律零风险,需要三思而行。而且,借此事件,交通执法的法治理念值得反思,被撞者的法律意识亦有待提高。

(载《南方都市报》,2016年3月17日,金泽刚专栏)

敲诈勒索不该是口袋罪,啥都往里装

今年年初,清华发布了"2015年度十大无罪辩护经典案例",河北遵化教师陈文艳敲诈勒索案名列其中。这起案件的核心问题是,陈多次进京反映学校职称评定、优秀教师评选等方面的问题,最后接受了有关人员给付的钱款16900元。后公安机关对其以涉嫌敲诈勒索罪采取强制措施。到了法院,一审判决认定罪名成立。陈文艳上诉后,经过重审,法院认定学校给陈文艳的费用系路费和吃住的开销,这些钱经过校领导批准,不能认定陈文艳是采取威胁或要挟的方法强行索要财物,故改判陈文艳无罪。

回想前些年,类似陈文艳这样,因"过度"维权,一旦得到了经济补偿,就很可能被以犯敲诈勒索罪追究刑事责任。只是到了近年来,随着国家法治的进步,才出现了类似有罪改无罪的情况。事实上,将抓人作为治理社会问题的手段,势必导致定罪的门槛降低,入罪的随意性增大,这是明显背离现代法治精神的。

我国刑法规定,社会危害性是犯罪的本质特征,是罪刑法定的实质要求。而在一些维权有过激行为,又得到了一定经济补偿,就被判敲诈勒索罪的案例中,其维权毕竟带有行使权利的属性,即使有些偏激,对其定罪也必须符合敲诈勒索的要求,即对被害人或者其亲属的生命、身体自由、名誉等实施威胁或者要挟。否则,就不能成立敲诈勒索罪。

在司法实践中，还有一些消费者维护消费权益的案件也存在这个问题。据不完全统计，自1994年《消费者权益保护法》实施以来，因购假索赔被拘捕、刑拘的案件有16起之多。在这16起案件中，后被判定为错案、当事人无罪释放的就有10起，被确定有罪判刑的有2起，尚未处理完毕的有1起。可见，围绕消费权益的保护问题，一些执法人员也分不清索赔维权和敲诈勒索的界线。特别是，有的时候仅仅以索赔数额划分罪与非罪，将天价索赔"想象"成敲诈勒索罪处理，这完全是"一厢情愿"的执法。

必须明白，刑法是公民行为的最后底线，也是社会治理的底限。所以，动用刑罚制裁必须万不得已。根据刑法规定，判断是否属于敲诈勒索罪最主要的是从行为的主客观方面要件出发。在这些"事出有因"的案件中，消费者提出的基本诉求并不违法，只不过是求偿的金额过大而已。事实上，遇到"狮子大开口"的索赔案，商家大不了可以不赔，这种赔多赔少的问题完全属于民事赔偿的性质，数额之争可以通过民事诉讼来解决。此时，除非消费者对商家采取人身威胁、强迫的行为，才可能涉嫌敲诈勒索犯罪。即使此时消费者向媒体或者在网络上投诉商家，商家认为损害自己名誉的，那也不是敲诈勒索，商家完全可以依据法律，起诉消费者损害自己的商业信誉，但这是另一个法律关系，如果构成犯罪，那也不是敲诈勒索罪。

归根到底，将维护权利过程中过度、过激的行为当成敲诈勒索等犯罪处理，已经成为一些地方社会治理的弊端。现代国家治理不能再坚持刑罚工具论。基于一定理由，即使是"瞎要钱""乱要钱"，也不等于是触犯敲诈勒索罪。当公民行使权利、要求赔偿、补偿的行为出现偏差、偏激时，相关部门更应该做的是，合理引导他们正当地行使权利，而非在刑罚上动歪脑筋。

（载《新京报》，2016年3月25日，金泽刚专栏）

撤销博士点也要讲法治

25日,教育部网站公开发布《国务院学位委员会关于下达2014年学位授权点专项评估结果及处理意见的通知》,根据该通知,共有42所高校的50个博士、硕士和专业学位授权点被评估为"不合格"。"不合格"的学位授权点,自发文之日起撤销学位授权。其中,撤销博士学位授权涉及东北大学、同济大学、中国科技大和华南理工四所高校,无疑最引人注目。

几天来,博士点被撤成为学术圈内最热的"娱乐"新闻。身为当事单位成员之一的我,时刻都要准备接受学界朋友的"关心"与"问候"。思来想去,我还是决定说点什么。首先得说说教育部撤销博士点的"主流"标准问题。

以我熟悉的同济大学法学院为例,近年来,该院教授并非能上博导,博导并非就能带博士生,论文、项目等各项考核条件愈来愈严。其中,重点发展知识产权与法学相结合的学术与育人思路,逐步得到学界的认可。同时,依托同济与德国的历史渊源,法学院教师德国背景浓厚,在中德、中欧合作方面取得显著成绩。在两次中欧创新合作对话中,同济法学院教授都受邀参加,他们的所作所为得到科技部、国务院有关部门的高度认可。多年来,同济大学与国家知识产权局的课题合作更是红红火火,硕果累累。

然而,若要以教育部颁布的法学一级学科下所有的十个二级学科的标准来衡量,同济法学院现有的规模以及办学特色无疑先天不足,后天也难以弥补。如果以所谓权威期刊法学论文、传统奖项等为主要评价指标,致力于建设以知识产权为主要特色的法学博士学位授权点被法学学科评议组评为不合格亦不足为奇。因为上述特色在现有的评估表格中恐怕连最末的位置都没有。再说,高校以教书育人为己任,培养博士研究生决非一时之功。2012年开始招生,2014年就被评估,两年时间,博士生还没有毕业呢,怎么评价教书育人这一重要环节呢?

如果说撤销博士点的评估标准属于实质公正的话,那么,撤销结果产生的一系列过程就属于程序公正的范畴,同样不容小觑。

在法律上,教育部撤销高校博士学位授予权乃剥夺当事单位重要权能的性质,属于行政法上一项重要的具体行政行为。在法理上,越是重要的行政行为,无疑越应当受到严格的程序约束。为此,无论是评估主体的产生与分配,合格与不合格的具体条件公开,需不需要听取当事人的辩解,这些方面都应该严谨待之。比如,如果多数投票者对被评估单位缺乏足够的了解,仅仅凭个人印象(或好恶)及表格上的数字行事,其评估结果就会受到质疑。其次,涉及剥夺重要的学位授权,博士点评估应该事前公开一个合格与否的具体标准,如果根本就不存在这样一个标准,显然难以摆脱评估的随意性和不平等性。此外,在有重大争议的情况下,要不要走实地考察程序,听一听被评估单位的辩解说明,同样值得考虑。实际上,按照国务院学位委员会、教育部"学位[2014]17号"文件的规定,在评估专家有不同意见或被评估单位提出强烈异议等有争议的情况下,学科评议组应组织专家实地考察。而且,参照行政法上听证的原理,剥夺博士学位授予权要是也能走走这样的公开听证程序,其说服力一定会大大增强。

近年来,高校改革之声如潮水般涨涨落落,高校去行政化呼声尤甚。博士点的设立与撤销从一个侧面反映出计划经济时代的管理逻辑。当今社会,教育改革本身蕴涵着支持教学领域的改革创新,亦不可遗忘法治的精神。此时,不妨想像一下,若是几个被撤销博士学位授权的单位联合提起一场诉讼,这场诉讼对于健全完善我国的教育评估制度,乃至推动整个高校教育走法治化之路,应该有益无害。

(载《新京报》,2016年3月29日,金泽刚专栏)

女子宾馆遇袭，人人都不该旁观

4月5日凌晨，一名微博ID为"弯弯2016"的网友爆料，称自己4月3日晚在如家旗下的北京望京和颐酒店入住时，在走廊遭遇陌生男子尾随、恐吓、暴力拖拽长达数分钟，其间酒店人员与多名路人经过均未制止，幸得某女性房客施以援手才得以虎口脱险。此事件经由网络舆情发酵，迅速演变为一桩公共事件，刷屏社交媒体。

本来，出门在外，旅店如家。宾至如归，安全是第一位的。我国《消费者保护法》明确规定，宾馆、商场、餐馆等经营场所的经营者，应当对消费者尽到安全保障义务。此次事件发生在酒店第四层的电梯口，从监控视频可以清晰的看到整个暴力拖拽的过程，侵害时间长达数分钟。路过的酒店工作人员不予过问，酒店安保系统未有任何应对，前台在接到住客反馈后亦未采取应对措施。消费者住店的安全保障权利无疑收到了侵害。

然而，事件曝光后，酒店官方的声明一股程式化味道，关注点集中于如何使女孩删微博，并试图将舆论引向对手抹黑等阴谋论，而始终没有重视受害者的人身安全问题。我们不能不问，酒店的保安是不是成了摆设。从有效犯罪预防的角度而言，酒店保安就应该时时刻刻绷紧每一根神经，就当是即将要发生大事了一样。只有如此，酒店才能够对突然事件及时作出反应，从而保护住客的人身安全。

在事件发生后,有一种传言说,被害人受侵害可能与酒店内有色情交易有关。的确,据以往经验,不少连锁酒店的房间常被塞入色情小卡片,此次事发酒店据说也未能幸免。如此事实酒店不可能不知情。区域内的派出所也不应该没有察觉。试想想,如果女孩"弯弯"真的被该男子拖走(如拖进某个房间内),等待她的会不会是猥亵、强奸、甚至伤害、死亡?女性住客在公共场所遭遇如此险境,酒店方面表现消极,警方拖延搪塞,难道果真是参杂了人们对事件性质的普遍误解?而这一误解的背后竟然是对卖淫嫖娼行为的默认?就当真是遇到了失足妇女遭受侵犯,难道她们的人身权益就不值得法律的保护?答案不言而喻。

还有一种常见的"猜测",或者叫做"下台阶"的说法,那就是店员与部分遇到的住客认为这是"情侣"纠纷,不便干涉,故而冷漠旁观,或视而不见。于是,为了安全,女性似乎又被赋予了紧急自证的义务——自证与侵害者无关,以获得被救助的可能。但问题是,在情侣或家庭纠纷中对女性诉诸暴力,早就不正当了,我国《反家庭暴力法》已于今年3月1日起开始实施,该法明确规定家庭关系中当事人的人身安全也应得到法律保障。所以,遇到这类事件,谁都不该拿什么"情侣关系"来作为心理慰藉。

近年来,许多突发事件表明,"女性夜跑、独立旅行、衣着性感……"等,都面临人身安全风险,女性似乎被赋予了更多的自我保护义务。每当这类事件发生时,女子防身术、女性防身策略等就成为一时热点。这些安全技巧固然很重要,但更重要的却是一个安全有序的法治环境。曾任美国首席大法官的威·厄尔说过一句名言,"弱者比强者更能得到法律的保护",由于性别差异,女性的人身安全天然处于劣势,她们更应当得到特别的保护。如果法律没有使恶者得到威慑,也没有使弱者得到保护,法治的信仰终将难以树立起来。

在此次事件中,酒店(包括其员工)应该成为第一责任人,其他遇见此事的旅客至少可积极报警,在适当条件下甚至出手相助。前者,是法律设定的义务,违反者必须受到处罚;后者则是需要法律明确加以鼓励的行为。

所以,在一个"法律的力量应当跟随着公民,就像影子跟随着身体"(贝卡利亚语)一样的社会,也只有在这样的社会,我们的单身女性才能够自由安全地在月光下奔跑。

(载《南方都市报》,2016年4月8日,金泽刚专栏)

让最严的交通整治彰显法治的光辉

据报道,连日来,上海以超常规的力度在全市开展交通违法行为大整治行动。尤其是严管重罚机动车乱停车、乱占道、乱鸣号、非机动车乱骑行、行人乱穿马路等10类突出违法问题。有数据显示,3月10日以来,已有325人因交通违法行为被处行政拘留,197人因涉嫌犯罪被刑事拘留,查获十类突出违法行为64万余起。此次交通整治行动还推出不少创新举措,包括增设高清电子警察等证据搜集渠道;发放居民告知书,开展遵守交通法规教育;打破警种限制,开放执法权限;公开通报违法案例,发布禁驾名单;与快递企业签订交通安全自律公约书;甚至将交通违法与个人诚信挂钩,将相关处罚信息纳入个人征信系统,等等。

就在上海交通整治行动如火如荼之际,似乎天不遂人意,仅赶在清明假期发生的重大交通事故就不少。如4月2日下午,沪蓉高速江苏常州段发生连环车祸,造成3死31伤及50多辆车受损。同日,广东二广高速上,一辆客车与货车相撞,致4人遇难、30名乘客受伤。4月3日,杭宁高速上,一辆载有37人的大客车侧翻,造成15人受伤,其中6人重伤。4月4日,浙江省杭州市萧山湖塘公墓,一辆失控的奔驰越野车冲向正在祭扫的人群,致使4人死亡、5人受伤。几天之后的4月9日凌晨,在沈海高速又发生一辆长途卧铺客车与两辆货车相撞的交通事故,造成8人死亡,17人受伤。

很显然,这些事故大都由人为的因素所造成,这也正说明了开展交通整治行动大有必要。

然而,以往的经验也说明,大规模集中人力物力的运动式执法虽然能够在短时间内产生一定效果,但未必能够治本,弄不好还可能引发新问题。特别是在这类整治行动中,由于是"全警动员、全员投入",是以"零容忍"的态度实施"严管重罚",这就必然带来查处面过大、执法主体不足,即使让不同警种加入到执法队伍中来,一时间也不容易达到熟悉业务、严格执法的要求。加上处罚对象过多过泛,整治行动主要又是以当场处罚为多,就会存在案多人少的矛盾,执法程序上也可能出现漏洞。还有,从处罚效果看,一律从重从严的处理,也给被处罚人一种是否公平的法律质疑,影响处罚功能的实现。在具体实践中,毕竟多数普通违章违法行为只需要及时的批评教育即可。对于需要予以罚款拘留的,如何统一个案的执法标准,坚持法律面前人人平等原则也是个问题。

再就此次交通整治的创新举措而言,同样不可忽视法律的公正价值。就拿公布终生禁驾名单来说,4月5日,上海警方首次公布了36名终生禁驾名单,包括公布当事人姓名、性别以及驾驶证档案编号。根据《道路交通安全法》规定,涉及"终生禁驾"的主要有两条:一是第九十一条规定:饮酒后或者醉酒驾驶机动车发生重大交通事故,终生不得重新取得机动车驾驶证。二是第一百零一条规定:违反道路交通安全法律、法规的规定,发生重大交通事故,构成犯罪的,依法追究刑事责任,并由公安机关交通管理部门吊销机动车驾驶证。造成交通事故后逃逸的,由公安机关交通管理部门吊销机动车驾驶证,且终生不得重新取得机动车驾驶证。这说明终生禁驾确有法律依据,但是否需要公布开来,让全社会知道呢?在交通法意义上,终生禁驾者只须不再驾驶汽车即可,无需其他人都知道。就公布名单有利于更好地监督被禁驾者,那这项制度就必须长久坚持下去,否则,对于被公布者就是不公平的。比较而言,这还涉及其他更严重的罪犯(如强奸犯)是否需要公布名单的问题。

再看将交通违法处罚信息纳入个人征信系统的做法。建立个人征信系统在我国还处于初步探索阶段,将哪些情形纳入个人征信系统仍然是一个值得研究的问题。比如,什么样的政府机构或者单位(如航空公司)能够把某类对象纳入到征信系统的所谓制裁之中,尚缺乏明确的法律规定。同样的,将何种交通违法违章处罚信息纳入个人征信系统法律依据何在,这是执法者不能不考虑的。

总之,交通安全事关每一个个体,是老百姓身边实实在在的安全问题。无数血的教训告诉我们,生命的规则不容违反。交通整治行动通过严格的执法管理,意图"立法律的规矩,正尊法的风气",实现"警不在现场,法自在人心"的社会效果,这无疑是十分正确的。只不过,在执法过程中,执法者始终要绷紧法治这根弦,果真如此,集中整治行动不仅不是一阵风,反而会成为法治建设的一道美丽的风景线。

(载《南方都市报》,2016年4月11日,金泽刚专栏)

防治电信诈骗更需扎紧自己的篱笆

近日,77名电信诈骗犯罪嫌疑人被肯尼亚遣返回中国大陆,其中大陆犯罪嫌疑人32名、台湾地区犯罪嫌疑人45名。这是我国首次从非洲大规模押回电信诈骗犯罪嫌疑人。其实,此类诈骗活动在我国猖獗已久,收到诈骗短信、接到诈骗电话早已不是什么新鲜事。根据中国公安部的统计,近十年来,中国电信诈骗案件每年以20%到30%的速度增长。2015年,电信诈骗发案59.9万起,造成经济损失222亿元,许多受害人的家庭因此遭受重大打击,给我国社会带来的不良影响更是难以评估。

电信诈骗肇始于台湾,2003年台湾严厉打击电信诈骗后,这类诈骗逐渐向我国渗透,并出乎意料地疯狂蔓延,为此,我国公安机关也始终保持了高压严打态势。如仅2014年,全国公安机关就破获电信诈骗案件6万余起,打掉团伙3100余个,抓获犯罪嫌疑人2万余名。但尽管如此,电信诈骗仍然像野草一样割了一茬又长一茬,甚至还有逐年递增之势。

实际上,电信诈骗疯狂的原因不难分析。一是犯罪分子精湛的骗术与普通民众的防骗水平不相称,群众防不胜防。电信诈骗团伙有严格的作案体系、多种多样的骗术设计,以及对被害人心理的精心研究。从最开始的"中奖"诈骗,到近年高发的"公检法机关调查"等诈骗,犯罪分子对犯罪的每个环节都有专门设计,并且分层次、分步骤的"一线、二线、三线"人员分工明确,环环相扣。加之使用任意改号的电信技术,使得诈骗极具迷惑性。二是电信诈骗属于"非接触式"犯罪,很难留下确凿的痕迹,多数诈骗还是利用网络,跨境实施,没有时空限制,因此,在发现、跟踪、抓捕方面,公安机关都面临种种障碍,破案成本极高。

还有,电信诈骗的重要"来源地"我国台湾地区对电信诈骗的惩治缺乏震慑力,间接影响到我国防治这类犯罪。由于台湾地区的法律对电信诈骗犯罪量刑较轻,诈骗犯只判1至2年的有期徒刑,共犯不过是六个月以下的有期徒刑,甚至可以缴纳罚金代替服刑。而且,证据的认定标准与大陆存在差异,导致很多犯罪嫌疑人或无法定罪,或重罪轻判,判处刑罚的不到10%。2013年8月,北京公安机关在柬埔寨抓获并移交给台湾地区警方处理的犯罪嫌疑人林明浩、梁家弼、吴汉杰等21名团伙头目,2015年又出现在印尼、柬埔寨、澳大利亚等国开设诈骗窝点,招兵买马、继续作案。过于宽容的司法客观上对台湾籍诈骗人员形成了某种意义的纵容。

针对上述原因,我们首先应当提高群众的防骗意识,力图做到"信息对称"。一方面,要加强防骗宣传的广度和深度,用鲜活的案例和事实提高民众对于电信诈骗的高度警觉和敏感性。要让防骗宣传通过社区、街道深入每家每户,甚至于防骗也应该成为基层政府的一种"政绩"。电信诈骗最终都需通过终端转账,所以如何加强终端的防骗警示,拉好最后一道"安全闸"也是亟待研究的课题。另一方面,要将"法治宣传"与"防骗宣传"相结合。短信诈骗案件证明,如今许多善良民众还是很容易被"公检法"吓唬住,因而公示、普及司法、行政程序,提高司法机关、行政执法部门的公信力,使群众了解办案(尤其是金融案件)的程序规范,认识司法与行政执法人员的职业特性,这样就会大大减少被骗的机会。

其次,近年来,受"重重轻轻"的刑罚观影响,"财产犯罪不必重罚"的社会观念流行,与此相适应,刑法规定的财产犯罪和经济犯罪的刑罚也在降低。如诈骗罪的法定刑最低为三年以下有期徒刑、拘役或者管制,最高为无期徒刑,幅度非常宽泛,司法实践中适用刑罚也呈现轻缓化趋势。相较于严打暴力、恐怖犯罪而言,对财产犯罪、经济犯罪的处罚力度越来越宽宥,这已不能够震慑猖獗的诈骗犯罪。因此,如今有必要对诈骗犯罪的刑事处罚观重新加以反思。

最后,就台湾地区打击诈骗犯罪的实践而言,若台湾地区能够积极配合,两岸形成双拳共同协力打击电信诈骗,这无疑是理想状态。但由于两地确实存在法律规制上的差异,我们可充分利用现有法律和技术,依照刑法规定的司法管辖原则,适用我国刑法打击此类犯罪。我国刑法明确规定,犯罪的行为或者结果有一项发生在我国领域内的,就认为是在我国领域内犯罪。外国人在我国领域外对我国国家或者公民犯较严重犯罪的,也可以适用我国法律。可见,即使这些电信诈骗窝点设在国外,人员不是中国公民,我们也完全可以依据我国法律对其进行严打重罚。一句话,唯有扎紧自己的"篱笆",广大公民的财产安全才能得到最有效的保护。

(载《南方都市报》,2016年4月18日,金泽刚专栏)

贪官落马，情妇得有个说法

4月9日，中央纪委网站宣布，四川省原副省长李成云涉嫌严重违纪，接受组织调查。早在2011年，他就因违纪被免去四川省副省长职务。一位德阳退休处级干部称，李当年在德阳除了有被媒体指为女"间谍"的情妇外还有多位情妇，这些情妇现在大都提拔外调。

显然，李成云只是又一位包养情妇的贪官中的一员。如今，因为见多了，人们对通报贪官有多少情妇之类的消息已经习以为常。无论是称"发生不正当两性关系"、"通奸"、"情妇"，乃至"玩弄女性"，其性质无疑大都牵涉权钱或者权色交易。不过，每当这类案件被公布时，总给人一个疑问，那就是对那些因色"获利"的情妇们是不是也该有个处理，并公之于众呢？

事实上，从众多报道来看，有关贪官情妇被处理的很少见。这就有必要分析一下约束党员干部的纪律规范。2016年1月1日起施行的《中国共产党纪律处分条例》（下称条例）规范的对象是党员干部本身，包括那些可能违纪的"潜在贪官"。此次，新条例涉及与他人发生不正当性关系的，包括对违反组织纪律行为的处分和对违反生活纪律行为的处分两种情形，前者规定，搞权色交易或者给予财物搞钱色交易的，给予警告或者严重警告处分；情节较重的，给予撤销党内职务或者留党察看处分；情节严重的，给予开除党籍处分。这一条属于党的廉洁纪律的范畴，针对的就是与腐败相关的婚外性关系。后者规定,与他人发生不正当性关系,造成不良影响的,给予警告或者严重警告处分;情节较重的,给予撤销党内职务或者留党察看处分;情节严重的,给予开除党籍处分。这一条属于党的生活纪律范畴,是针对与腐败无关的婚外性关系。

从条例的宗旨和性质来看,其规定当然没必要延伸到贪官的情妇,但当贪官的情妇也是党员干部的情况下,同样应该适用该条例的规定,对这样一种逻辑关系,则是不能模糊不清的。像李成云那样有多位情妇的贪官,如果其中因受其庇护得到提拔的,无论现在外调到哪儿,都应该挖出来,追究党纪政纪责任。因为她们是与贪官发生不正当性关系的一方当事人,也是搞权色交易或者钱色交易的当事者。只不过与贪官相比,她们可能是被动的一方,是贪腐联合体中次要的部分而已。

实际上,处分贪官情妇的先例也是有的。去年报道过的广州原副市长曹鉴燎腐败窝案,涉及曹曾收受一名行贿人一套900多平方米的别墅,作为与情人幽会的居所。这名情人系某区人事局的科级干部,后来由科级升任副厅级。因曹案案发,她从副厅级降职到科级。(见2015年6月10日《南方都市报》)只不过,与贪官案发受到党纪国法处理不同的是,贪官的情妇们的下场大多比贪官情夫要好很多,情妇与贪官一起坐牢的更是少见,即便受到党纪政纪处分的,大多也是从轻发落,保留党籍工作籍的就不少,甚至连姓名都不公布。

然而,大量曝光的贪官情妇事件证明,情妇与官员腐败经常是沆瀣一气。贪官之所以成为贪官,固然与他们自身的因素和制度有关,但一旦与情妇结盟,往往就会加快他们从小贪迈向大贪的进程。尽管对于贪官的情妇的追责也应该依法进行,如果她们没有参与到贪官的犯罪活动中,只是分享贪官的腐败成果,仅此还不能追究其刑事责任;仅仅因为与贪官发生不正当性关系而得到提拔的,也不能构成犯罪。但有一点是肯定的,情妇因贪官违法乱纪而获得的好处,应当"吐出来",这不该有任何疑问。

虽然反腐败斗争重点打击的是贪官,且贪官的情妇有可能成为查处贪官的"污点证人",对指证腐败"有功",即便如此,对贪官的情妇一味地从轻处置,也是对党纪国法的误解与背离,其结果很可能会挫伤民众反腐的积极性,成为反腐的一种负能量。

所以,对贪官的情妇,应当分别情况做出处理:一是情妇不是党员干部,且本人不涉及违法犯罪的,如果从贪官处获得较大财产性利益,则要一律予以追缴,致使其人财两空。二是情妇参与贪官的违法犯罪行为,与之形成利益共同体,触犯刑律的(如构成介绍贿赂罪,利用影响力受贿罪等),则要依据刑法追究刑事责任。若情妇本人是党员干部的,还要根据相关条例给与党纪政纪处分。三是情妇是党员干部身份,因做贪官的情人而得到提拔重用的,根据条例规定,不仅仅是降级降职处分,情节严重的,还应该撤销职务甚至开除党籍。在这里,绝不能存在给予"断崖式降级"或者"恢复原状"就足矣的老好人心理。

(载《南方都市报》,2016年4月25日,金泽刚专栏)

惩治贪官的司法解释有新意更是考验

4月18日最高人民法院、最高人民检察院联合发布《关于办理贪污贿赂刑事案件适用法律若干问题的解释》(下称《解释》),《解释》针对贪污贿赂案件的新特点、新问题,就贪污、受贿、行贿、挪用公款等罪名如何适用修正后的刑法做出了具体规定。事实上,各地法院早就在翘首以待这一司法解释的出台,如今《解释》终于一解燃眉之急。

首先,《解释》细化了贪污贿赂案件的定罪量刑标准,自然有利于统一适用刑法,但这对司法实际操作也提出了新的考验。

《解释》将贪污受贿两罪"数额较大"的一般标准由1997年刑法确定的五千元调整至三万元,"数额巨大"的一般标准定为二十万元以上不满三百万元,"数额特别巨大"的一般标准定为三百万元以上。由于根据《刑法修正案(九)》的规定,贪污贿赂犯罪不再将数额作为唯一的定罪要素,实行"数额与情节并重",也就是说,贪腐行为即使没有达到相应数额标准,但具备一定犯罪情节也要承担刑事责任。根据《解释》规定,这些情节包括贪腐特殊对象,因贪腐行为受过处分或者有过故意犯罪的,赃款赃物用于非法活动的,不配合追缴赃款赃物致使无法追缴,造成恶劣影响或者其他严重后果等。在受贿犯罪中,多次索贿,为他人谋取不正当利益,致使公共财产、国家和人民利益遭受损失,为他人谋取职务提拔、调整等,也都是应当评价的情节因素。如贪污、受贿数额满一万元、具有一定较重情节的,应当追究刑事责任。

因此,对贪污贿赂案件的犯罪事实要素的评价要求更细更高了,这既是对他们公正司法的一种约束,也考验司法官的能力和水平。当犯罪情节摆在那里时,谁也不敢放纵贪官。

其次,对贪腐犯罪成立的条件作出扩张性解释,强化了司法适用的实践性与针对性,也对司法官的理论水平提出了更高的要求。

如《解释》将贿赂犯罪的财物,由货币、物品扩大为以货币结算的财产性利益,十分细致具体,如房屋装修、债务免除、会员服务、旅游等。此次《解释》的"财产性利益"依然没有将争议较大的性贿赂包括在内,对于相关行为的惩罚,只能通过"特定关系人"的界定,依法纳入刑法的治理范围。

对刑法规定的"为他人谋取利益"也作了扩张性解释,"为他人谋取利益"包括:承诺为他人谋取利益,明知他人有具体请托事项,事后收受他人财物的等。"国家工作人员索取、收受具有上下级关系的下属或者具有行政管理关系的被管理人员的财物价值三万元以上,可能影响职权行使的,视为承诺为他人谋取利益。"《解释》还规定,国家工作人员将赃款赃物用于单位公务支出或者社会捐赠的,不影响贪污罪、受贿罪的认定。有关特定关系人(如情人)索取、收受他人财物,国家工作人员知道后未退还或者上交的,应当认定国家工作人员属故意受贿。这些推定性规范对于司法人员的理论研究水平将是严峻的考验。

再次,统筹解决罪与非罪、重罪与轻罪的处罚标准,确定不同类型职务犯罪的量刑规范,不过,如何落实贪官的自由刑与财产罚,显然给司法留下了能动的操作空间。

为了解决司法实践中贪腐案件存在刑罚失衡的问题,《解释》结合犯罪情节进一步拉开了不同量刑档次的数额级差,以此满足量刑需要,使重罪与轻罪都尽可能实现罪刑均衡。与此同时,还把这种区别延伸到非国家工作人员身份的"职务犯罪",为确保两类职务犯罪处罚上的平衡和协调,《解释》对非国家工作人员职务犯罪的定罪量刑标准一并作出了适当规定。同时，针对实践中"轻打击行贿"这一突出问题，明确细化了行贿罪从宽处罚的条件，以防止放纵行贿行为。

在死刑适用上，《解释》特别明确了终身监禁的适用对象，即那些判处死刑立即执行过重，判处一般死缓又偏轻的重大贪污受贿罪犯。同时，凡决定终身监禁的，在一、二审作出死缓裁判的同时应当一并作出终身监禁的决定。终身监禁一经作出应无条件执行，不得减刑、假释，不受执行期间服刑表现的影响。这就解决了长期以来一些死缓判决明显有轻纵贪官之嫌的疑问。

此外，《解释》加大了对贪腐犯罪的经济处罚力度，如采取绝对数和倍比数相结合的办法规定罚金刑的判罚标准，在兼顾被判刑人受罚能力的同时，确保判罚充分有效。并且强化了赃款赃物的追缴，对贪污贿赂犯罪违法所得的一切财物一追到底，不设时限。这对贪官来说无疑是一种"对症下药"的震慑措施。

不过，无论是轻处行贿犯，还是判处新的终身监禁，以及执行新的罚金制度，这对于我们的法治环境、执法理念和司法能力都会是一场大考。

（载《南方都市报》，2016年5月2日，金泽刚专栏）

抓嫖执法与程序正义

"人大硕士被抓嫖,突发死亡"的事件引发舆论鼎沸。10日,"平安昌平"就此事件特发公告。公告称,5月7日,昌平警方对昌平区霍营街道某小区一家足疗店卖淫嫖娼问题进行查处,抓获涉嫌卖淫嫖娼人员6名。嫖娼嫌疑人之一的雷某在抓捕过程中激烈反抗、逃跑,并将民警所持视频拍摄设备打落摔坏,后在带回审查过程中因身体不适,经抢救无效死亡。

就事论事,各方质疑无非聚焦于两个方面:

首先,民警发现雷某从足疗店离开,即跟进对其进行盘查抓捕。那么,"从足疗店离开"如何能证明雷某即是进行了嫖娼活动的"嫖客"?警方仅仅是出于怀疑(也许有线报),便对一名公民采取强制措施,如果是针对突发重大案件情有可原,现在只是嫖娼这种普通治安违法案件,则有小题大做之嫌。事实上,一些地方对抓嫖搞选择性执法,或者钓鱼执法,或者过于追求经济目的早就引人质疑。这或许是这次事件引发舆论高潮的背景因素。

其次,这是一起普通治安案件,雷某却在警方执法过程中突然死亡,人死了,谁来证明其清白或者不清白?显然只有执法的警方能够做到,也应该做到。此类事件的举证责任就在警方。警方应当依法对执法过程的记录资料等予以保存,适当时候全面公开,接受监督和调查。尤其是对于"视频拍摄设备被雷某打落摔坏"之说,根据网络上有关招标单位的数据,执法记录仪"裸机可承受3.2米任意摔落,专业防水防尘,防护等级叨叨ip68",似乎不那么容易损坏。即便其真的损坏了,那内存卡也无法还原吗?这就是一个急需解决的疑问。

任何公共事件,真相到底如何,一切都要从证据出发。社会事件不是悬疑游戏,过多的揣测没有意义。雷某嫖娼与否实则不是问题的关键。但鼎沸的舆情几乎一边倒地质疑警方执法,反映出民众心目中执法机构的公信力不足。往日"抓嫖错抓女警"、"湖北某教授被疑嫖娼,抓捕中死亡"等都与"雷某被抓嫖死亡"一事有相似之处。行政执法从启动到具体实施过程,其如何保障公民的人身安全,至少在程序上要让人们看得见正义。

在此次事件中,警方抓嫖执法的依据是《治安管理处罚法》和《人民警察法》。根据上述法律规定,"公安机关在执法过程中,需要传唤违反治安管理行为人接受调查的,经公安机关办案负责人批准,使用传唤证传唤。对现场发现的违反治安管理行为人,人民警察经出示工作证件,可以口头传唤,但应当在询问笔录中注明";"公安机关应当将传唤的原因和依据告知被传唤人,对无正当理由不接受传唤或者逃避传唤的人,可以强制传唤";"公安机关应当及时将传唤的原因和处所通知被传唤人家属"。

可见,法律对于公安机关的执法程序并非没有规定,然而,在实践中,罔顾规定,执法程序随意的现象依然比较普遍,这就容易导致"执法事故"的发生。而且,《治安管理处罚法》不是专门的程序法,虽然对执法程序有一定的规范,但重实质轻程序、重效率轻公平的执法理念经常使程序规范被束之高阁。更何况很多基层派出所还有"执法创收"一说,这就使得相关执法目的偏颇,执法手段就可能过度,甚至逾越法律的红线。此外,警察执法亦缺乏有效监督,检察机关的监督具有滞后性,或者流于形式,这也使得公民的生命健康权在执法过程中缺乏必要的保障。如今,就雷某死亡事件的调查,当事派出所需要回避,这也是回避制度的必然要求。

现代社会,死人是天大的事。如何避免执法意外值得好好研究。不能舆论过后又回归为零。执法过程不可无视法的价值选择,程序正义也不只存在于法庭之上。君子是公民,嫖客也是公民,无论是处罚还是保护,都具有同等的价值。

(载《南方都市报》,2016年5月12日,金泽刚专栏)

管住警权

5月20日,习近平总书记主持深改组第二十四次会议,会议强调深化公安执法规范化建设,包括完善执法权力运行机制,完备执法制度和规范执法体系,树立执法为民理念,严格执法监督等系列内容。而近来发生的雷洋死亡、兰州大学生被打屁股等事件似乎正好印证了规范公安执法的必要性。因拍民警执法被拉到派出所,遭受警棍和耳光伺候,而且"叫一声加五棒",这是何等肆无忌惮的警察暴力。

无疑,警察在打击违法犯罪、保护公共安全等方面有无可替代的作用。但由于警察权具有强烈的公共属性,其直接面对市民和基层社会,若用之不当,则容易引发所有不特定对象的不安。如今,我们真的到了直面警察滥用权力,防治执法权随意膨胀的时候了。

由于我国长期坚持"侦查中心主义",传统的警察权力存在宽泛使用的惯性,这已经与现代法治思维发生明显冲突。处理治安违法属于行政执法,侦查犯罪则属于刑事执法,二者应当区别开来,决不可混同使用。雷洋事件发生后,人们质疑"便衣"警察实施盘问和强行带离,使用约束性器械等,都有这层道理。

我国《人民警察法》《治安管理处罚法》《行政强制法》及《警察使用警械和武器条例》等法律法规赋予了警察行政执法权,包括诸种行政强制权力。

但如何使用,均有不同等级或者程度要求,不能模糊不清,更不能随意选择。强行带离现场或拘留的执法对象,只能是严重危害社会秩序或者威胁公共安全的人员。对于一般性违反社会治安者,不能动则采取限制人身自由的强制措施。对于在危急时刻或者特定场所,有必要实施盘问、检查的,警察应出示证件,除了有证据表明相关人员涉嫌违法犯罪者外,不得轻易采取强制措施。至于警察使用武器的情形,前提必须是遇有拒捕、暴乱、越狱、抢夺枪支或者其他暴力抗法行为的紧急情况。至于警察随便殴打嫌疑对象的行为,在任何情况下都不得发生。在雷洋事件中,如果警方有证据证明其涉嫌嫖娼,已"严重违反社会治安",可以强制带离的话,也应该保障其最基本的人身安全,更不能有殴打行为。兰州警察打屁股事件的严重违法性更不用说。

同时,现行法律体系对警察权力的规定比较宽泛、模糊,缺乏足够的程序制约,也缺少必要的监督和责任机制。回顾警察执法犯法事件,警察之所以敢于滥施暴力,不在于不知法,而在于执法的惯常冲动,其背后潜在的理性支持就是能够避免法律制裁。加强对公安执法的监督,除了需要强化内部监督机制外,更为关键的是需要检察机关充分履行法律监督职能。

其实,追溯历史渊源,检察权一开始就是针对警察滥用权力的。如果发生警察执法导致意外死亡等恶劣事件后,追责只是雷声大雨点小,或者等待舆论一过就大事化小小事化了,就会对整个法治链条产生消极的连锁反应。一小部分害群之马如果不能得到及时处理,放纵的是一小撮人,损害的却是公安队伍的形象。孰轻孰重并不难掂量。这就要求,检察机关作为法定监督机构,需要建立配套的监督制度。特别是,对于监督行政执法权,检察机关内部尚未建立专门的对应机构,这不利于对公安执法实施有效的监督。而且,这种监督还要实行回避制度,不允许涉事机关自己公布"事件真相",具体监督宜采取跨区域进行,以赢取广大民众的信任。

最后,要保证公安执法行为正当合法,归根到底还在于警察能够规范运用自由裁量权。然而,自由之度如何把握是个难题。对此,国际上通行的是坚持执法"比例原则",也称"最小侵害原则"。即执法行为和执法目标保持适度,以防追逐私利的冲动;执法手段和执法目的合乎比例,不可"杀鸡用牛刀"。外国有句谚语,"法律不理会琐碎之事"也有这个意思。我国《治安管理处罚法》就规定,治安管理处罚必须与违反治安管理行为的性质、情节以及社会危害程度相当。这也潜在着比例原则的意味,但关键还在于每一名警察能够深入领会,并付诸执法的每一个环节。

(《澎湃新闻网社论》修改,2016年5月22日)

处理校园欺凌案的思路该换换了

不久前,江苏昆山某中专学校发生一起严重校园欺凌事件,昆山法院对四名女性被告人以寻衅滋事罪判处刑罚,判决杨某、李某各有期徒刑六个月,丁某、顾某各拘役四个月。四名被告人与受害人杜某(女)、姜某(女)同属该中专学校学生,年龄均已满十六周岁不满十八周岁。此案的犯罪情节包括:被告人将受害人骗至一KTV内实施殴打,并抢走两人身上现金约两百元。几天后,4名被告人又到受害人的宿舍持铝合金棍子、湿毛巾再次殴打她们俩,还强迫二人脱掉衣服、跪在地上,并拍裸照,后又抢走受害人的现金、手机等财物。据调查,四名被告人平时就喜欢在校内拉帮结派,经常参与打架、强索同学财物,多次被学校记过处分。

如今,校园欺凌事件已不是什么新鲜事。仅2016年以来就时有发生,如1月被抓获的杀害11岁女童的嫌犯韦某在短短五年内就犯过三桩恶性杀人、伤害案件;3月初,安徽黄山某中学高三女生遭遇男生下"春药"。在3月的这起"下春药"事件中,肇事学生却仅被依校规"严肃处理"。现在昆山的这起案件被判处几个月的刑期不能不说非常偏轻。

对违法犯罪现象的治理,总要从原因着手,以期对症下药。归纳起来,我国校园欺凌现象,是产生违法犯罪的动因(内因)和抑制违法犯罪的外力(外因)相互作用的结果。就前者而言,当今社会和家庭的生活环境导致青少年患上心理疾病,容易引发违法犯罪。比如,影视剧和网络世界纸醉金迷的场景和对暴力美学的欣赏在不自觉地侵蚀着未成人的心智。再如,家庭的失爱或者过度溺爱(如隔代教育)导致的自我膨胀,父母的极端教育导致孩子心理偏激。其次,传统观念大都认为,学校里孩子们打打闹闹"没多大点事",校方大多都以校纪校规、批评教育处置,没有在苗头上升为恶性事件之前及时做好防治工作,或者依法严肃处理。

就后者而言,主要体现为司法处置存在弊端。我国法律受"矜老恤幼"思想影响,对未成年人违法犯罪几乎提供了一种免责性保护。如我国《刑事诉讼法》规定,对犯罪的未成年人实行教育、感化、挽救的方针,坚持教育为主、惩罚为辅的原则。对未成年犯罪嫌疑人、被告人应当严格限制适用逮捕措施。《刑法》规定,已满十四周岁不满十八周岁的人犯罪,应当从轻或者减轻处罚。14周岁是中国刑事责任最低年龄标准,如果犯罪嫌疑人不满14周岁,则应当免予刑事处罚。只规定刑事责任最低年龄,缺乏专门针对实际存在的低龄犯罪的司法制度,特别是对未成年人实施严重犯罪考虑不足,导致教育感化的初衷沦为空谈。结果,未成年人的保护机制不仅不能保护校园受害者,反而成为了施害者的"丹书铁券,免死金牌"。就昆山案来说,四名被告人先是殴打抢走被害人财物,第二次竟闯进宿舍殴打抢走财物,这样的事如果发生在校外未成年人身上势必认定为抢劫罪,至少也要判处三年以上有期徒刑,正因为她们是学生,案件的性质就被降至最低。事实说明,对以学生为主的未成年人犯罪一味从轻、过轻处理的"司法共识"恐怕到了该纠偏的时候。

实际上,我们关于未成年人犯罪的特殊处理对策也多来自国外。然而,国外的做法早已发生改变。不久前,在美中国留学生欺凌案在美加州法院宣判,三名主要涉案高中生以绑架、殴打罪名分别获刑6年、10年和13年。这样的结果要在我们国内简直难以置信。

的确,美国也曾在很长一段时间将校园欺凌当做一般暴力行为看待,认为这只是学生的极端表现方式而已。而事实证明这是对犯法者的放纵和对受害者的无视。受害者大多是敏感、弱小、自卑的学生,欺凌行为使其处于恐惧、抑郁、焦虑和沮丧之中,以致选择逃避校园,甚至自杀。直至上世纪末和本世纪初发生了几起震惊全美的校园枪击案,才改变了美国人的观念,由此开始了惩治校园欺凌的立法。从1999年的佐治亚州诞生第一部反霸凌法案,到2015年3月美国蒙大拿州通过立法,至此美国50个州全部有了反欺凌法律。各州法律均强调学校的法定责任,如学校拥有惩罚权,对存在严重行为的学生可予以开除;涉及刑事犯罪的,司法部门需及时介入;案情严重的,即使是未成年学生,也可按成年人的标准定罪量刑。此外,美国还制定了覆盖学校到家庭的反欺凌措施。如各中、小学校网站上一般都有专门的链接,可以随时举报校园欺凌现象。有的还给学生安装了相关手机软件。若法官认定孩子的欺凌行为与父母的不良行为如吸毒、酗酒等有关,可以转移孩子的监护权等。

美国作为"发明"现代未成年司法制度的重要国家,其做法无疑值得我们借鉴。刑法要保护犯了罪的未成年学生,也必须保护受到危害或处于危险状态下的学生。正视校园欺凌事件的危害性,不妨参考他国建立专门针对低龄犯罪的司法制度,并在校园设立反欺凌的具体举措,扩大社区、街道,乃至司法机关对于父母监护权的监督作用。

(载《南方都市报》,2016年5月23日,金泽刚专栏)

贪官垂泪忏悔的真与假

5月25日,广西柳州市中级人民法院公开开庭审理广东省政协原主席朱明国受贿、巨额财产来源不明案。公诉机关指控朱明国收受各项财物共计折合人民币1.41亿余元,另有9104万余元的财产不能说明来源。在法庭上,朱明国最后陈述时白发垂泪,表示认罪悔罪。

中央强力反腐以来,贪官在庭审现场垂泪忏悔已屡见不鲜。就悔罪来说,这至少在形式上符合一般民众对于犯罪人在接受刑罚前所应有的一种期待。但是,如此情景却高频率地"类似",甚至还有人"抄袭忏悔书",则显示出一些忏悔者具有"演戏"的成分。

不可否认,作为曾经权倾一方的官员,从权力的主宰者变成受人唾弃的阶下囚后,其内心肯定经历了一个复杂的蜕变过程。一些贪官或许离开权力的丛林后反而找到了迷失的自我,重新认识到自己真实的角色,遂开始反省自己的错误,基于良心发现,觉得有愧于党和人民。还有一种可能,法律追究的贪腐行为受到法律原则、证据证明等多种因素的制约,被追究的罪责总是小于或者等于贪官的全部实际罪行,而最终被追究的罪行自然让贪官们无话可说,为此,贪官的忏悔或许多少有一点感恩放一马之意。

仔细一想,法庭垂泪与读悔过书作为贪官悔过的外在表现形式,其在不同的阶段具有不同的作用。如中纪委的官方网站将其作成"忏悔录"节目,以此来威慑那些可能尚未现形的贪官,同时还可教育其他官员不要以身试法。而在一般群众的眼中,贪官的眼泪和忏悔不过是贪官为自己开脱罪责的一种途径,鳄鱼的眼泪并不值得同情。

而最为重要的是,对于贪官们,表明其认罪态度的忏悔对于定罪量刑有什么实际效果。《刑法》规定,犯罪嫌疑人如实供述自己罪行的,可以从轻处罚;因其如实供述自己罪行,避免特别严重后果发生的,可以减轻处罚。《刑法修正案(九)》对贪污受贿犯罪还作了进一步从宽规定,即就一般贪污贿赂犯罪而言,犯罪人在提起公诉前如实供述自己罪行、真诚悔罪、积极退赃、避免、减少损害结果的发生,可以从轻、减轻或者免除处罚;如果属于数额巨大或有其他严重情节等严重的贪污贿赂犯罪,在提起公诉前如实供述自己罪行,真诚悔罪,积极退赃,避免减少损害的结果的发生,则可从轻处罚。也就是说,《刑法修正案(九)》将贪污贿赂犯罪从宽处罚的情况由"如实供述自己罪行"扩大到了真诚悔罪,积极退赃,避免,减少损害结果的发生。这些新规定对贪官们的定罪量刑必将产生重要影响,显然有益于促使贪官积极悔罪。这可能也是贪官们在法庭上极力垂泪忏悔的又一重要原因。

不过,从刑法的规定看,如实供述自己的罪行始终是悔罪的评价基础,对于是否真诚悔罪,应该考察贪官归案后的整个认罪过程,对此过程进行综合分析,而不只是看被告人在法庭上做最后陈述时是否捶胸顿足。所以,一般说来,仅仅是法庭上垂泪悔过对最终定罪量刑影响并不大,甚至可以说,其法制教育意义大于法律适用价值。

其实,人们不容易相信贪官的忏悔,还有一个重要原因,就是许多忏悔的贪官平时就是十足的两面派,多少年来,他们台上口口声声反腐败,台下却在大搞权钱交易和权色交易。被抓起来后,这么快就成为了一个写下万言书的忏悔者,其真实性确实令人生疑。事实上,多数贪官的忏悔书大都是对于已经暴露的犯罪事实的陈述,以及一些主观恶性以外的涉罪原因的分析,如中国是个重"人情"的社会,自己受到了外界不良风气侵蚀,没有健

219

全的干部监督机制,自己存在的侥幸心理等等。这些都不是能触及灵魂深处的"良知意义上的自我审判"。比如,一些贪官都爱说自己是"农民的儿子"更是成为悔罪的一则笑话。

可见,大多数贪官的忏悔,仅仅停留于"我错了"这种强烈的否定性情绪之中,没有深刻揭示自己如何无视法律做了不该做的事,以及明知自己在滥用权力,却为何还要我行我素,甚至越来越腐,由此反省个人的罪责。还是看看法国思想家卢梭是怎么忏悔的吧,卢梭说:"请看!这就是我所做过的,这就是我所想过的,我当时就是那样的人……"显然,中国贪官的忏悔录中缺少这种真,在某种意义上,他们的忏悔录中有的尽是自己曾经宣扬给别人的道理,只不过如今在法庭上换一个身份再说一遍。

(载《南方都市报》,2016年5月28日,金泽刚专栏)

查"官员丑闻"的举报人很不妥

4月20日,一则举报湖南张家界某官员生活腐化并与电视台女主播通奸的网帖引发关注,发帖人自称是女方的丈夫,举报对象是张家界处级官员金某某,同时还曝光了相关视频。随后,张家界市委、市政府就此举报召开会议,在市纪委和市公安局介入调查后,金某某被纪委立案调查,其个人资料也从官网上消失。然而,三名老干部却向媒体反映,事发后张家界公安局对此事展开了"双查":一方面查金某某的作风问题,另一方面查举报人拍摄曝光视频是否合法。

自从党的十八大提出全面从严治党、依纪依法惩治腐败以来,"老虎""苍蝇"纷纷落马,事实证明,反腐败的成果与民众的举报热情高涨密切相关。许多地方还通过创新载体、整合资源,建成实体举报与官网、微博、微信多途径相结合的举报方式,效果颇佳。不过,网络的口子一开,侵犯名誉隐私、传播虚假信息,甚至诽谤、陷害等问题也成为了被举报者自卫的"武器"。对此,公权力持有一种什么态度,以及采取什么样的做法就非常重要。

有资料显示,我国80%的职务犯罪是通过举报发现的。巡视工作也必须与举报相结合。事实上,多年来,我国法律对于举报一直持支持和奖励的态度。早在1994年最高人民检察院发布了《奖励举报有功人员暂行办法》,1996年最高检又通过了《人民检察院举报工作规定》(经过2009年和2014年两次修订),其中,有两章专门规定举报人保护和举报奖励制度。今年4月,最高检、公安部、财政部联合印发《关于保护、奖励职务犯罪举报人的若干规定》的通知,该通知强调,严格执行举报人保护、奖励制度,积极预防和严肃处理对举报人的打击报复行为。在这里,进行保护奖励与防治打击报复是一个问题的两个方面,打击报复不只是指被举报人打击报复,假借公权力"查"举报的方式如何如何,与私人的打击报复"有异曲同工之妙",这明显是完全背离上述规定的。

作为受理和调查部门,其工作重心理当是调查"被举报之事",而非调查"举报之人"。举报的核心在于真实性,即被举报者的违法违纪行为是否属实。不管举报人动机如何,只要举报问题属实,就是正当的举报。的确,举报人采取的方式可能不一定妥当,手段也可能过激一些,但这种举报违法违纪线索的获取与刑事诉讼中的"非法证据排除"的规则有着很大的不同,不应成为比"调查举报之事"更优先的事情。首先,举报线索只是提供一种证明可能存在违法违纪行为的可能性,在将来追责过程中,还需要通过合法途径调查取证,举报线索不是直接证据。其次,举报往往就是要将隐蔽的事实公之于众,而举报人取证途径有限,录音录像、短信照片等是举报常用的手段,也是追求举报真实性的有效途径。很多举报者甚至是在通过正常途径反映无果的情况下,才被迫选择了网络举报等行为。若对举报的方式过于苛求,等同于就是在阻碍举报,限制举报。换个角度来说,即使是举报人侵犯了所谓被举报者的隐私权、名誉权,那也是属于民事侵权的范畴,遵循不告不理的原则,而不应由公权力主动介入。所以,与惩治违法违纪官员相比,着力调查"举报人是否违法"是方向性错误,是"本末倒置"的捡芝麻丢西瓜之举。往严重处着想,这种做法还有包庇腐败官员、转移群众注意力之嫌。

人们群众的眼睛是雪亮的,"要努力让人民群众在每一个司法案件中都感受到公平正义",其中最重要的环节就是要让群众感受到公权力的行使不偏不倚。记得今年年初,因"偷拍县长收礼视频"而闻名的江西汪冬根案就受到不少质疑,当地对收礼县长的调查结果迟迟不予公布,偷拍者却被快速抓获,且锒铛入狱。在某种意义上,"只许县长收礼,不准农民偷拍"的逻辑令人不安。此案偷拍者最终被定罪固然是罪刑法定的结果,但审理此案彰显了看得见的正义没有,尤其是"收礼县长"如何处理留下未竟之问,令司法公信力打了折扣。

如今,网络问政方兴未艾,法治政府日益开明。官员的一举一动都牵涉公权范畴,理应自觉接受民众的监督。遇到举报,同样要抓"主要矛盾",将举报的事情查清楚,让确有违法乱纪行为的官员依法接受制裁,如果举报不实,则可及时澄清事实,并对举报人依法依规处理。至于举报者实施了某种不当甚至偏激的手段,恐怕用不着太计较,"君子不计小人之过"嘛。

(载《南方都市报》,2016年6月6日,金泽刚专栏)

让奖励让座也成为一种制度

5月3日,四川一女大学生,在南充上动车后,请坐在自己位置上的老人归还座位,并拒绝了老人女儿"挤着坐"的请求。该老人年过八旬,女儿带其到成都看病,只买到了达州至营山的票,后一中年男子为老人让座,女大学生因此受到老人的女儿讥讽。而女大学生委屈道:"坐自己位置错了吗?"(5月4日《华西都市报》)这则"女子动车拒为站票老人让座"的新闻很快引发媒体热议。

表面上看,无论是责备女大学生不让座,还是批评老人的女儿挥舞道德棒子打人都不甚恰当。因为女子购买车票即享有座位权,坐"自己的"座位是理所当然的权利;另一方面,生病的八旬老人需要有人让个座,似乎也是道德的共识。

其实,近年来,因"让座"引发的纠纷并不少见,诸如之前就有"老人乘公交要求让座遭拒坐女子大腿"、"公交让座冲突老人打小伙四耳光后猝死"等报道。"尊老爱幼"的传统道德屡屡与个人权利发生冲突,二者的矛盾应当如何调和颇值得思考。

首先,对于市内公共交通而言,公交地铁的座位更多是一种公共资源(享受政府补贴就是明显表现),需要进行便捷高效的分配,"先来后到"成为最合理的座位标准。但鉴于年轻人身强体健,站着也没什么,"礼让老弱"就成为原则之外的重要考量要素。座位使用权向老人弱者倾斜成为公交地铁上的普遍共识。

然而,作为长途旅行的动车有所不同,动车上的座位属于商务资源,其分配遵循商品交换的原则,乘客购票,即通过金钱交换的方式取得了座位的使用权,且座位的使用权相对固定。因此,在法律上女大学生坐"自己的座位",是饱满而正当的权利,该权利的让与和使用,都是其个人自由。女生不愿意让座,老人的女儿就对其指责批评,缺乏法律依据。"动车坐票女生拒给站票老人让座获得9成网友支持"就是这个道理。

尽管如此,依法律来解决这个问题似乎并不能令人满意。的确,在应然层面上,列车座位的使用权归属似乎是清晰可界定的。但是,现实的困境仍会出现。就像在这起事件中,老人确实没有座位的使用权,但一个患病的八旬老人使用座位的需求十分急迫,尽管他不具有经济学意义或者法律意义上的座位使用权,但此情此景,法律不该无视,法律应该是有温度的。这正是法律需和道德调剂的地方。

"让座"是一种美德,而非一种义务,我们的社会期望实现"尊老爱幼"的道德目标,但用道德的高大上标准去苛责每一个个体显然不可行。理性人的选择包含自然的利益衡量,即"让座人"让与了座位使用权,可以获得什么呢?而这正是需要通过制度设计来实现的。

美国哲学家约翰·罗尔斯说过,"为了平等地对待所有的人,提供真正同等的机会,社会必须更多地关注那些天赋较低或者处于不利社会地位的人们。"这就是说,弱者需要国家和社会给予更多的关注。这种关注,要么是国家拿出部分利益直接补助给弱者,要么是由社会提供一定的奖励作为为弱者提供帮助的交换。说到底,建立社会奖励机制,进行利益平衡,通过使让座者获得一定"好处",以引导公民的行为,从而调节权利与道德的冲突,这比单纯的道德呼吁或许更加有效。记得长沙市公用事业管理局曾发放过"爱心让座卡",驾驶员或乘务员发现市民为老弱人员让座,就能领取"爱心让座卡",一张卡可以免费乘坐一次公交车。

在列车环境下,同样可以尝试创新一些保护老弱或鼓励让座的举措。比如,借鉴地铁的座位设计,在特殊位置为"老弱病残孕"保留少数特别座位,以此作为票务紧张等特殊情形下的救济手段。购票者买到这样的座位也有让座的心理准备。此外,当老者弱者急需座位而无座时,应当由乘务员进行协调,公共道德的要求应当由全体乘客共担,而不应该针对特定的个别乘客。还可以设立优秀乘客制度,对于让座的乘客,可以计入铁路"优良乘客"档案,记录以后就享有一定的乘车便利权。这种做法与建立诚信档案和民航不良记录等制度本是一个道理,只不过后者多是反向的处罚性措施。

"授人玫瑰,手留余香"。让座体现中华民族互爱互助的美德。但出于良善之心的权利让渡不应被"理所当然"地要求。"老吾老以及人之老,幼吾幼以及人之幼",公共空间的文明礼让,需要人与人之间的尊重与体谅,亦需要良好有效的制度设计。

(载《南方都市报》,2016年6月7日,金泽刚专栏)

未成年人犯罪治理新思路——从校园欺凌事件谈起

现有未成年人犯罪惩处与预防机制效用难以发挥,原因在于我国目前尚未独立成形的未成年人刑事司法体系存在缺陷,而未成年犯罪的刑事司法落实了"处罚为辅",却忽视了"教育、感化、挽救"。

应严格落实现行刑法规定的对于未成年犯罪的惩罚与教育机制,同时可借鉴国外的做法,如"恶意补足年龄"原则,即对于极少数未达刑事责任年龄者,如果他们实施极端恶意危害行为,也可将其视为年龄达标,追究刑事责任。

建议加强收容教养和工读学校的组织机构建设,并可考虑制定"未成年人不良行为矫正法",与《未成年人保护法》及《预防未成年人犯罪法》共同构成我国少年司法的"三驾马车"。同时,发挥学校及社会"教育、感化、挽救"的力量。

不久前,江苏昆山某中专学校发生一件校园欺凌事件。4名年龄均已满十六周岁不满十八周岁的女生,被法院以寻衅滋事罪分别被判处六个月有期徒刑和四个月拘役。而此前,亦有多起校园欺凌事件被曝光,同时未成年人犯罪治理问题再一次受到社会关注。

未成年人犯罪缘何总被"从轻"

如今,校园欺凌事件已不是什么新奇事,处理起来也大都是"从轻发落"。今年3月初,安徽黄山某中学发生高三女生遭男生下"春药"一事,后肇事学生仅仅被依校规"严肃处理"。5月,西安17岁女生连续两次遭同宿舍5名女孩群殴,还被拍下视频发朋友圈,之后受害人被诊断为抑郁症。学校做出对涉事三人开除学籍,留校察看的处分,另外两人记过处分。现在昆山的这起案件虽然被刑事处理,但判处几个月的刑期明显偏轻。这些校园欺凌案很容易让人想起近年来多起未成年人犯下的恶性案件。

稍作比较,去年的留美中国学生欺凌女同学案,被告人受到6项绑架罪指控,4项人身侵害指控和2项折磨虐待指控,最终,几名被告人分别获刑13年、10年和6年,难怪一时间很多人感慨:我国未成年人犯罪太"幸福"。事实上,在许多成年人眼里,这些未成年人虽是欺凌他人的罪人,更是转型社会中迷失的弱者,其间夹杂着城乡壁垒、教育不公等各种共同的社会宣泄情绪。而撇开这些善意而略显矫情的犯罪原因论,最急迫的问题却是:悲剧接连发生,为何现有的犯罪惩处与预防机制发挥不了多大的效用?

笔者认为,这至少有两方面原因:

一方面,我国目前尚未独立成形的未成年人刑事司法体系存在缺陷。我国《刑法》规定"已满十四周岁不满十八周岁的人犯罪,应当从轻或者减轻处罚",《未成年人保护法》专门列出对未成年人的司法保护一章,坚持"教育、感化、挽救"的方针,坚持"教育为主、惩罚为辅"的原则。《未成年人保护法》还从多个方面规定了未成年人应享有的权利,从而保护未成年人的合法权益,其目的就是要给年纪还轻、可塑性较强的未成年犯罪人改过自新的机会。但在加害人受害人都是未成年的情况下,如何保护同属未成年人的受害人却缺少相关的对应性规定,导致权益关系出现明显的偏颇。

另一方面,未成年犯罪的刑事司法落实了"惩罚为辅",却忽视了"教育、感化、挽救"。学校和相关部门都把未成年人当成一个弱势群体,对所有未成年人犯罪存在一种天然而普遍的同情心,加上法律的规定,很容易赋予他们"司法豁免权"。在"惩罚为辅"成为普遍司法原则的情况下,所谓的"教育、感化、挽救"却没有多少实质行动和实际效果。《预防未成年人犯罪法》虽然规定了"收容教养"和"工读学校",但其法律定位不明,实际执行情况亦不理想。很多时候,"教育、感化、挽救"的措施沦为口号。为此,治理未成年人犯罪的思路到了深刻反思与图变的时候。

严格落实现有法律机制

首先,严格落实现行刑法规定的对于未成年犯罪的惩罚与教育机制,这是未成年人犯罪治理的法律基础。

对于未成年人构成犯罪的案件,适用刑法时不能够无原则从轻从宽。对一些有极端暴力倾向的未成年人,固然需要多用教育、引导、管理的方法来解决,不可一抓了事,一判了事。但不抓不判也是一种懒政思维。特别是对于一些犯罪手段比成年人还暴力的屡教不改者(如广东番禺的韦某杀人案)不得减轻处罚。对于"因不满十六周岁不予刑事处罚的",责令家长或监护人管教,以及由政府收容教养刑法之外的矫治措施,需要的是加强家庭和社会的治理责任。

由于未成年人犯恶性刑事案件增多,有人呼吁降低刑法规定的刑事责任年龄。但确定刑事责任年龄线,必须经过大量的实务论证和理论研究。而且,我国刑法关于承担刑事责任正当性的理论依据是以矫正说而非报应论为主。降低刑事责任年龄有重刑主义之嫌,不符合社会文明发展的潮流。而且,降低刑事责任年龄还要考虑带来其他社会影响,任何国家都不轻易做出这样的决心。不过,对于一些特殊的未成年人实施"成熟型犯罪",不妨可借鉴国外的做法,如英美法系采用"恶意补足年龄"原则,即对于极少数未达刑事责任年龄者,如果他们实施极端恶意危害行为,也可将其视为年龄达标,追究刑事责任。当然,这需要和现行刑法的相关规定保持协调一致。

建议制定"不良行为矫正法"

其次,发挥收容教养和工读学校对于未成年人违法犯罪的教育和预防功能,健全相应的矫正制度。

就家庭监管和政府收容教养而言,问题是,很多未成年人是留守少年,他们父母在外打工,平时与家中的老人生活在一起,苛求他们在犯罪后由父母管教很难操作。政府收容教养执行起来也困难重重,对此,《预防未成年人犯罪法》对收容教养的条件延续刑法的原则性规定,具体程序不明确,缺少硬性规定。如收容教养对象的年龄没有下限,有的地方甚至将收容教养对象的年龄界定为10周岁至16周岁。农村留守未成年人与进城务工人员的子女,一旦成为不良少年,法律对于他们应该给与同等的待遇,既不能应该矫正时,却无处可去,也不能搞城乡歧视,差别对待。

再看工读学校,《预防未成年人犯罪法》规定,入读工读学校,需要家长,或者教育机构同意,这意味着工读学校的"刑罚功能"被削弱。但这也阻止了工读学校在未成年人犯罪预防和矫治方面发挥作用。事实上,目前大城市的工读学校里,"工读生"只占个零头,更多的是所谓"托管生",即因网络成瘾等原因,而被家长、原学校"托管"到工读学校的学生。有的工读学校里根本就没有"工读生"。可见,大量不良少年并没有受到矫治。且有的地方收容教养与工读学校界限不清,湖南"弑师案"的涉案者据说进的是工读学校,而不是收容教养。所以,政府加大投入力度,加强收容教养和工读学校的组织机构建设,在法律上实现程序法与实体法、刑法与行政法、福利法与教育法等不同门类法律间的协调磨合,同时注重被害人权益的保护,收紧这条防治未成年人犯罪的第二防线,已乃当务之急。在此基础上,展望未来,可考虑制定"未成年人不良行为矫正法",与《未成年人保护法》及《预防未成年人犯罪法》共同构成我国少年司法的"三驾马车"。

充分发挥学校及社会力量

再次,学校要在加强未成年人犯罪的人格矫正以及保护未成年受害者的过程中发挥更积极有效的作用。

未成年人犯罪暴露了学校德育教育表面化,法治教育严重欠缺的实际现状。学校里也没有建立起保护学生受害的防护机制。近年来,有关部门在三令五申地发文治理,如最高人民检察院2015年出台《检察机关加强未成年人司法保护八项措施》,要求对于办案中因年龄问题不能承担刑事责任的未成年人,"公安机关以及家庭、学校、社会保护组织等要加强协调、配合,通过加强管教、社会观护等措施,预防再犯罪"。但这恐怕只是一种理想的呼唤,它所要求的诸多部门怎么做却是另一码事。2016年5月9日国务院教育督导委员会印发了《关于开展校园欺凌专项治理的通知》,要求各中小学校针对发生在学生之间,蓄意或恶意通过肢体、语言及网络等手段,实施欺负、侮辱造成伤害的校园欺凌进行专项治理。该通知还要求制定完善校园欺凌的预防和处理制度、措施,建立校园欺凌事件应急处置预案,明确相关岗位教职工职责,等等。这些规定同样需要得到落实才行。

其实,在这方面,国外是有做法可借鉴的。如日本政府成立专门检查小组,防止学校纵容校园暴力行为,并为学生开通24小时求助热线。韩国会向一些中小学生提供免费"警卫服务",让其免受校园暴力。只要学生向学校或教育厅提出身边保护申请,政府就会安排"警卫"到学校或特定地点保护学生。

最后,对于那些实施严重不良行为,甚至已有"惯犯"倾向的未成年人,除了家庭和学校教育矫治外,社会力量的介入也是必要的。在监狱与自由之间,社会力量可承担起填补"中间地带"的重要责任,这还是需要政府拨付人力和财力,并完善基层社区机构设置,让社区承担起"教育、感化、挽救"不良少年的实质性工作。

歌德说,理论是灰色的,生命之树常青。未成年人保护与犯罪预防的相关法律是否可以切实保护未成年人的权益,未必永远停留于一种理论框架之内,更需要的是实践的证明力,包括社会多方面力量的合作。

(载《上海法治报》,2016年6月8日,金泽刚 宋承潞)

围观拍照究竟是一种什么权利

近来,接连几次围观拍摄警察执法事件引人关注。先是 5 月 16 日兰州大学生吴某因同伴拍摄警察粗暴执法导致屁股被打伤,后拍摄者被迫送交视频,当事警察也受到处理。在这起事件中,警察从粗暴执法到打烂他人屁股,可谓一错再错,没有找"拍照不合法"的借口。5 月 30 日,一段"太原警察打人"的视频又在网络传播,后经查,这是一起因停车纠纷而引发的妨害公务案件。不过,针对这后一事件,四川平昌县公安局官方微博"平昌公安"予以声援:"遇到警察执法,请不要随意拍摄,因为法律不允许!""平昌公安"还在官微中列举七条相关规定,以支持"遇到警察执法,不得随意拍摄"的观点。不过,其中并未见"禁止民众围观拍照"的具体条文。

"平昌公安"的具体解释是:虽然一般群众拍摄警察执法不会被制止,但如果拍摄行为系"恶意拍摄",影响执法尊严、干扰执法秩序,就会被警察"依法制止"并处罚。何为"恶意拍摄","平昌公安"称:如果警察根据现场情况认为拍摄人员属于无关人员,且认为拍摄行为干扰了民警的正常执法,如果不服从警察命令,继续拍摄,那就是恶意拍摄,就涉嫌触犯《人民警察法》第 35 条规定,属于妨碍民警依法执行职务。此外,"平昌公安"还引用《公安机关人民警察现场制止违法犯罪行为操作规程》的规定称:人民警察可以根据警情需要,要求在场无关人员躲避。归纳起来,以上主要包括两点,一是对于他人阻扰警察执法的,可以予以制止甚至处罚;二是根据当时的警情需要,可要求在场无关人员躲开。但稍作分析,这两点理由与旁边民众围观拍照还有不小的距离。

警察在执法过程中无疑有权防止危险事态升级,维护现场秩序,制止违法犯罪行为。但警方执法指向的对象主要是涉嫌违法犯罪的行为。一般来说,外围拍照不会影响到警察正常执法,或者影响不大,所以谈不上阻碍执法,扰乱现场秩序。警察要求现场人员躲避的目的则是为了避免违法犯罪行为可能波及围观群众,造成不应有的损害,并非警察一旦执法就有权要求无关人员走开。

事实上,对于警察执法时群众围观拍照有足够的理论支撑。首先《公安机关人民警察现场制止违法犯罪行为操作规程》规定,"公安民警在现场处置过程中,应当依法及时收集、固定有关证据;有条件的,应当对现场处置过程进行录音录像。"录音录像无疑是最好的证据。在执法过程中,要求警员开启执法记录仪,就是要证实自己是在进行正常的执法与取证工作。既然法律提倡公安机关自己要做好这项工作,如此类推,围观的民众予以拍照或者录音录像,这同样可用来证明警察依法执行公务,证明有关人员存在涉嫌违法犯罪的事实,而且更加客观可信,这又有何不妥呢?说不定群众所拍的对公安执法还有意想不到的补充效果呢。其次,反过来看看,以往多次发生过市民围观帅哥或者美女交警,并将交警站岗的图片发到网上的先例,这都被媒体当成正能量进行宣传,个中道理其实完全相同,二者都是围观执法,都有网络传播,评价的标准不应该两样。再说,退一步讲,就当拍摄者"有选择性地"把图片或视频恶意传播到网上,特意找执法警察的茬,这种事情则可依据法律分别处理。在互联网时代,仅仅一个画面难以证明警察好不好,如果另外发布一些片面武断、有损执法者人格尊严,侮辱、诽谤警察的言论的,这就不是拍照层面的问题,而是可依据其他相关法律进行处置的。我们要把拍照本身和拍照之后做了什么区别开来。拍照,其实就像人的眼睛看到东西一样,不同的只不过它记录了下来,可以回放而已。如果只是拍拍照,与围观者用眼睛看到现场情况是一样的,执法者用不着害怕,更用不着竭力寻找制止拍照的理由。

实践当中,与公安执法类似,城管执法也容易因拍照"惹祸"。可喜的是,几天前郑州市中原区城市管理执法局首次尝试网络视频直播执法过程令人眼前一亮,多数网友为之点赞。主动直播执法,那就意味着不怕甚至欢迎市民对城管执法实行拍照监督。在这个问题上,珠海市城管局长说得好,"在城管执法过程中,市民当然可以随意拍照,这种行为并没有什么不妥。"这名负责人认为,市民对城管执法进行拍照,首先就是对城管的一种监督,这是市民的正当权利,此外,市民对城管执法行为的拍照,也为城管执法保留了证据,应该对拍照市民表示感谢。

必须看到,如今已是"人人都有麦克风"的全媒体时代。群众路线无处不在,警民互动的必要性亦不必多言。所以,当下的执法人员应该适应被人围观,面对围观,他们应该淡定,再淡定一些。况且,警察每一次公开执法对于围观者来说也是一堂生动现实的法制教育课。作为公权力的行使者,不妨主动把群众的围观拍照当作促进文明、公正和理性执法的新契机。为此,我虽不赞同把民众围观拍摄执法的行为拔到宪法权利的高度,但至少看不到围观拍摄执法有何违法之处。法不禁止当可为啊!

(载《南方都市报》,2016年6月11日,金泽刚专栏)

执法犯错,我们还缺一部《道歉条例》

近来,深圳女子因未带身份证被警察强制传唤一事引发强烈反响。针对此事,深圳宝安警方的调查可谓迅速及时。10日下午,深圳市公安局宝安分局发布消息称,已关注此事,市局、分局督察部门遂展开调查。紧接着,宝安区公安分局局长周兆翔很快向当事人赔礼道歉。到11日凌晨,宝安分局发布了专门的情况通告,称:"经市局和分局督察部门调查,我分局民警陈某在执勤过程中言语失当,存在过错。根据公安机关实施停止执行职务的规定,已对该民警做出停职处理。分局领导和当事民警已向两名当事人做出诚恳道歉,当事人表示理解。欢迎市民朋友和社会各界对宝安警方工作进行监督,我局将不断加强队伍管理和民警培训。同时强化社会面巡逻防控,维护辖区平安稳定。"不过,这份"情况通报"似乎性质不明,读起来有点异味。

就此通报而言,"言语失当,存在过错",仅仅是对在车中执法警察侮辱当事人人格的话语(见网络上视频对话)的定性,并未涉及其查验身份证并强制带人行为是否存在过错。例如,当时是一名穿警服的警察查验身份证,后来又来了一位未穿警服的男子,这名男子的身份究竟是什么,单独一名警察能不能查验身份证。还有,警察查验身份证前该不该出示警官证或者执法证明,在被查的相对人稍有不同意见时就强制带回派出所进一步处置,这又是否合法？事后被带走女子很快获释,仅仅是因为执法民警"言语失当"吗？不当言语固然是执法行为的一部分,但其他执法行为又"依法"了没有,对此若有意模糊不清,对今后类似的执法,以及广大民众配合执法都是不利的。事实上,在今天看来,根据《人民警察法》和《身份证法》的具体规定,当事警察没有必要强制带走这两名女子,其行为是盲目的冲动执法,甚至有不良动机之嫌。警方有权查验身份证,但应该依法进行;民众有义务配合执法,但遇到不规范执法时也有为自己辩解的权利。

再看看通报中的"道歉"。据媒体报道,宝安公安分局周局长在道歉时,认为执法民警的表现"不如一名公民",这一说法的确很中肯,是对警权肆意扩张、侵犯公民权利的道歉。不过随后情况通报的道歉似乎诚意不明显。通报说,"分局领导和当事民警已向两名当事人做出诚恳道歉,当事人表示理解",这显然具有官腔套话的味道。道歉者表现出了怎样的诚恳,当事人真的接受了道歉吗？老实说值得怀疑。

多年来,在类似公务员执法出错事件中,习惯做法总是单位负责人出面道歉。的确,单位有责任为所属工作人员犯错进行道歉,单位似乎更容易当息讼止争的说服者。但单位领导出面的道歉很可能给人做"中间人"的感觉,效果如"隔靴搔痒",所以,能否发挥"省讼"的作用,不至沦为某些人推卸责任的工具,还需要认真探讨,重新设计。换一个思路,还不如让犯错的责任人直接给"被欺负"的当事人道歉,这样做,一方面可更好警戒犯错者,并警醒其他公权力执行者,另一方面,亦有利于当事人获得心理上的满足,释放不满情绪。当然,道歉还要力争正式化,最好有一定程序,防止走过场,如必须当面道歉,必须有见证仪式,还要有书面记录等。

其实,在道歉这个问题上,我们不妨也可学学国外,如英国、加拿大、美国部分州及澳洲均有《道歉条例》。2007年9月,我国最早通过的《深圳市政府部门责任检讨及失职道歉暂行办法》虽然也是道歉立法,但它建立的正是政府部门失职道歉制度,而不是公务员个人要为失职道歉,这种把道歉归到单位头上的做法真的值得反思了。

(载《新京报》,2016年6月17日,金泽刚专栏)

区政府行贿市委书记案标本意义何在

据媒体报道,黑龙江佳木斯市前进区原区委书记王恒勋、原区长刘维国为促成区政府与九阳集团的合作项目,经商议动用办公经费,向佳木斯原市委书记林秀山行贿1万欧元和3万元人民币。佳木斯市向阳区法院审理后认为,前进区政府和王恒勋、刘维国的行为构成单位行贿罪,判处前进区政府罚金5万元;王恒勋、刘维国免予刑事处罚。

像这样区政府行贿市委书记的案件的确很少见,对此,《新京报》的评论文章说此案"具有标本意义",一是这个判决把文本上的法条落实到了司法实践中,二是从法律文本到司法实践,需要不断突破认识和理念的障碍,法律的施行需要立法和司法机关的不懈努力。(载2016年6月17日《新京报》)

不过,读完这起案件的判决书,我发现,此案仅仅是做了一个适用单位行贿罪的罪名的判决,或者说只是判决了一起一级政府作为犯罪单位的案件而已,如果仅仅是停留在这个层面,其标本意义似乎并不是很大。实际上,这起案件判决的怎么样才是我们更应该关注的。

根据《刑法》第393条对单位行贿罪的规定,"单位为谋取不正当利益而行贿,或者违反国家规定,给予国家工作人员以回扣、手续费,情节严重的,对单位判处罚金,并对其直接负责的主管人员和其他直接责任人员,处五年以下有期徒刑或者拘役。"这里规定的是单位犯罪的双罚制,即既对单位判处罚金,又要对直接负责的主管人员和其他直接责任人员判处刑罚。且法定刑为"五年以下有期徒刑或者拘役"。说实在的,这一处罚本不重,原因正是考虑到单位犯罪系单位获取好处(而非个人直接受益)这一特性。尽管如此,单位犯罪归根到底还是单位中的负责人(自然人)决定实施的犯罪活动。所以,对单位犯罪负责人给与处罚并不冤。

问题是,根据网上查到的判决书,佳木斯市向阳区人民法院认定二被告人"在被追诉前主动交待行贿行为,可免除处罚"。该判决说同时认为,公诉机关"对被告单位判处罚金"、"对二被告人在有期徒刑一年以下量刑"的建议"亦符合法律规定,本院予以采纳"。这就把人搞糊涂了,既然是免除处罚,又怎么能够判处一年以下有期徒刑呢?这不是互相矛盾吗?就当是因二人主动交待行贿而对其免予刑事处罚,根据刑法第37条规定,"对于犯罪情节轻微不需要判处刑罚的,可以免予刑事处罚,但是可以根据案件的不同情况,予以训诫或者责令具结悔过、赔礼道歉、赔偿损失,或者由主管部门予以行政处罚或者行政处分。"这一条在判决书中却只字未提,可这一条正是免予刑事处罚案件必须适用的条文,做出此判决的法院应该不会不知道这个道理。

事实上,由于两位被告人是被告单位即区政府的主要负责人,身份较为特殊,判决适用条文如此避重就轻,就有违背适用刑法一律平等的刑法基本原则之嫌,在这个意义上,这样的判决恐怕不是一个好的样本。

此外,不妨再对本案的执行做进一步的想象。本案被告人用政府的钱去行贿上级领导,被告单位的罚金如何缴纳遂成问题。政府作为单位犯罪,犯了罪还用纳税人的钱去交纳罚金吗?如果请律师是不是还要用政府的钱付律师费呢?这些钱究竟出自哪儿需要政府信息公开,说个清楚明白。如果对政府的罚金只是空判而已,不求落实,那更是个不容忽视的问题。

对于政府作为单位实施的行贿犯罪,司法判决不该打一下又摸一下。

一方面,承认单位行贿与个人行贿一样,腐化了国家工作人员,破坏了公平竞争的市场秩序,降低了党和政府的公信力,进而成为滋生其他违法犯罪的温床,故不能让惩治这类犯罪的法条闲置不用;另一方面,又搞选择性执法,把刑事处罚在单位的头上晃动一下,而对负有刑事责任的负责人有意放一马。这样做的结果,势必大大降低刑罚的威慑力,最终使这个打击单位行贿犯罪的法律条文依然发挥不出多大的作用。

(载《南方都市报》,2016年6月20日,金泽刚专栏)

涉毒艺人不可轻易回归演艺圈

近日,国家禁毒办副主任在接受中新网视频访谈时说到,作为青少年的偶像,明星在禁毒示范上要有更大的社会责任。而对于涉毒艺人也不能"一棒子打死",接受完惩罚,就可以回归社会。

其实,根据法律规定,任何涉毒人员,哪怕是涉毒犯罪人员在接受处罚后都有权利回归社会,这是很简单的道理。禁毒办再次强调涉毒明星的回归社会难免有画蛇添足之嫌。或者,此处的"回归"另有含义,就是指涉毒明星可以重新回到荧屏中,继续做回众星捧月的大众偶像。

论及这个话题,毒品的危害性不能不重提。根据国家禁毒委《2014年中国毒品形势报告》显示,截至 2014 年底,全国累计发现、登记吸毒人员 295.5 万名。参照国际上通用的吸毒人员显性与隐性比例,实际吸毒人数超过 1400 万。而《2015 年中国毒品形势报告》显示,我国吸毒人群多元化特点明显,在明确登记职业信息的吸毒人员中,无业人员占 69.5%,专业技术人员、企业管理人员以及公职人员、演艺界明星等占 0.4%。虽然从比率上说,明星艺人吸毒虽是小概率事件,但其负面影响比普通人吸毒严重得多。作为公众人物的明星涉毒,不仅是对个人的声誉与前途的影响,更严重的是,对大众特别是青少年有错误的示范作用,甚至直接模糊"粉丝"群体的价值判断和是非观。

明星的涉毒行为多数集中在吸毒、容留他人吸毒和非法持有毒品三项,其处罚方式也有所差异。演员柯震东在他人家里吸毒,被处以行政处罚;房祖名和李代沫分别触犯的是非法持有毒品罪和容留他人吸毒罪。而我国法律对以上几种涉毒行为的处罚力度并不大,对明星艺人更起不到应有的威慑作用。涉毒艺人屡屡成为公共事件主角,有一点原因必须强调,那就是小成本的罚单令少数当事人傲娇跋扈。曾有经纪人把莫少聪吸毒被捕视为"小祸是福",涉毒的宁财神公开声称"完全不后悔",张默"二进宫"……可如今,在演艺市场,他们依然很滋润。事实上,涉毒艺人虽在人品上图穷匕见,过于良善的公众对他们依然"爱不释手"。如今,禁毒部门要求大家对涉毒艺人"不要一棍子打死"同样是善意可嘉。

明星回归社会真的不是问题,但问题是该怎样回归,是重回荧幕,继续上演高大上的人物形象,还是只能隐居幕后?是限制复出,还是永不录用?

首先,演艺界需要制定约束明星艺人行为规范的行业准则。艺人与毒有染,除了承担一般公民的法定责任外,还应接受行业惩戒,包括必要的舆论惩戒与道德惩戒。2014年9月国家广电总局正式下发"封杀劣迹艺人"的通知,"凡是有劣迹的导演、编剧、演员等主创人员参与制作的电视剧,要慎重考虑"。此前的2014年8月,北京42家经纪机构、演出团体签订了《北京市演艺界禁毒承诺书》,承诺"不录用、不组织涉毒艺人参加演艺活动,净化演艺界队伍"。以上倡议性的文件应当逐渐在全国推广,得到行业广泛认同,最终成为全行业的制度性标准,形成演艺界具有普遍约束力的行业铁律。当今社会需要把演艺圈时常曝光的潜规则转变为积极向上的行业显性规则。

其次,由演艺圈的集体倡议向立法形式转化。如《上海市禁毒条例》规定,广播影视、文艺团体及相关单位不得邀请因吸毒行为被公安机关查处未满三年或者尚未戒除毒瘾的人员作为主创人员参与制作广播电视节目,或者举办、参与文艺演出;对前述人员作为主创人员参与制作的电影、电视剧、广播电视节目以及代言的商业广告节目,不予播出。其中三年解禁期限体现了宽严相济精神,可以作为各地试行的先例。从实践情况看,在立法上探讨这个问题的时机已经普遍成熟,特别是北京、上海等地演艺发达地区有条件尝试制定完善相关法律。让行业自律与法律他律结合起来,保障演艺圈远离毒品势在必行。

最后,演艺行业不仅仅只有娱乐大众的作用,必然包含商业和思想文化教育的多重考量。娱乐明星在演艺节目中扮演了重要的人物形象角色,其"向社会大众传递正能量"应该是其保持的道德底线。而明星涉毒行为严重背离了自身所承担的社会责任。明星作为公众人物在收获鲜花和掌声的同时也获得了巨大的经济利益。法律坚持权利和义务对等,明星理应比一般人承担更多的社会责任,更加懂得自律。而实质性的利益惩罚措施有助于对明星吸毒行为进行约束,起到惩戒和警示作用,对于触犯刑律,情节严重的,可以禁止其在演艺行业回归社会。域外的韩国、日本,早就开始对明星涉毒行为做到"零容忍',不仅要进行社会舆论谴责和法律制裁,还要对他们的演艺事业进行严格限制,甚至致使其演艺生涯被迫终止。

既负其名,必承其重。艺人明星作为一个特殊的群体,拥有更多的社会资源和影响力,需要时刻谨言慎行。当他们触碰行业底限和法律红线时,对于信任他们的粉丝以及所承担的责任都是一种辜负。对涉毒艺人,唯有传递"沾染即毁灭"的共识,明星才有戒律,禁毒才有威严。

(载《南方都市报》,2016年6月27日,金泽刚专栏)

降低民事行为能力的年龄下限不可忘却刑事责任年龄

在6月27日召开的第十二届全国人大常委会第二十一次会议上,民法总则草案被提交审议。其中有一处改革的亮点是将限制民事行为能力人的最低年龄下调至6周岁,即6周岁以上不满18周岁的未成年人,为限制民事行为能力人,可以独立实施纯获利益的民事法律行为或者与其年龄、智力相适应的民事法律行为。对此,草案说明指出,随着经济社会的发展和生活教育水平的提高,未成年人生理心理的成熟程度和认知能力都有所提高,适当降低年龄有利于其从事与其年龄、智力相适应的民事活动,更好地尊重这一部分未成年人的自主意识,保护其合法权益。这一调整也与我国义务教育法关于年满6周岁的儿童须接受义务教育的规定相呼应,实践中易于掌握、执行。

从法律影响上看,修改以后,根据其他法律规定,如果一名6到10周岁的儿童在学校遭受损害,与以前相比,适用的规定不再相同。与此同时,他们给他人造成损害与此前给他人造成损害的责任后果也不相同。也就是说,修改后6至10周岁的未成年人承担的法律责任就大了,受到的法律保护相对缩小了。

其实,关于这个年龄下调的问题,在2002年民法典草案首次提请九届全国人大常委会审议时也作出了规定,当时是下调到7周岁。2002年至今,已过去十四年之久,我国的政治、经济、文化教育状况,以及少年儿童成长的环境,都发生了巨大的变化,但目前依然沿用的是1986年制定的《民法通则》的规定。事实上,由于物质生活条件的改善,社会教育水平提高,加上文化传播和网络信息发达,使得青少年思想观念更加开放、多元。所以,适当调整限制民事行为能力人的年龄应该是大势所趋。

说到调整民事行为能力人的年龄下限,容易使人联想到最近呼声很高的降低刑事责任年龄的问题。我国关于刑事责任年龄采取"三分制",即绝对无刑事责任年龄(14周岁以下),相对无刑事责任年龄(14到16周岁),完全有刑事责任年龄(16周岁以上),这是我国1979年刑法典中的规定,至今未改。随着未成年人犯罪呈现低龄化、成人化、暴力化的倾向,我国早就有人提出将刑事责任年龄降低到13周岁。最近,在关于这个问题的讨论中反对修改的声音依然占多数,主要理由有三:一是,违反了我国对未成年人犯罪以教育为主的原则;二是,破坏了刑法的谦抑性,使得国家、社会、和家庭推卸了责任;第三,会因为地域、经济、教育等原因而造成事实上的适用法律不平等。

然而,从修改民法中提出改变限制民事行为能力年龄的下限可以得到启示,现在的少年成熟度确实有所提高,其认知能力也相应提前,虽然刑法和民法的性质不同,不能比照民法来修改刑法的刑事责任年龄,但至少说明,孩子的智力水平和辨别能力较之以前确实有所提高,这应该已成为共识。民法中需要具备一定的民事行为能力才能从事相应的民事行为,这些民事行为以缔结契约为例,他必须以自身智力发育程度为基础,对事物的了解达到最起码的标准,并拥有相应的知识才可以实现。从这个意义上讲,从事某些民事行为的认知和实践程度恐怕要高于一个未成年人判断是否可以杀人或者伤害他人。

法律具有天生的滞后性,立法如果只是一味的遵循守旧,忽视当代社会的普遍经验、情理和公众的感受,法律的权威性就会降低,法律的信仰也难以树立。法律的生命在于实践,法律的规定也应该从实际出发,适应社会生活的变化和需求。

至于民法总则如何规定限制民事行为能力的最低年龄下限,不妨可以在进一步收集民意的基础上,立法通过民主程序决定究竟是6岁,还是7岁或8岁。即使做不到全民投票,未必不可进行决策程序上的创新。与此同时,毕竟同为年龄问题,都与行为和责任相关,刑事责任年龄的问题也应该早日纳入立法讨论的范畴,特别是对于二者的思路不可相距甚远,不可在民事上说"他已经懂事了,给他这个权利",在刑事上又说"他还只是个孩子,原谅他吧"。

(载《南方都市报》,2016年7月1日,金泽刚专栏)

"跑官"被骗四千万,该当何罪?

广东省政府原副秘书长罗某因"好帮忙、能办事、搞得定"而被冠以"搞定哥"的称谓。然而,"搞定哥"也有被骗的时候,而且数额还是4008万元!缘由是罗某听到一名老板自称认识中组部领导后,为解决自己的副省级待遇,让这位曾行贿过自己50万元的老板帮忙"跑官",却被骗。发觉上当后,他因心中有鬼不敢追讨太急。近日,这位向罗某行贿的商人刘某某被广州中院一审以单位行贿罪、诈骗罪判处有期徒刑13年。

看完这则报道,总觉得案件虽判了,事情却未了。

首先,是这位正厅级干部所得到的4008万元从何而来。有报道说,这笔巨款来源于两个不同的贷款公司:第一笔2000万是罗某找到广东一家公司的董事长关某,关某则提出以担保的方式出钱,即让被判刑的刘某某在关某指定的贷款公司借款,由关某来做担保,如果跑官之事办成了,钱不用刘某某还就由关某出,如果办不成,钱还可以追回。第二笔2008万元是罗某找了私人老板吴某以同样的方法获得。也就是说,官员罗某办事却要商人刘某某出钱,刘某某成为实际借款人。担保人只是答应为罗办成事以后钱由自己出,否则,可向借款人刘某某追债。可见,在整个事件中,官员罗某、两位担保人以及商人刘某某都尽量将自己所承担的法律风险降到了最低。尤其是,对于官员罗某来说,即便事情败露,也很难对其进行法律追责。

其次，是这4008万元钱款的性质问题。如从来源看可定性为"借款"，动机上却是用来运作升官的"活动经费"，故因其客观行为人和有主观意图者相互分离，似乎很难在法律上合二为一，追究刑事责任。实际上，法院就是考虑到借款的实际使用人刘某某没有履行所谓的借款承诺（实际上也不可能实现这样的承诺），又无法还款，故而认定其犯了诈骗罪。问题是，从借款过程来看，如果刘某某是诈骗犯，罗某与两名担保人岂不是共谋者吗？没有他们，刘某某哪能借得到钱。与此同时，根据担保法律，因为有人担保，受害人完全可以向担保人追债，就此而言，这种民事债权债务关系跨越由刑法来调整未必妥当，难怪刘某某在听候宣判时唉声叹气不止。

不仅如此，就整起事件而言，仅仅将刘某某定个诈骗罪，说轻点，是显得余音未了，说重点，是没有找到问题的痛点所在。因为，事件的起因源自于罗某意图解决自己的官位问题，不是说"解铃还须系铃人"吗？从当前的报道来看，也只是说罗某涉嫌严重违纪问题被纪委通报落马，并没有宣布其涉嫌犯罪。问题是，如果确实如报道所言，有足够的证据表明，罗某是为了解决自己的副省级待遇，让刘某某帮忙"跑官"被骗的，那么，罗某根本上就不是被骗者，因为钱是别人出的，他被骗了什么呢？他什么损失都没有。相反，我国刑法规定了行贿罪，罗某具有行贿的动机，也实施了行贿行为，只不过是因为"被骗"而没有得逞罢了，所以，罗某的行为完全符合行贿罪（未遂）的特征，应当被追究刑事责任。况且数额如此巨大，影响已相当恶劣。

果真如此的话，成为了诈骗犯的刘某某应该会获得些许心理慰藉。不过，就算刘某某为骗取钱财罪有应得，但图谋4000万元去行贿组织部门的正厅级干部不应该因为东窗事发而没有罪责，难道要等其行贿成功了才有责任吗？更不能够以对刘某某定了诈骗罪来掩饰官员行贿买官的犯罪之实。

（载《新京报》，2016年7月2日，金泽刚专栏）

民法保护见义勇为需要国家补偿机制撑腰

近期讨论的民法总则草案对于见义勇为者的保护作出了新的规定：为保护他人民事权益而使自己受到损害的，由侵权人承担责任，受益人可以给予适当补偿。没有侵权人、侵权人逃逸或者无力承担责任，受害人请求补偿的，受益人应当给予适当补偿。一些观点将此规定的目的理解为对见义勇为者的保护与鼓励。

实际上，以往《民法通则》已规定，因防止、制止国家的、集体的财产或者他人的财产、人身遭受侵害而使自己受到损害的，由侵害人承担赔偿责任，受益人也可以给予适当的补偿。因紧急避险造成他人损失的，如果险情是由自然原因引起，行为人采取的措施又无不当，则行为人不承担民事责任。受害人要求补偿的，可以责令受益人适当补偿。2003年12月，最高人民法院发布《关于审理人身损害赔偿案件适用法律若干问题的解释》也规定，"因没有侵权人、不能确定侵权人或者侵权人没有赔偿能力，赔偿权利人请求受益人在受益范围内予以适当补偿的，人民法院应予支持。"可见，草案的规定与是对以往相关民事法律规定的综合与传承。

不过，仅仅从见义勇为的角度理解该规定未必全面。见义勇为是一个具有浓厚道德色彩的词，其含义比较宽泛。由于法律作为维系社会必不可少的"最低限度的道德"，见义勇为并没有成为法律规定的一项义务，也就是法律不能强人所难。但是,法律应包含最低限度的道德,没有道德基础的法律,是一种"恶法",是无法获得尊重和自觉遵守的。所以,此次草案对于为保护他人利益而遭受损害的行为有权获得补偿,这既是社会鼓励好人好事的道德导向使然,也是基于民法上起码的公平原则。

实践中,很多见义勇为的善举并不限于民法的范畴,而是与刑事犯罪相关,这就会导致民法调整的"失效"。如2011年发生的广东的凌华坤案件引发极大关注。凌华坤在驾车追击劫匪的过程中,车辆与劫匪的摩托车碰撞,导致其中一劫匪重伤不治身亡。而其妻儿也受伤,座驾受损,还伤了路人的财物。结果,凌华坤因见义勇为获得5万元奖金,除了支付妻儿的医药费外,还要承担其他各项赔偿,最后还倒贴4万多元。很明显,在侵害人实施犯罪行为时,见义勇为者殊为不易,更需要法律保护,而此时要作为侵害人的犯罪人赔钱谈何容易,这就更可能出现英雄流血又流泪的结局。

侵害人不赔,或者没有侵害人时,根据此次草案规定,受益人应当给予适当补偿。但若受益人拒不补偿、或是没有任何补偿能力,又该怎么办呢?这对于见义勇为者也十分不利。民法总则对此尚可作进一步深入的探索。

既然见义勇为首先是一种"义举",是国家和社会鼓励弘扬光大的行为,那么由国家层面担负一定的责任就十分重要。而以往各地倡导实施的见义勇为奖励制度同样是基于这样的原理,但奖励毕竟与赔偿有根本区别。而要国家赔偿又没有根据,这时可以考虑引进国家先行补偿制度,然后由国家向侵权人或者受益人追偿还是可行的(至于追偿的方式可另行探讨),这种补偿与刑事案件受害人补偿有类似之处,不同的是,这种补偿由于有受益人,国家可以进行追偿,而后者带有国家救助和社会保障的性质。它们都是社会文明发展进步的产物。对见义勇为者的补偿,除了金钱补偿外,还可探索政策性补偿或其他间接性补偿,从长远来看,国家补偿的方式会越来越多样化。当然,对见义勇为予以金钱奖励的机制依然存在,金钱奖励和国家补偿并行不悖,力争使见义勇为者得到最大限度的保护。

"在民法慈母般的眼睛里,每一个个人就是整个国家。"这是法国思想家孟德斯鸠的名言,寥寥数语,形象地道出了法的人本理念。出自国家的法律不能强迫人们做好事,但是可以保护做好事的人,让好人一生平安。此次的民法总则草案,虽然不能说为见义勇为者提供了完善的民事保护机制,但至少说明立法开始将道德范畴的见义勇为行为纳入到法律保护的视野之中,可谓是民法新的担当。

(载《南方都市报》,2016年7月8日,金泽刚专栏)

借国资 6.5 亿元还不了,必须有人担责

据媒体报道,陕西府谷县国有资产运营有限责任公司(以下简称府谷国有资产公司)2015年年报证实,截至 2015 年 12 月 31 日,陕西前首富高乃则名下两家公司向府谷国有资产公司合计借款 6.53 亿元。上述两家公司实际控制人高乃则的财产已经被全部查封,且已进入评估拍卖程序。事实上,在上述借款合同签订之前,高乃则旗下多个公司股权均已被质押。现在高乃则窘迫的财务状况,让这六个多亿的国有资产面临收不回来,至少部分难以收回的危险。

毫无疑问,外借国有资金造成的损失属于国有资产流失。从政府旗下国有公司借得数亿元,更是殊为不易,亦非同小可。谁有这么大的本事呢。市场上有句潜规则的话,借(欠)钱的是爹。借到这么多钱的高乃则究竟何许人。据悉,高乃则是当地有头有脸的人物,曾有"陕西首富"之称。2008年,他以 2890 万元的捐赠额,位列胡润慈善榜第 91 位,同时也是唯一上榜的陕西富豪。搜罗其行善事迹,确有报道谈及他乐善好施的一面,在助学、助医、救济贫困、安排社会就业等方面均有手笔。

也许正因如此,府谷县相关部门和公司的负责人认为高乃则有名有钱有地位,才敢于、也乐于将钱借给高。问题是,国企的资金带有国库性质,不是私人腰包,不能够想借给谁就借给谁。姑且不说企业之间(特别一方

是国企)一般不容许相互借款,巨额的国有资金拆借更非易事。事已至此,至少存在几个简单不过的问题要搞清楚:一是这么一大笔资金的借出经过了什么样的出借程序?二是决策者对高乃则的公司有无进行过资信评估和论证?事已至此,国有资产流失已经不可避免,谁该为此担责是不可躲避的话题。

从媒体报道中似乎得不到上述几个问题的直接答案,但按照以往的实践经验,有几种担责的可能性是值得分析的。

首先,掌管府谷国有资产公司的资金的人当然是该公司的几个主要负责人,而其中该公司的主要领导很可能由当地财政局(甚至是政府)的某个领导兼任,他们可能共同构成了借出这笔巨款的决策人。如果只是其中一个或者几个领导私下决策的,问题和责任就更大,那他们很可能构成刑法规定的挪用公款罪。因为根据刑法规定,以个人名义将公款供其他单位使用的;或者个人决定以单位名义将公款供其他单位使用,谋取个人利益的。可见,在这里,使用公款者无论是个人还是单位,也不管使用单位是何性质。只不过,后一种情况还要以"谋取个人利益"为条件。

另一种情况要复杂一些,那就是公司负责人通过集体会议的形式,打着集体决策的名义出借这笔资金。或者,公司负责人是在政府上级主管领导的授意下做出决定的,在这种情况下,只要出现给国家资金造成重大损失等后果,相关负责人同样要承担刑事责任。根据2012年12月"两高"《关于办理渎职案件适用法律若干问题的解释(一)》规定得非常清楚,即国家机关负责人员违法决定,或者指使、授意、强令其他国家机关工作人员违法履行职务或者不履行职务,构成渎职犯罪的,应当依法追究刑事责任。以"集体研究"形式实施的渎职犯罪,应当依照刑法追究国家机关负有责任的人员的刑事责任。对于具体执行人员,应当在综合认定其行为性质、是否提出反对意见、危害结果大小等情节的基础上决定是否追究刑事责任和应当判处的刑罚。也就是说,在这种情况下,要依照刑法追究决策人员渎职犯罪的刑事责任。2015年湖北"首虎"陈柏槐以集体研究为名实施渎职犯罪,因而获刑17年。在此次六个多亿的借款事件中,据媒体报道,双方签订借款合同之前,高乃则旗下多个公司股权均已被质押,这足以证明决策者存在明显的渎职行为,司法追责势在必行。

此外,发生这种事情,按照通常思维,人们很容易向歪处想象,即决策借钱给高乃则公司的领导真的只是被高的富有和大方所迷惑吗?他们是否还有私下不可告人的权钱交易呢?对此,有关部门应该做好调查工作,并且做到及时公开信息。如果有证据证明有关负责人因为借钱给高,而获得高给与的贿赂,那就另外构成了受贿罪,如果获得的只是小恩小惠,或者不足以构成受贿罪,那也应该由此受到一定的行政处理,而不能令他们处于一种"毫发无损"甚至心安理得的状态。

也许有人认为,刑法规定滥用职权等渎职型犯罪需要渎职行为致使"公共财产、国家和人民利益遭受重大损失"。但在司法实践中,对滥用职权"造成恶劣社会影响的",刑法早就认可了属于"致使公共财产、国家和人民利益遭受重大损失"的性质。而陕西府谷县此次借款案在社会上造成的恶劣影响不可谓不大,所以,法律追责已经用不着"傻等"借款公司慢慢破产还债,直至不够偿还之时。

(载《南方都市报》,2016年7月9日,金泽刚专栏)

"骂死保安"是个不小的法律命题

据媒体报道,近日,合肥香樟雅苑小区门口,一名中年女司机郑某某试图驾车从大门出口逆向进入小区,遭到值班保安赵宗伟拒绝,于是发生争吵并辱骂赵是"看门狗"。随后,63岁的赵宗伟倒地不起抢救无效身亡。赵宗伟的死亡通知书上注明的死亡原因为心脏骤停。有人士透露,郑某某系安徽省教育厅基础教育处的一名主任科员(科级)。于是,本案近段时间被炒得沸沸扬扬。但是舆论和大众更多的是把目光放在了女司机的"特殊身份"上,或者是从伦理道德上进行分析。笔者认为该事件已经"涉及人命",其实已然是一个不小的法律命题。根据我国刑法,本案女司机有可能构成"侮辱罪"。

"侮辱罪"是指使用暴力或者以其他方法,公然贬损他人人格,破坏他人名誉,情节严重的行为。首先,本案双方因言语不和发生争吵,郑某某的辱骂行为显然具有主观故意。而关于客观方面,郑某某在小区停车场骂保安是"看门狗",即为在公共场所公然使用言词侮辱他人,贬损他人人格。其次,侮辱罪的定罪条件关键在于是否达到"情节严重"。本案中,保安赵宗伟在被辱骂的过程中死亡,显然达到了"情节严重"这个程度。因为没有什么比生命更重要。最后,犯"侮辱罪"的,告诉才处理,但是严重危害社会秩序和国家利益的除外。本案中"被害人死亡"是符合我们通常理解的,侮辱行为引起了被害人精神失常甚至自杀身亡等后果,被害人无法告诉或失去告诉能力的情况。因此,本案可以由公诉机关起诉,追究女司机的刑事责任。

云南发生过类似案件。今年4月7日,云南省高级人民法院法官黎泰军驾驶私人轿车返回其居住的昆明阳光果香小区,因车辆进入小区问题与值班保安谭明发生争执。其间,谭明曾跪地求饶,连磕了四个头,但依然被对方拖行并殴打。最终致其头部轻微伤。4月21日,黎泰军向谭明及小区物业、保安公司道歉,双方达成和解。这段"法官被曝打保安,磕头求饶仍扇耳光"的视频在网上引起极大反响,网络论坛一时就成了信访办,大量网民跟帖、评论,引发媒体关注报道,大家纷纷指责作为法官的黎泰军。事件让极大多数网民产生对法官的厌恶和不信任,对司法公信力也产生质疑,产生极坏社会影响。而省高院面对舆论其新闻办直接回复是:这是一起我院职工与物业保安因停车引起的民事纠纷,望双方协商解决或司法途径解决,单位视案件结果依法处置。

伦理道德的评价其实无关痛痒,我们需要拨开这层关系,单纯地看待一件法律命题。"女干部骂死保安",舆论认为"天子犯法与庶民同罪",甚至认为她如此嚣张的原因在于手中的权力,于是公众更为唾弃和谴责。其实回到案件本身,不过是一起刑事案件。我们对于案件的判决,与当事人的身份、地位、道德无关。"平等"意味着我们当然不能因为她的官员身份而对其轻判乃至赦免,就像民众所期望看到的那样:"骂死保安"案就是一起涉刑案件,就应该按照法律程序一步步走,依法追究当事人的刑事责任。但是"平等"也同样意味着我们不能因为身份而对其打上"从严从重"的标签。"云南法官打保安"案件,原本就只是普通的民事案件,只不过被媒体和公众打上了其他浓重的色彩。和"骂死保安"案一样,都是因为当事人特殊身份的关系引起社会的广泛关注。其实相比起来它是一件更简单更直接的民事纠纷而已。去掉当事人"法官"的标签,案件是否还会有如此大的影响?恐怕要打上一个大大的问号吧。

当前社会上一些问题导致形成"仇官仇富"的气氛,使得很多问题就在事先就被置入偏见,就加以"有罪推定"和谴责,事后又被舆论大肆渲染。如何对待这些看似复杂的案件?其实我们只需平等地对待纠纷的双方,监督司法给社会一个公平交代即可。这才是法律面前人人平等的真正含义。

从民众之间的小事看出法治思维的缺失,依法治国的道路任重而道远。

偷拍县长案的罪与罚

2013年中秋节,汪冬根和儿子汪金亮爬上了江西省万载县县长陈虹老家对面的房子,拍下了多人去县长家送礼的视频和照片。不料,拍完视频18天之后,汪冬根和汪金亮被万载县警方带走。万载县公安局去年6月出具的起诉意见书中指出,汪冬根利用其子汪金亮纠集"两劳"及社会闲散人员组成恶势力团伙,汪金亮和汪冬根均涉嫌"组织、领导黑社会性质组织罪"。对此,汪冬根的家人称是遭到了打击报复。但警方回应称,对汪氏父子涉嫌犯罪的调查早在2012年就已启动。2015年4月23日汪冬根案拟开庭,不过,汪冬根与其子汪金亮已被分开起诉,而汪冬根被控罪名和罪行都发生了巨大的变化。一年前,警方对汪冬根的定性是黑恶势力团伙的头目,第一个罪名就是"组织、领导黑社会性质组织罪",偷拍万载县县长收礼的行为也被归为黑社会犯罪中,但在如今检察院的起诉书里,汪冬根所有的涉黑罪名都没有了,偷拍万载县县长收礼事件也随之消失在起诉书中。

但无论如何,如果指控成立,汪家父子无疑将面临严厉的刑罚制裁。

汪家父子的所作所为究竟犯了何罪,理当是司法机关独立处理的事情,但偏偏此案因偷拍官员而引起,而偷拍已是一个社会关注度极高的词,更不说偷拍对象是"父母官",这难免让人猜想当地的办案者会不会官官相卫、公器私用。从案件演绎来看,这种可能性还真存在,需要提防。

首先,案件一开始,汪家父子被抓就轰动一时。宜春市公安局于2013年10月17日发布的一份信息快报称,10月7日晚,专案组抽调刑警、特警60名警力,在一副局长的现场指挥下,抓捕该犯罪团伙成员汪冬根、汪金亮等10人。而汪氏的亲属郭业荣认为,丈夫和儿子是先抓再查。"案子拖了8个多月,申请了5个月延期侦查,把罪名越弄越多。"可见,此案抓捕力度之大,羁押时间之长,适用罪名之多。这也反映出当地司法机关对这起偷拍县领导收礼案有多重视。与此相反,民众普遍关心的县长收礼是否违纪违法,有关部门查得如何,却迟迟不见下文。

媒体倒是报道,案发地的宜春市已经成立了由公检法组成的联合调查组,对汪冬根案进行调查。调查组的目的可能是好的,但如果只查汪家父子构成何罪,如何处罚,那就有悖于刑事诉讼法,至少对日后的判决,被告人的上诉权就会受到阻碍和影响。更不用说,最高人民法院此前已发布的《关于建立健全防范刑事冤假错案工作机制的意见》,要求坚持刑事诉讼基本原则,树立科学司法理念,严格执行法定证明标准,强化证据审查机制。该意见明确提出,法院严格依照法定程序和职责审判案件,不得参与公安机关、人民检察院联合办案。万载县无疑也应该严肃执行上述意见。

其次,从媒体报道来看,起诉意见书指控汪家父子涉嫌"组织、领导黑社会性质组织罪"等十多个罪名,更值得推敲。尽管现在起诉书撤销了相关罪名,但还是值得说一说。

在汪家父子被抓8个月后,万载县公安局出具了起诉意见书,根据意见书,该案被列为一件人数多达24人的涉黑案件。汪金亮作为犯罪嫌疑人,被控为黑恶势力老大,由当初的涉嫌开设赌场罪改为涉嫌组织、领导黑社会性质组织罪、敲诈勒索罪、开设赌场罪等11项罪名;汪冬根涉嫌的罪名由当初的诈骗罪改为组织、领导黑社会性质组织罪、敲诈勒索罪、寻衅滋事罪和保险(放心保)诈骗罪共4项罪名。

仅以组织、领导黑社会性质组织罪为例,《刑法》规定的黑社会性质的组织应当同时具备以下特征:(一)形成较稳定的犯罪组织,人数较多,有明确的组织者、领导者,骨干成员基本固定;(二)有组织地通过违法犯罪活动或者其他手段获取经济利益,具有一定的经济实力,以支持该组织的活动;(三)以暴力、威胁或者其他手段,有组织地多次进行违法犯罪活动,为非作恶,欺压、残害群众;(四)通过实施违法犯罪活动,或者利用国家工作人员的包庇或者纵容,称霸一方,在一定区域或者行业内,形成非法控制或者重大影响,严重破坏经济、社会生活秩序。而起诉意见书指控的主要罪状是,汪家父子以社会监督的名义,采取非法调查手段要挟党政干部,以及假借维权之名操纵、煽动村民撕毁拆迁安置协议,严重影响万载城市建设和重点工程的推进。在上述罪状中,"影响了依法行政、践踏了社会公正、破坏了政治生态;影响了城市建设、扰乱了社会秩序、增加了社管成本"等字眼赫然在目。如此行为,与上述特征根本就不匹配。罪刑法定是我国刑法必须坚守的基本原则,也是认定黑社会性质组织犯罪的基本底线,说汪家父子涉黑,警方还须拿出充分、确凿的证据加以证明。

再说,对偷拍者穷尽追究,对被拍者却讳莫如深,这种以前者"掩饰"(或者"掩护")后者的做法,会不会被人怀疑是一种选择性执法呢。如此局面与当前气势如虹的反腐形势实在格格不入。

实际上,在汪氏父子被抓后,其家属就向上级纪委举报被拍者的受贿嫌疑,视频中除了礼品之外,连送礼者的面貌和车牌等都清晰可见,按理说纪委应该能够及时查清偷拍真相,回应公众的质疑。但如今半年多过去了,有关部门仍未公布调查结果。这不能不令人担心,此案会不会又像去年的"湖南麻阳偷拍案"一样,结果是偷拍者入狱,被拍对象和内容只是存在于大众的无限想象之中。

另外,如果法院最终判决汪家父子有罪,如何处罚,也与查处被拍者有关。无论定罪还是量刑,都要反映犯罪人的社会危害性。就算汪家父子偷拍行为非法,其拍摄内容至少可以成为查清被拍官员是否违法乱纪的一条线索。姑且不说偷拍具有反腐倡廉的客观价值,而且,一旦被拍者真的构成受贿犯罪,汪家父子就属于刑法规定的立功情节,根据《刑法》规定,犯罪分子有揭发他人犯罪行为,查证属实的,或者提供重要线索,从而得以侦破其他案件等立功表现的,可以从轻或者减轻处罚;有重大立功表现的,可以减轻或者免除处罚。所以,从这个意义上讲,对被拍官员早下结论,对于处理偷拍者也很有必要。

总之,无论汪家父子是刁民还是犯罪,无论他们偷拍的动机如何,偷拍官员贪腐行为,客观上为反腐败提供了案源与证据,也是社会监督的一部分。这一点对于处理类似案件不能忽视,也不该忽视。

是不信张二江减刑,还是不信张二江?

2002年7月,原天门市"五毒"书记张二江因犯有贪污罪、受贿罪,被湖北省高级人民法院判处有期徒刑15年。后张二江在服刑期间经历四次减刑,合计六年一个月,并于2010年11月提前出狱。2015年6月,张二江因现身网络媒体,再次陷入新一轮的舆论潮。其中,不少言谈,对他不乏质疑、讥讽甚至贬低之词。

如有人一见张二江露面就认为,张二江获刑十八年,真正的服刑时间只有八年,其减刑十年应给个合理解释。现在看来,这样的质疑连张二江当年判了多少徒刑(实际是十五年)都没查实清楚,显得颇为草率。还有的人甚至讥讽地追问起"五毒书记"的情妇们去哪儿了,如今的他又会对当年那一众"红颜知己"作何感想。真不知道,十几年后做这样的追问意义何在。

当然,在监狱腐败传闻不断的今天,针对张二江的六年减刑,其他人完全可以怀疑这有没有猫腻。不过,既然张二江本人在央视面对面栏目中一再声明自己的减刑"相当规范",在这种情况下,怀疑论者也应该有根有据,而不是追着张二江,要其"自证清白"。

在我国,对犯罪人减刑,有严格的程序制约。刑法第七十九条规定,"对于犯罪分子的减刑,由执行机关向中级以上人民法院提出减刑建议书。

人民法院应当组成合议庭进行审理,对确有悔改或者立功事实的,裁定予以减刑。非经法定程序不得减刑。"实践当中,减刑机关不可能将每一起减刑案件都向社会张榜公布。不过,依据裁判文书公开的精神,获悉张二江是如何减刑的不应该是多难的事。如果经过查询或者调查,发现张二江减刑一案确有违反法律规定的地方,那就完全可以理直气壮地发声质疑了。事实上,6月1日,湖北省监狱管理局发通报称,有关媒体披露的张二江原判刑期和减刑幅度信息不实,张二江在狱内所获减刑依法合规。如此一来,不知道质疑者心中是否还有新的疑惑。

话又说回来,质疑张二江减刑,实际上也是在质疑张二江本人。"五毒书记"在一些人的心目中可能仍然记忆犹新,屹立不倒。这倒是把张二江这个曾经的腐败分子倒逼到了众人的眼前,再次成为受审的公众人物。我们究竟应该怎样看待这个经过十年改造的"五毒"书记,这或许才是我们更应该反思的。

五年前,张二江结束了近十年的服刑生涯,没有了权力,"五毒"当然已经不可能,他顶着一头白发开始了新的平头百姓的生活。出狱后的张二江依靠开一家小茶馆,卖点土特产,过着自己的小日子。闲暇之余,他还研究点国学,特别是中国古文献注疏解释之类。就法律基本权利而言,坐了十年牢狱的张二江和我们一样,享有一个普通公民应该享有的生活权利。不同的是,张二江经历了严厉的刑罚惩罚和教育改造。刑罚的功能包括一般预防和特殊预防,刑罚不仅是要威慑其他人不敢犯罪,更在于预防犯罪人本人不再犯罪。

多年来,我们的监狱一直在教育改造各种各样的犯罪人,实践证明,他们中的大多数应该都能够洗心革面,重新做人。可我们为什么就不相信刑罚的教育和矫治功能在张二江身上得到了实现呢?难道宁愿相信张二江还差几年牢没有坐完,再把他抓进去补上吗?归根到底,当今社会,有的人仍然没有放下犯罪标签论,脑海里只记得"偷过一次东西永远就是贼"。毫无疑问,如今的张二江不可能再有权,也不可能再搞腐败,那就让这个老头过一个平平淡淡、安安静静的晚年吧。这不正是正义的刑罚所期待的吗？

最后，有人对张二江还有这样一段评论，不妨读一读："认认真真面对，老老实实解释，给公众一个交待，也给自己一个清静。否则，背负着众人的质疑，灵魂永远不得安生。"这种带有兴师问罪的语气，是不是言重了呢。想一想，我们所处的已是一个比以往更加开放、宽容和人道的社会了啊。

"性骚扰"事件信仰的该是法律

9月13日晚7点多,名为"俞斯亮"的微博发消息称,"给您当秘书的半年只专注做一件事——绞尽脑汁躲避你的性骚扰。曾经胡润百富榜第二的大佬居然专挑员工下手,高层公公嬷嬷都舔着脸给您选妃,工作室成了口口相传的后宫。说出这些我会害怕,但暴力和报复不能改变事实。还有两段录音怎么发上微博?"该微博还上传了3张图片证据,包括苏商集团严介和工作室内勤秘书的工作证照片及一张短信截图,"工作上事都处理完了,美斯靓亮有事吗?""工作上事都忙完了,斯亮方便来看看我吗?"她还暗示还有两段录音为证。

这里"曾经的百润富豪榜大佬"即指苏商集团董事局主席严介和。而俞斯亮曾是今年6月28日参加某大型婚恋交友类电视节目的女嘉宾之一。

对此,@严介和发微博表示,俞斯亮曾经想占过他的便宜,但没搭理她。"天不怪,地不怪,怪就怪我的运气不好,遇上这么一个长得不咋地却自我感觉很好,想借我的名义出名的人。"严介和还称"我怎么也没想到,上海这位长得不咋地的女孩俞斯亮,心理会如此变态。她自称谈了十几次恋爱,我不能保证她是否跟多少个小男孩、大男孩、中男孩和老男孩上过床,但我用我的人格和祖宗八代的良心对天发誓,我没有跟她上过床。"紧接着,14日晚10点多,"严介和"再次发消息称,"本人郑重声明:1.俞斯亮的所谓爆料,纯属子虚乌有。2. 由于本人微博一直由团队进行管理和维护,'回应'并非本人意愿更非出自本人之手。3. 此声明是本人首次亦是最后一次就此事件作回应,之后所有事宜将由集团法务部门处理。"

企业家富豪与美女秘书之间的"性"事,无疑是当今社会最博人眼球的话题,所以,一时间,网上评论如潮。对于俞斯亮,有网友怀疑其爆料的动机不纯:为什么在自己上《非诚勿扰》的当口抖出这等性骚扰事件来?严介和的微博更是被大量转发,但多数网友认为其否认与回应"水平不高"。

什么是"性骚扰"?美国平等就业机会委员会的定义是"不受欢迎的性试探、性要求及其他种种带有性特征的言语和肉体行为"。通俗地讲,"性骚扰"就是某种使人不情愿接受的、影响其工作或者生活的、带有性侵犯意识的语言或者动作。目前,我国法律对性骚扰尚无具体的界定。司法实践中处理相关性骚扰案件也多有争议。

在此次事件中,"女秘书"俞斯亮在提出遭受性骚扰话题的同时,也提供了一定的图片证据,且暗示还有录音证据。然而,"专挑员工下手,高层公公嬷嬷都舔着脸给您选妃,工作室成了口口相传的后宫",此等描述确有侵犯他人名誉权之嫌。或许正是这样的表达激起了严介和的愤怒。

不过,与俞斯亮相比,严介和的回应或许是因为过于恼怒而连续出拳,结果反而有自伤之嫌。

首先,严介和说俞斯亮"想占他便宜"、"自我感觉好"、"心理变态",却没有说出丝毫的证据,这一点就落了个下风;其次,"长得不咋地"、与多个男人"上床"的说法是明显的攻击性语言,特别是拿自己祖宗八代来起誓没与对方上床,和对方举报其性骚扰根本没有关系。因为构不构成性骚扰并非以双方上没上床为标准。这种偷换概念式的回应反而没有否定俞斯亮的举报。

最有意思的是,严介和随后把危机公关的"任务"交给了集团法务部门,而且说"本人微博一直由团队进行管理和维护,'回应'并非本人意愿更非出自本人之手",这似乎表明此前的反击不力与己无关,全是他人所为。

但自己的团队不就是自己选的代表吗?

其实,对于性骚扰这类事件,打嘴巴官司从来就没有十足的赢家。

因为在现实生活中,受话题的特殊性所限,许多人对"性骚扰"的认识总容易发生偏差,走向偏门。如果一开始,俞斯亮是以法律的形式起诉严介和对其性骚扰,让法律来做个公断,即使难有取胜的把握,但这样的诉讼过程本身对"可能的"或者"潜在的"性骚扰者至少是个教训。而不会出现如今相互恶意攻击的局面。同样地,如果一开始,严介和在认为自己受害后,不是进行微博应诉,而把这个问题直接交给自己的法律团队,无论是发表声明,还是提起诉讼,肯定不至陷入被动。

至于最后的结果,无论谁赢谁输,司法的决断无疑是最令人信服的。而且,我们都应该树立这样一种对法律的信仰。

庆安枪击案,别忘围观冷漠症

随着公安部介入调查,沸沸扬扬的黑龙江庆安火车站警察击毙犯罪嫌疑人徐纯合案终于有了官方结论。调查认定警察开枪属正当履行职务行为,符合人民警察使用警械和武器条例及公安部相关规定。5月14日夜间的央视焦点访谈和东方时空节目都公布了案发当时的视频内容。庆安火车站的5个监控探头记录下了发生在5月2日死者徐纯合的全部活动轨迹。人们期待的真相逐渐浮现眼前。

据监控记录,12时许,徐在车站候车室进站入口处故意封堵通道,并将安检通道的旅客推出候车室外,关闭大门,致使40余名旅客无法进站。民警李乐斌接报后前来处置,对徐进行口头警告。徐不听劝阻,辱骂并用矿泉水瓶投掷民警。李乐斌随即对徐的双手进行控制,迫其闪开通道,让被阻旅客进站。在李乐斌准备将其带到值勤室时,徐继续对民警辱骂并用拳头击打。后李乐斌返回取拿防暴棍打击徐,期间,徐抢夺防暴棍,并拳击民警头部。民警使用防暴棍和拳脚还击,但未能将其制服。其间,徐先将其母向李乐斌猛推,后又将自己6岁的女儿举起向民警抛摔,至其女落地摔伤,徐趁机抢得防暴棍,抢打民警头部。紧接着,李乐斌取出佩枪,对徐口头警告,徐继续用防暴棍抢打民警持枪的手,民警开枪将徐击中。在最后的影像镜头中,徐纯合坐在座椅上晃动几下后最终倒下,此前其母还用(捡起来)防暴棍击打在徐的身上。

　　回顾十几天的争议,焦点主要集中于警察开枪是否必要,以及该事件意外引发了当地官场地震(如副县长等多名官员受到实名举报)。无论如何,视频里的影像无疑最有说服力。然而,仔细阅看视频,在民警李乐斌与死者徐纯合从违法与制止违法发展到相互打斗的过程中,镜头底下,走来走去,以及围观的人群却成为了另一道独特的风景。这段视频持续的时间还真不短,从一开始民警对徐纯合进行制止,到拿来警棍与徐纯合对打,其间徐还向警察扔母亲和摔孩子,直至后来徐抢到警棍打击民警以及最后被民警开枪击毙。在此期间,特别是在二人争抢警棍打斗时,围观者一个个呈现出极其一致的"平静"的样子。可以说,国人的围观与看客文化在此次事件中表现的淋漓尽致。

　　一个是作为车站秩序维护者的人民警察,一个是阻止乘客进站的扰乱乘车秩序者,二人的身份关系不难辨别,对与错也应该不难区分。在这样一个最易聚集人群的公共场所,一名警察与一名违法犯罪嫌疑人从争吵到发生激烈的打斗,其结果却没有一个人上前帮忙,哪怕是劝下架、"说句公道话"。当然,也没有人为徐纯合帮腔。究其原因,至少,以下两种可能值得分析。

　　其一,多数围观者抱着看热闹的心态,对事件的真相漠不关心,对事情的结果也不在乎。他们在矛盾和冲突面前,事不关己,高高挂起,根本不去考虑谁对谁错,更不会考虑是否上去帮一把。无论是警察受伤,还是徐纯合被制服,哪种结果均与己无关,所以,只是看看热闹,随时走人而已。

　　这种典型的思想冷漠症,其心底里把国家、集体和社会与个人对立开来,只有在遇到与自己利益密切相关的事情时,才会不顾一切地去争取。个中原因,无论是责怪市场经济带来了利己主义,还是归咎于社会不良的大环境,都不能改变这样一个基本共识:相互关爱和温暖才是我们共同需要的社会发展趋势,公共安全更是事关每一个家庭,每一个人的切身利益。这是每一个围观者不能不反思的。

其二,不能排除有的围观者或许也有帮帮警察,制止违法犯罪的念想,但又不知道这件事的性质有多严重,以至于发展到警察开枪的程度。有的人或者是想帮一把,但又怕惹火上身,所以,犹豫不决,最终没能出手。

的确,最近一些年来,因见义勇为被告上法庭的案例并不鲜见,而且,判决结果未必是"好人得到好报"。关于"看到倒地的老人能不能扶一把"的争论也明显影响了社会风气。加上"仇警"舆论的积累使警察的权威经常受到挑战。事实上,一些敢于对抗警方的违法者增多,同时,在普通民众心中,警察的"支持率"也不高,遇到警民危机时,有的人还对警察执法发出嘘声。

导演强奸案,疑问需澄清

2015年2月,情人节前一夜,女艺人应媛发微博,实名控诉导演陈某某在浙江慈溪对自己实施强暴。26日陈某某被慈溪警方以涉嫌强奸罪刑事拘留,但2月10日被释放。原因是慈溪市检察院以此案"事实不清、证据不足"为由不予批准逮捕。随后,有网友在微博中称:犯罪嫌疑人陈某某办理了取保候审,当问及对于检察机关的不批捕决定,公安方面是否要进行复议时,办案民警称"情况特殊"。与此同时,释放出来的陈某某也发微博"辟谣",否认强奸行为,称"另有隐情","我们是情人关系"。至今,女艺人应媛还在寻求申诉之道。

一直以来,强奸都是司法机关严惩的暴力犯罪。在司法实践中,若女方坚持控诉,男方被追责的风险就很大。如今,这起强奸案俨然已成为一起公共事件,对此,司法机关有义务也有必要以合法的方式解开公众心中的疑虑,而不是以当事人隐私为由采取拖延战术。

首先,无行为则无犯罪。根据法律规定,男人强行与女方发生性关系就是强奸。这里没有什么特殊可言。而对比双方当事者所言,应媛将发生性关系的过程说得清清楚楚,明明白白;而陈某某说的却是"另有隐情"、"情人关系"、"没有把握好自己"之类,这对女方的指控没有直接的否定力。"情人",固然是指两情相悦的婚外性关系,但存在"非正当男女关系"也不能排除强奸可能。在我国,法院判决丈夫强奸妻子的案件早就不是新闻,更不用说情人之间了。被告发的男人对于告发他的女人究竟做了什么才是强奸案件的关键所在。至于说女方是不是"性格豪放",是不是有意图"炒作"之嫌,这都不是司法定案所要关注的。

其次,对于办案机关来说,"证据不足"几个字亦不能成为"不捕"的托词。实践证明,强奸案件通常较为隐蔽,且大多发生在有一定熟悉关系的人之间,不可能有众多的目击者,主要证据往往就是被害人的指证,侵害者的体液,以及被害人被害后的状况(包括伤情等),还有对两人之间关系的分析等。而被害人应媛公布的案情基本上能够证实陈某某是在未经同意的情况下与其发生性关系。而且,被害人是毫无犹豫地当场报案,警方也是现场查获犯罪嫌疑人,各项证据完全能够及时得到查实和印证,究竟"情况特殊"在哪里,不能不令人生疑。

不过,这起案件有一点特殊的是双方同属于演艺圈,演艺圈很乱会不会影响司法的视线成为疑问。但不管是什么圈,法律都是唯一的准绳。演艺圈的乱象不能混淆法律的界限。绝不能让演艺界的某些潜规则影响到我们的司法思维。①

---

① 此后未见此事件的如何报道,看来或许双方和解了。果真如此,那演艺圈还是一个"乱"。

"房多多"事件不能以伪造罪了之

2013年1月16日,陕西神木县"房姐"帖子网上热传,称神木县农村商业银行副行长龚爱爱有两个身份,在北京有20多套房产,总价值近10亿元。初步调查发现,北京工体三处房产均在"房姐"名下,面积分别为395平米、454平米、414平米,这三处房产价值逾亿。她还有另一个名为龚仙霞的身份证。调查发现,龚爱爱与龚仙霞确为一人;网帖中公布的"房姐"在工体北路8号院的三处房产,已被伊贝莎风尚主题KTV租用两年多,户主为龚仙霞。随着对"房姐"调查的不断深入,其第三个身份、第四个身份以及更多的房产浮出水面。2013年1月22日之后,陕西、山西、北京警方分别展开了调查。2013年2月4日,经榆林市、神木县人大常委会许可,按程序依法对龚爱爱刑事拘留,在榆林市境内异地看押。2013年春节前,龚爱爱的3个虚假户口均已被陕西、北京警方注销。2013年3月4日,神木县公安机关向神木县人民检察院提请批捕,3月8日,检察机关决定批准逮捕。此前龚爱爱本人已辞去所担任的人大代表职务。

此次"房姐"被捕,所涉罪名为伪造国家机关公文、印章罪,该罪名当是由伪造户口而来。事实上,无论是早前的郑州"房妹",还是广州"房警",都被曝光过一人拥有两套以上的户口(或者身份证)。

看来,"房多多",往往也是"户多多",房与户密切相关。而这种相关性正好提醒我们,当"房姐"事件进入司法程序以后,万不能因查处"户多多"的问题,而掩盖了其"房多多"的实质。须知,广大群众更关注的是,如此"房多多"将来怎么办。司法机关最终还是必须回应"房多多"的问题。

以神木"房姐"为例,如果其仅仅只是一普通农民或者工人,没有其他背景身份,她拥有再多的房产,恐怕也无人关注。正是"房姐"的银行行长身份,让人不能不怀疑其经商发财的背后是不是干了背离其身份职责的事情。尽管陕西神木农村商业银行是由自然人、农村工商户、企业法人和其他经济组织等共同发起的区域性股份金融机构,无国家资金和集体资金入股,属于自主经营、自负盈亏、自担风险的企业法人,龚爱爱本人是单位聘用的副行长,非国家公职人员,但这些只能说明龚爱爱不是贪污受贿、挪用公款等国家工作人员职务犯罪的主体,作为非国有金融机构的负责人,她拥有金融机构的融资权力,同样也要受法律的约束。在一些地方,银行工作人员内外勾结,违规骗贷,甚至卷巨款潜逃的个案早就不是新闻。

而根据我国《刑法》第一百八十六条规定,银行工作人员违反国家规定发放贷款,数额巨大或者造成重大损失的,就是犯罪,若是向关系人发放贷款的,则从重处罚。其他相关条文还规定了吸收客户资金不入账、违规出具金融票证罪等金融犯罪。"房姐"龚爱爱是否涉嫌这些罪名,固然不能进行有罪推定,但其当初的身份和如今巨额的财富给了人们这样的"嫌疑"联想。无论是作为犯罪嫌疑人,还是一名"公众人物",她应该经得起质疑与调查才对。于是,从龚爱爱与人合伙经商的资金来源入手,成为调查本案的基本思路。

果真如此,"房多多"们金蝉脱壳或者丢卒保帅之计恐怕就不会得逞。

当然,在事情水落石出之前,不妨也从好的方面想想。假如龚爱爱在银行工作期间并无其他违背职务的犯罪行为,这就出现了另一个问题:这些房产怎么办?龚爱爱以合法户口购买的房产,只要资金来源合法,应当还是她的。问题是,那些以假身份在北京等限购地购买的房产,在相应的虚假户口被注销后,还是她的吗?根据不动产的登记属性,若房产证上的所有者本不存在,房产就具有了"无主"财产的可能性。在国家没收这样的"无主"财产没有法律依据的情况下,若将此"无主"财产如数返还给原购买人龚爱爱,不仅有违国家的房产政策,也明显不合情理。因为,如此一来,龚爱爱在担起一个伪造罪后,里头呆几年出来还是亿万身家(也许房价又涨了),这恐怕不是法治的最后胜利。这个问题,有关部门必须现在就要考虑起来。

不过,2013 年 10 月 31 日,"房姐"龚爱爱案最终还是被以伪造、买卖国家机关证件罪做出终审判决。①

---

① 2013 年 9 月 24 日上午 8:30,陕西神木龚爱爱伪造买卖国家机关证件一案在陕西靖边县人民法院公开开庭审理,起诉书指控被告人龚爱爱触犯了《中华人民共和国刑法》第 280 条之规定,应当以伪造、买卖国家机关证件罪追究其刑事责任。2013 年 9 月 29 日,陕西省靖边县人民法院对龚爱爱一案作出一审判决,龚爱爱犯伪造、买卖国家机关证件罪,依法判处有期徒刑 3 年。龚不服一审判决提起上诉后,2013 年 10 月 31 日,榆林市中级人民法院依法作出驳回上诉、维持原判的终审裁定。

扫黄问责不能遗留死角

2月9日央视曝光东莞部分娱乐服务场所存在严重的卖淫嫖娼等问题后，东莞警方掀起了新一轮"扫黄风暴"。十多天来，"扫黄风暴"延伸到全国多个省市。与此同时，问责工作随即展开。不过，总结以往的扫黄的教训，要通过问责，彻底防治黄流的周期性来袭，关键还在于使责任依法落到实处，做到全面深入，不留死角。

首先，经营管理者的责任。

黄色产业的经营者是涉黄违法犯罪活动猖獗的始作俑者。所以，追责不能只盯着性交易的双方。不能只关场所不抓人、只抓"小姐"不抓"头儿"，或者只抓"妈咪"不抓幕后组织者。藏污纳垢的桑拿浴场和会所都是有经营管理者的，只不他们总是在幕后组织指挥，如果不深入查究，最终还是会像以往一样，网几只小鱼小虾，让真正的大鱼却逃之夭夭。

以东莞为例，由于东莞黄色产业经历时间较长，规模较大，一处场所涉黄经营者往往不止一人，他们可能触犯刑法规定的多个罪名，包括强迫、组织卖淫罪，协助组织卖淫罪，引诱、容留、介绍卖淫罪、引诱幼女卖淫罪、嫖宿幼女罪等，应当按照参与者各自所犯罪名，加以处罚，有的还要数罪并罚。而不能避重就轻，选择性司法。至少被央视报道的这些经营场所，必须追究相关经营管理者的刑事责任。

其次,所涉酒店、浴场等场所所有者(包括股东)的责任。

以往的扫黄行动很少处理涉黄场所所有者的责任,或者只是象征性地打打板子。在涉黄案件中,场所的所有人往往以不知道承包经营者会搞非法活动为借口逃避打击。实际上,所有者对于经营者的行为多数是心知肚明,如果是放任自流,那也应该依法追究其经济责任。在经营者被依法追究刑事责任的情况下,对场所所有者则应该给予严厉的经济制裁,这种处罚要根据其所得利益加倍惩处,甚至令其倾家荡产。而不能处罚得不痛不痒的。在有证据证明所有人与经营者是合谋开展涉黄违法犯罪活动的情况下,则应以共同犯罪追究他们的刑事责任。

从媒体报道来看,有的涉黄酒店"后台很硬",有的所有者还可能具有特殊的政治身份,他们可能成为这次扫黄行动的拦路虎或者"风向标",老百姓早就看在眼里。执法机关必须顶住压力,秉公办案,真正做到"苍蝇""老虎"一起打。

再次,关于"保护伞"的责任问题。

在"扫黄打非"的实践中,"保护伞"是最难攻克的堡垒,也是必须要攻克的。保护伞的表现形式多种多样,包括对色情行业放任不管,遇到检查通风报信,甚至同流合污,干预治理等,需要仔细甄别,分别处理。

具体而言,相关责任人员对于此次涉黄的场所及其经营者、所有者,平时疏于管理,或者治理不严的,应该追究其玩忽职守的行政责任,包括警告、记过、撤职等处分。对于那些不仅不依法治理,反而还积极保护卖淫嫖娼活动,为卖淫嫖娼活动通风报信,造成恶劣社会影响的,则涉嫌滥用职权等职务犯罪,要依法追究其刑事责任。如果少数公务人员竟然入股涉黄产业,成为黄色利益共同体的,那就不仅涉嫌职务犯罪,还可能涉嫌与涉黄人员构成组织卖淫等犯罪的共犯,对其处罚就要更重。决不能以退股免除其法律责任。

还要强调一点,面对黄流肆虐的现状,追查"保护伞"不妨采取一些新的举措,如实行异地用警,实行执法回避。还要积极鼓励涉黄产业的经营管理者或者所有者主动供出保护伞,凡供出属实的,则依法减轻甚至免除其法律责任。对于其他知情人员,积极举报涉黄保护伞的,一旦查证属实,则要予以奖励。

总之,对于扫黄问责的成果,不能只盯着看检查、关闭了多少涉黄场所,抓获了多少嫖娼卖淫人员,更需要关注对每一起案件逐一倒查、追究有关人员监管失职,甚至"看守自盗"的法律责任。

此外,扫黄问责亦不能忽视扫黄行动牵扯出来的其他违法犯罪问题。譬如,利用公款进行色情消费,就值得扫黄行动的重视,一旦发现蛛丝马迹,就要彻查到底。还有,部分"莞式服务"可能涉嫌性贿赂,在色情活动中,难免有人为觊觎外地官员手中的权力,将其带到东莞消费玩乐,花销不在少数,这样的行为,同样也要追究责任。

只有这样,让法治的力量真正穿透每一处黄色的角落,东莞扫黄或许真能成为树立东莞新形象的里程碑。且让我们拭目以待。

满洲里性侵女生案值得追问

据媒体报道,近日内蒙古的满洲里市曝光一起4名初中女生遭性侵的恶劣刑事案件。该案由一名13岁的初一女生企图自杀浮出水面。涉嫌强奸犯罪的3名男性有1名系当地人大代表,即52岁的富豪石某某,另有两人"因证据不足"被取保候审。其他被捕的系5名女性,她们涉嫌强迫、组织或者协助组织卖淫罪。

此案最夺人眼球的无疑是主犯之一的石某某居然拥有人大代表的美丽光环。在普通民众的思想观念中,人大代表是接受人民委托,代表人民行使国家权力的社会精英人物,应当具备比普通人高得多的综合素质,包括政治思想品质,道德文化素养,以及参政议政能力,也就是法律素养,当然,也包括在某些领域超越一般人的工作能力。而在这些必备的素质中,道德文化素养是思想基础,法律素养则是作为人民的代表参政议政的履职条件。

从报道此案犯罪嫌疑人作案的过程来看,石某某等人居然是在光天化日之下,有组织地一次又一次将罪恶之手伸向多名花季幼女。人大代表何以如此骄奢淫逸,何以如此如此胆大妄为,这样的"代表"平时是怎样代表人民行使权力的?由此,不能不让人想到他是怎样成为人大代表的。

根据《全国人民代表大会和地方各级人民代表大会选举法》规定,我国人大代表是通过选举产生的。"全国人民代表大会的代表,省、自治区、直辖市、设区的市、自治州的人民代表大会的代表,由下一级人民代表大会选举。""不设区的市、市辖区、县、自治县、乡、民族乡、镇的人民代表大会的代表,由选民直接选举。"前者为间接选举,后者属直接选举。较高级别的人大代表都是间接选举产生。如此规定沿用了很多年,主要是考虑到,我国社会生产力水平不高,人民群众文化素质偏低,还不适宜在更大范围内采用直接选举的方式。在理论上,选民无疑最有资格直接提名代表自己的人大代表,但在实践中,一些地方把间接选举演变成某些地方领导人按个人意志办事,甚至事先圈定候选人,致使选举沦为一种形式,与选民的真实意愿不符。正是因此,一些人大代表"出了事",群众才知道他竟然是人大代表。

另一方面,长期以来,人们几乎形成一个普遍的共识,那就是每每谈到人大代表这个称谓时,多数反应并不是他能否代表选民行使权利,是否有能力参政议政,而是一种"他可是人大代表"的权力式感叹。人大代表已经成为一种特殊身份象征。更有甚者,人大代表的法律豁免权成为了有的代表违法犯罪的敲门砖或者挡箭牌。现实中,企业家、表演艺术家、体育明星等知名人物因为在本行业内的成功成为了人大代表的不在少数。由于代表认为自己的代表身份来源于自己奋斗得来的成就,故对其他素质要求不予追求,为今后当不了合格的人大代表埋下隐患。本案作为两个公司董事长的犯罪嫌疑人石某某,由成功的企业家转型为人大代表,下一步很可能将是强奸案件的犯罪人。所以,对于石某某是如何被选举成为人大代表的情况,有关部门应该好好查一查,做到亡羊补牢。

如今,石某某涉嫌强奸幼女被依法逮捕。根据我国《刑法》规定,这类犯罪嫌疑人"不明知是幼女"的荒唐理由早就被法律所否认。从《未成年人保护法》到《刑法》,我国对于不满14周岁幼女的特殊保护已经成为全社会的共识,前不久刑法修正案还废除了嫖宿幼女罪,将其并入强奸罪之中,这也得到社会各界赞同。石某某等人应当知道,与不满14周岁的幼女发生性关系是构成犯罪的。作为人大代表的石某某,知法犯法,更应该严惩不贷。而对于另外两名涉嫌犯罪的人员赵某某和常某某,司法机关采取了不予羁押的强制措施,理由是证据不足。然而,根据被害人的供述,他们明显有与石某某构成共犯之嫌疑,而且除被害人之外,还有其他证人证言,也证明这两人实施了不法侵害。此次司法机关为何一改以往强奸案件特别重视甚至依赖被害人陈述的做法,得出"证据不足"的结论令人生疑,如果还有以往那种双方可能系"嫖宿关系"的思维,那就更不应该了。检察机关对此必须进行检察监督。

其实,对于奸淫幼女的犯罪,我国一直采取严厉惩治的态势。2009 年 8 月,曾奸淫二十四名女学生的河南省镇坪县政协原副主席吴天喜被南阳市中级人民法院依法执行了死刑。可类似案件还是时有发生。其中不少案件牵涉当地的权贵人物,反映出一些人将特权思维延伸到了犯罪领域,以至于毫不顾及未成年女性的基本人身权利。人大代表本是最应该代表人民群众利益的一个群体,他们绝不应该将人民赋予的权利作为自己享受特权的资本,绝不应该将这份荣誉变成方便自己实施违法犯罪的"后门"。

巨腐案件的判决如何更加公开公正

近日,贵州省贵阳市中级人民法院公开宣判中共云南省委原常委、副书记仇和受贿案,对被告人仇和以受贿罪判处有期徒刑十四年六个月,并处没收个人财产人民币200万元;对仇和受贿所得财物及其孳息予以追缴,上缴国库。经审理查明,2008年至2015年,仇和非法收受、索取他人财物,共计折合人民币2433.98万元。

事实上,随着反腐败的深入,一些贪腐官员的司法裁判结果陆续水落石出。这充分说明,全面从严治党决不是空话、套话。其中,一些贪腐数额达到千万的官员的判决结果尤其令人关注。据统计,仅今年11月最高检共公布职务犯罪重大要案信息37条,涉及的37人中有1名原省部级官员被公诉,35名厅级官员被查办。而近期法院就对不少级别不低的贪腐官员进行了宣判,统计涉案金额达到一千万到四千万元之间的被告人,判处的刑罚大都在十到十五年之间有期徒刑。

毫无疑问,对贪腐案件的判决依据的是我国刑法以及今年4月最高人民法院、最高人民检察院通过的《关于办理贪污贿赂刑事案件适用法律若干问题的解释》。该司法解释的一项重要规定是对贪污罪、受贿罪的定罪量刑标准进行了明确,由5000元调整为3万元。按照司法解释,贪污、受贿罪量刑标准分为基本情况与例外情况。这一罪名的起刑点,基本情况是犯罪数额 3 万元；例外情况的起刑点是犯罪数额 1 万元 + 特殊情节。这意味着，原本贪污、受贿罪的起刑点 5000 元如今提升到了一般情况下的 3 万元。同时，对于量刑的具体标准分为数额较大、数额巨大和数额特别巨大。其中"数额特别巨大"是指贪贿数额 300 万元以上的，其处罚范围是判处 10 年以上有期徒刑、无期徒刑或者死刑，并处罚金或者没收财产。

不难看出，那些涉案千万元的被告人均远超"数额特别巨大"的起点标准，但被判处的刑罚都是十到十五年的有期徒刑，没有涉及无期徒刑，更无死刑的适用。而且，从法院的认定来看，判决中无一例外都有类似的陈述：鉴于被告人到案后，如实供述自己罪行（或检举他人），主动交代侦查机关尚未掌握的部分（大部分）受贿犯罪事实；认罪悔罪，积极退赃，赃款赃物已全部追缴，具有法定、酌定从轻处罚情节，依法可以从轻（包括减轻）处罚。可见，"认罪悔罪，积极退赃"几乎已成为官员在判刑时的标配，这也是贪腐官员往往能获得轻判的重要原因。

然而，从公众的角度看，当发现一个个受贿几千万的官员判处的是十几年有期徒刑，而在普通的盗窃诈骗案件中，涉及几十万元恐怕就要判处这样的刑罚，稍作比较，从人们最朴素的正义理念出发，就难以理解犯罪社会危害性的大小究竟是怎么确定的。从法定刑来看，贪污受贿犯罪至今仍保留死刑，而盗窃、诈骗罪最重也只能判处无期徒刑。这就出现了立法上贪腐犯罪罪刑重，但实践中的判决未必如此，这就容易让人质疑这样的结果是否与犯罪人曾经的官员身份有关。这也应该成为司法判决应当尽力避免的疑问。

虽然对犯罪的社会危害认识不能只从数额多少来判断，但是公众对于犯罪严重程度的判断，最直观的感受就是数额。要让民众少一点困惑，判决书公开说理更详细一些很有必要。例如，仇和案中有因索贿从重情节在判决书中是怎么体现出来的，其"认罪悔罪，积极退赃"的具体内容又是什么，等等。在近年来最高人民法院一再强调判决书要做到尽量公开说理的司法大背景下，对贪腐官员的判决过程要求更加公开化，说理也要更加具体充足,这不仅是司法公开的需要,也是反腐败本身的需要,还是教育广大党员干部遵纪守法、廉洁自律的需要。依据法律规定,量刑已经是刑事诉讼法规定的控辩双方必须辩论的内容,越是影响力大的贪腐案件,司法判决越要重视把量刑也说得清楚明白。

刑罚的功能历来众说纷纭,但报应的理念始终深入人心,即凡是犯罪就应该受到相应的惩罚,而且罪刑应该相当。虽然报应不会是刑罚的唯一目的,但是这种理念无疑是法律公正的价值取向所决定的。尤其是在面对巨额的贪腐罪案时,司法更应该让民众从判决书中认识官员腐败的真相,发现刑罚制裁的相当性,从而感受法律的公平正义。

防治贿选重在严惩

几天前,浙江省检察院公布了一起该省检察机关查处的贿选案件,以警示正在参与换届选举的国家机关工作人员。2011年12月,临海市某个选区的钱某、金某等人参与竞选临海市第十五届人大代表,并获得选区内村组织的推荐,成为候选人。时任临海市尤溪镇人大主席刘某、镇党委副书记应某作为尤溪镇换届选举工作领导小组副组长出面多次做钱某、金某的工作。经协商,由钱某拿出人民币168万元给金某,其中部分款项用于补偿金某前期参与选举的费用,剩余款项由金某出面赞助该选区各行政村的公益事业,金某则退出竞选。2011年12月30日,钱某当选为临海市第十五届人大代表。2014年12月1日,临海市检察院决定以国家机关工作人员利用职权实施破坏选举罪对应某、刘某立案侦查,最终,应某和刘某被判有罪。

类似临海这样的贿选案件决非个案,即使是在近几年来高压反腐的态势下,我国的贿选丑闻仍时有发生。如今年9月就曝光了涉及452名人大代表资格被终止的辽宁拉票贿选案,还有早前的湖南衡阳贿选案,有518名衡阳市人大代表和68名工作人员收受钱物;四川南充的贿选案,涉案人员达477人。还有的贿选案件曝光之后居然不了了之,如2013年一湖南邵阳民营企业家黄某某在选举当年省人大代表落选后,在网上发帖举报该市的省人大代表选举存在贿选。他自己就是以千元左右一票的价格,花费32万元送给300多名有投票权的邵阳市人大代表(2013年1月30日《新京报》)。最终,此案未见任何处理信息。如此多的贿选案件,使得在民众心中本有些流于形式的人大代表选举过程,再蒙上了一层贿选的阴影。

连续曝出的贿选案已经说明拉票贿选已不是一个偶然现象。尽管多数代表还是能够认真履行职责,但对于贿选的人大代表来说,其"人大代表"的内涵早已不是参政议政或者代表人民利益履行职责了。而在法律层面,对于涉及人数众多的贿选案如何处置则是一个不能逃避的问题。

事实上,我国刑法对于贿选人大代表的法律责任早有规定,即在选举各级人民代表大会代表和国家机关领导人员时,以暴力、威胁、欺骗、贿赂、伪造选举文件、虚报选举票数等手段破坏选举或者妨害选民和代表自由行使选举权和被选举权,情节严重的,处三年以下有期徒刑、拘役或者剥夺政治权利。与此同时,刑法还规定了行贿罪,即为谋取不正当利益,给予国家工作人员以财物的,是行贿罪。而对于犯行贿罪的,一般处五年以下有期徒刑或者拘役,并处罚金;情节特别严重的,或者使国家利益遭受特别重大损失的,则处十年以上有期徒刑或者无期徒刑,并处罚金或者没收财产。可见,对于行贿罪的惩罚比破坏选举罪严重得多。如果贿选者为了当选而贿赂他人,则也构成了行贿罪,此时应该以较重的行贿罪处罚。可实践中这类案件多是以"破坏选举罪"追究责任,这本身就是执法不严或者适用法律错误的表现。

而对于涉案人员来说,不良的社会风气也是影响他们敢于以身试法的重要原因,"法不责众"的心理也起着推波助澜的作用。少数人更是自恃自己的地位和影响力,没有把法律的底线放在眼里。法律不能视而不见。

另一方面,贿选问题与人大代表本身的组成也有一定关系。从每一次开两会公布的人大代表名单来看,不少人大代表大都有头衔、官衔,或者是当地事业成功的人士,或者是明星大腕等。农民或者工人进入人大代表行列的只是极少数。以明星为例,通常明星在两会的出现可以吸引更多记者,瞬间变成了政界之星。而对于经常忙于演出的明星能在多大程度上代表民众的意愿早就备受诟病。在某种意义上,明星代表含金量不足就为基层那些不能代表民众的人参选代表提供了消极的范例。

可想而知,一旦某些人参选代表是为了奔个人利益和利己的光环而去,是想将"代表"的头衔用来提高身份地位,或者作为结识权势人物,拓宽人脉扩大影响的中介时,贿选也就具有了潜在的可能性。而不难想象的是,如果有人经过贿选当上了代表,下一步势必就是怎么回"挽回损失"甚至攫取更多的利益,此时想他们为人民服务或者代表人民无异是天方夜谭。

接下来,是如何防治贿选案件的发生。除了净化全社会的选举风气外,司法机关要有迎难而上、严格执法的勇气显得尤为重要。贿选是选不出真正的人大代表的,而真正的人大代表必然也反对贿选,所以,司法机关若做到严惩贿选说不定在年终向人大作报告时,还能够获得更多的赞成票呢。

人大代表涉案要慎重更要依法处理

近日,福建莆田市人大代表林某某涉嫌诬告陷害他人被立案侦查,但当地警方无法对其采取强制措施,因为莆田市人大常委会不许可,理由是:倾向于立足调解,争取息访息诉。该案的受害人是仙游另一位家具商人徐某某,他和林某某串通竞拍土地时产生纠纷,后双方发生冲突,徐的妻子被鉴定为轻伤,而林反告徐敲诈勒索。仙游警方立案后,徐被羁押了 58 天。2015 年,因为福建省委巡视组的介入,徐案得到纠正,仙游警方撤案。同时,莆田市公安局对林某某涉嫌诬告陷害立案侦查。2016 年 6 月 21 日,徐某某拿到仙游县检察院作出的国家赔偿决定书。不过,莆田市公安局至今无法对林某某采取强制措施。

从本案来看,身为人大代表的林某某已明显涉嫌诬告陷害罪,但是当地人大常委会建议调解,不许可对其采取强制措施。这在法律上说不过去。在立法上,对有犯罪嫌疑的人大代表采取强制措施必须经过人大准许,是《代表法》第 32 条的规定,即县级以上的各级人大代表,非经本级人大主席团许可,在本级人大闭会期间,非经本级人大常委会许可,不受逮捕或者刑事审判。对县级以上的各级人大代表,如果采取法律规定的其他限制人身自由的措施,应当经该级人大主席团或者人大常委会许可。从表面上看,莆田市的人大常委会的做法确实是依法做出的。但违背了此法条的立法初衷。《代表法》的32条是对人大代表人身特别保护权的具体规定,但是这是以整个民意代表整体作为主体的,并不是为了保障特定的个人犯罪不受惩罚的。同时,此项权利的行使是以代表是否存在依法履行代表职务的行为作为界线的。而本案中明显是双方因为利益之争才导致诬告陷害的发生,并不是因为履行代表职务行为而遭受的人身损害,但莆田市人大常委会仍然否决了公安机关采取强制措施的决定。

莆田市公安局相关办案人员还表示:"如果林在下届选举中没有选上人大代表,换届后我们就可以马上采取强制措施。"这意味着能否对此人大代表采取强制措施需要先看选举结果,再考虑能否适用法律,如果继续当选人大代表,则林某某可以继续置身法网之外。这种答复使得人大代表的豁免权变成了规避犯罪的保护伞,可以说是一种神答复。

近年来,人大代表违法犯罪的案件频频见诸报端,例如,2015年,徐州市人大代表李某在北京德内大街93号自家院子私挖地下室,导致德内大街出现塌陷。2016年5月以来,内蒙古满洲里市4名初中女生举报遭性侵,人大代表等3人涉案。值得注意的是,内蒙古人大代表的性侵案之后只有其人大常委会决定接受其辞去市十四届人大代表职务的结论,并无后续报道,无从得知犯罪嫌疑人是否受到刑事处罚。不过,涉案的徐州市人大代表被依法追究了刑事责任,法院依法判决被告人李某犯重大责任事故罪,判处其有期徒刑五年。二者的处理结果如此不同,难免会让人认为人大代表在当地能享受到法律的豁免,而徐州的人大代表事发北京,所以依法得到了追究,如果其行为发生在本地的话,其结果未必如此。

理论上,能被选为人大代表的人员都应该具有某种先进性,这种先进性至少包括要遵守法律并树立正面的社会形象。而不是如何利用自己人大代表的"特权"来规避法律责任。2015年2月,在省部级主要领导干部学习贯彻党的十八届四中全会精神全面推进依法治国专题研讨班上的讲话中,习近平总书记曾表示:明代冯梦龙在《警世通言》中说:"人心似铁,官法如炉。"意思是任人心中冷酷如铁,终扛不住法律的熔炉。法治之下,任何人都不能心存侥幸,都不能指望法外施恩,没有免罪的"丹书铁券",也没有"铁帽子王"。

必须强调的是,即便人大代表有人身特别保护的权利,在代表任职期间,其同时也是一名普通公民,在违法犯罪的情况下,也必须承担法律责任。对代表的豁免也只是基于代表职务身份上的法律认同而被赋予了比普通公民多一层法律保障,这并非代表享有法外特权。从人身特别保护权的内容和范围上来说,也仅限未经许可不得进行刑事审判、逮捕、拘留及其他法定强制措施,也就是说,人大代表在涉及到非履职过程中的案件,其身份与普通群众无异,只不过多了一道法律程序。

总之,兼有代议身份与普通公民身份的人大代表,如何避免其因外界干扰而不能履行人大代表的职责,同时又不至于在其违法涉案时利用自己的特权作为保护伞是一个值得深思的问题。而法律的原则是,保护但不庇护,监督但不越位。人大代表的法律豁免权所保护的是尽职尽责的"代表"行为,而非违法犯罪人员的"免罪金牌"。否则,对于法治是莫大的伤害。

平反的冤案都是"事实不清,证据不足"吗?

12月22日上午,江西省高院依法对乐平"5·24"案原审被告人黄志强、方春平、程发根、程立和故意杀人、抢劫、强奸、敲诈勒索再审案进行公开宣判,撤销原审判决,宣告黄志强等四人无罪。与聂树斌等案一样,这一冤案的发现也是因为"真凶归来",即涉嫌另一强奸杀人案的同村村民方某某落网时表示自己才是"5.24命案真凶"。

与近年来其他几起冤案有所不同的是,这起案件一共有4名被告人,而法院据以定罪量刑的证据也主要是四名被告人的有罪供述,以及其他能够"相互印证"的证据。事实上,在该案二审时,江西省高院就以事实不清、证据不足为由发回重审。重审后景德镇中院仍判处四人死刑,后四人再次上诉至江西省高院,这一次,江西高院认定案件定罪准确、审判程序合法,但由于本案的所谓"具体情况"判处四人死刑,缓期两年执行。回过来看,江西高院对这一案件的事实认定是存疑的,但是在存疑的情况下,仍然选择的是疑罪从轻(死缓),而不是法律规定的疑罪从无(无罪)。

与此同时,因该案有4名被告人,与只有一个被告人的案件相比,四个人的证言与证据是否相互印证相对容易判断,形成错案的可能性也相对较小。但最终,一二审法院都以4人的证言为主要证据认定犯罪成立。而根据刑事诉讼法的规定,认定犯罪成立的标准是事实清楚,证据确实、充分,而纵观本案的每一次审判,证据没有改变,但是法院的认定却发生了改变。从有罪判决中的"事实清楚,证据确实、充分",到无罪判决中的"事实不清,证据不足",其实都是法官的主观判断。针对同样的证据,不同时期的同一法院可以作出不同的推理认定,究其原因,还是因为真凶出现影响到法官的自由心证。而显而易见的是,真凶归来的概率非常低,这样,反过来想想,似乎就意味着还有真凶未出现的冤案等待我们去平反昭雪。

在刑事案件审判过程中,法官的自由心证固然很重要,但是缺少明确而且严格的证据证明标准,就很容易导致针对同一证据,法官在不同时期得出不同的证明结论。而证据是否能够相互印证,应该具有更加明确的标准,或者说法官应对证据是否能够形成锁链,以证实犯罪事实有更加统一的认识,对证明有罪的标准决不能迷迷糊糊或者马马虎虎。

此外,几乎所有平反昭雪的判决都千篇一律的以事实不清、证据不足为由判定被告人无罪,但是,对于事实如何不清、证据如何不足往往没有明确的说明。从这些判决中无法得知到底是有一定的证据,只是证据不足以证实犯罪事实,还是根本就没有证据。证据不足和根本就没有证据完全是两码事。无论是对于蒙冤者,还是社会公众,大家关心的除了最终的结果外,还有认定无罪的过程,从事实清楚到事实不清,从证据确实、充分到证据不足的变化,都需要有明确的说理过程。

其实,每一起冤案发生背后都有各种原因,不是一句"事实不清、证据不足"就可以涵盖的。对于每一起冤案的平反都应该刨根问底,而不是用一句"事实不清、证据不足"的套话来平反,更应该说清楚不清和不足之处在哪里。若是事实不存在,没有任何任何证据,也应该在判决书中说明,而不应含糊其词。

后 记

这是我的第一本评论文集,在出版之际还是想再说点什么。作为评论文集,先说说评论存在的必要性与可能性问题。

在此,不妨以美国两位同是诺奖得主的著名经济学家的故事为例。

加里·S.贝克尔(Gary·S·Becker)以研究微观经济理论而著称。他运用微观经济分析方法构建理论体系,坚持用经济人假设逻辑一贯地解析全部人类经济行为。1992年,他因"把微观经济分析的领域推广到包括非市场行为的人类行为和相互作用的广阔领域"而获得诺贝尔经济学奖。同时,这位经济学家所著的《犯罪与惩罚》一书在中国经济学界以及普通学人中,都如雷贯耳。在贝克尔看来,那些敢于违法的人,都是精心算计过,认为违法被发现的概率较低,可能被惩戒所造成的损失低于他从违法中所得到的,所以才会违法。因此,预防犯罪的最好办法,就是通过加大惩罚力度,提高个人犯罪的成本,使他们不敢犯罪。

有意思的是,后来,贝克尔本人在其70岁寿辰上向来宾介绍了这样一件事:有一天,他赶往某地点主持学生面试,由于路上堵车,到得有些晚。更麻烦的是,正常车位都已被其他车辆停满,而到其他地方找车位停车,时间上更来不及。贝克尔稍作思考,就决定违章停车以能够准时到达考场。他说他做这一决定"并没有丝毫内疚"。因为他已经准备按规定交罚款。

尽管后来由于没有被警察发现,他并没有交上这笔罚款。

就贝克尔讲的这件事,被美国另一位著名经济学家、同样是诺奖得主的乔治·阿克尔洛夫(George A. Akerlof)抓到了辫子。阿克尔洛夫的专业领域包括宏观经济学、贫困问题、家庭问题、犯罪、歧视、货币政策等,尤其在"对充满不对称信息市场进行分析"领域作出了重要贡献。他对贝克尔讲的这件小事作了放大解读:在贝克尔以及他所建构的行为经济学理论中,没能给名誉以及羞耻感留下任何空间。为此,贝克尔的理论值得质疑。

阿克尔洛夫认为,以违章停车为例,按照贝克尔自己的理论,要防止违法停车,警察必须能够发现所有违章,而且对违法停车的处罚必须特别高,高到连贝克尔这样的高收入者都无法承担。但这是不可能的。实际上,各国对于违章停车的处罚力度都有限,而且警力分布不均,不可能发现所有违章停车行为。在这种情况下,如果大家都是贝克尔一样的想法——我交得起罚款,而且准备在警察一旦发现的情况下就交罚款——那么,违章停车现象将一发不可收拾,交通秩序也将荡然无存。经过进一步论证,为什么明知交得起罚款、人们一般不会选择违章停车呢,甚至包括贝克尔本人,也只是在想按时赶到考场的压力下才选择违章停车?阿克尔洛夫认为,原因恰在于贝克尔不承认的名誉以及羞耻感在发挥作用。在一个秩序井然的社会中,秩序的维护并不只有法律的惩戒,还有道德与良知的约束。正因此,在阿克尔洛夫那里,法纪的作用除了惩戒之外,还有另外一个重要作用:"灌输并在必要时激发人们的羞耻心!"而贝克尔表面说他没有内疚,实际上是他作为考场主考官,迟到给他内心的压力即可能造成的形象损失,超过了不得已时违章停车带来的内疚感。而可能被罚款的那点钱,对贝克尔来说几乎没起作用。这样一来,阿克尔洛夫把"荣誉与羞耻感"这样的道德因素引入到经济学中。

在我看来,贝克尔违章停车的行为倒有点紧急避险的味道,但紧急避险是个法律问题,又何尝不蕴涵了丰富的道德属性呢。不知道贝克尔后来对于阿克尔洛夫的质疑是否做过回应,但阿克尔洛夫由这件小事发现了大问题,并提出质疑,由此发现经济学新理论的做法,对于法学研究无疑也是具有借鉴价值的。至少,我们可以说,哪怕是日常事项,亦存在相互质疑和辩论的必要性与可能性。而且,小事的背后可能发生大事。

回到本书中来,本书大多是关于涉法事件的评论,有时也是从某件小事说起,主要是基于法律规范或者法治建设的角度进行的评说。书名中的"于法",就有在法律范围内,与法律相关的意思。"于法",不仅是依据法律,基于法律,还有可能是质疑法律、完善法律,给法律挑刺之意。本书书名还用了"较真"二字,更有必要加以说明。

其一,评论就是批评性写作,要亮明自己的观点,必要时还须一针见血。有时是对事,有时是对人。本书的评论文章对公共事件里的做法经常是采取批评的态度。当然,一般是依据法律的批评,贯穿的主线是对建设法治国家与法治社会的呼吁。

其二,我一直坚持,重大的社会公共事件背后往往潜藏着犯罪问题,故意的,或者过失的,直接的,或者间接的。然而,在评论界,以法评价公共事件者,往往是以非刑法,甚至是非法律专业的学人居多,于是,我就有胆趁虚而入,沾点这儿好像法学专家不多的便宜,甚至鼓起同其他人较真的勇气。本书多数文章正属于这种平和式的较真。

其三,也有文章是有名有姓的较真,这是在少数实在憋不住的时候,不得不做出的针对性行为。述说公共事件难免也会牵涉学术争论,而反对无疑是学术应有的品性之一,所以争论在所难免。尤其是学术有专攻,对有的跨行跨界的法律评论,如果读起来有穿越的感觉,我忍不住要提反对意见;对一些连法律规定都没有搞清楚的法律评论,我更是觉得有批评和反对的必要,以免它们误导读者。

美国哲学家约翰·罗尔斯说过,"为了平等地对待所有的人,提供真正同等的机会,社会必须更多地关注那些天赋较低或者处于不利社会地位的人们。"而要关注这些人们,在很多的时候,就需要与富贵较真,与权力较真,与明星大腕们较真。譬如,书中无论是对张维迎教授"理大于法"的献疑,与顾骏教授关于自然法的争论,与范忠信教授约赌官员财产公开之时日,批评清华大学易延友教授发表的强奸被害人身份论,批评性学研究者方刚误读刑法规定的嫖宿幼女罪,还是质疑濮存昕、张艺谋、冯刚等知名人士的涉法言行,其中都有些许较真的味道吧。

我还想到一个问题:评论文章会有学术性吗?

依目前法学界现状,高等学术被认为是国家社科项目加上数本法律权威期刊的代名词,评论文章是沾不上学术边的。一些法学大家们擅长在学界公认的几本权威学术期刊上撰写万数字的大作,有的还爱写博文,影响力甚大。而年轻的后辈们,在评职称的压力下,也不得不想方设法要在这些权威期刊上面出现自己的名字。于是,评论最多只能算是学坛旁边的一点边角料,一丝点缀品而已。不过,我也想想,理论性十足的高谈阔论,其作用究竟是什么,答案不排除是可成为立法和司法的指导思想。果真如此,1997年新刑法制定出来后一改再改是不是证明学术指导跟不上实践的需要呢?很明显,嫖宿幼女罪存废之争,虐童罪的设立,死刑的减少与适用,它们都不仅仅是学术上的事情,更不仅仅是基本权威期刊的事情。

近几年来,江郎才尽的我也来了个脑洞大开:写不出宏篇大作就来点小玩意儿。为此,遂捉笔写些评论类的小文,而且兴趣越来越大,甚至有点上瘾。每天早上起来的第一件事就是,查阅各类主流媒体网站的评论文章。加上几个专栏编辑的周周催,遂日积月累,就有了今天这本集子。

特别说明,本评论文集收集的是近年来作者发表在《东方早报》、《南方都市报》、《新闻晚报》、《社会科学报》、《新京报》,以及《法制日报》、《检察日报》和《人民法院报》等报纸媒体上的评论文章,特别是以在《南方都市报》和《新京报》的专栏评论居多,谢谢几位编辑对我的厚爱,唯有以继续写下去作为报答。

刑法是非常现实的法律学科,从一件事,到一个案,有时并不遥远,甚至是一纸之隔,或者相互转换着。现实生活,现实事件,现实案例,它们是活生生的东西。社会在变迁,刑法也在变迁,包括刑法思想,刑事政策,乃至刑法规范。而变迁得最快的还是实践,还是日新月异的事件。与这些事件联系起来的刑法才是最有生命力的刑法。我之所想,就是要把纸面上的法律文字融化于每天发生的事件当中,融化于身边的生活当中,让法律与时代同在,与事件同在,与你、我、他同在。

唯有活生生的法律,才能匹配活生生的社会。法治中国宛如一幅丰富多彩、绚丽动人的时代背景图,而在这幅图景中,法律评论应该不可或缺。

以上所言,算是本论文集的后记,但对于接下来的续集也是序曲吧。

图书在版编目(CIP)数据

于法较真. 二/金泽刚著. —上海:上海三联书店,2018.3
ISBN 978-7-5426-6222-4

Ⅰ.①于… Ⅱ.①金… Ⅲ.①法律-研究-中国
Ⅳ.①D920.4

中国版本图书馆 CIP 数据核字(2018)第 028182 号

于法较真(2)

著　　者 / 金泽刚

责任编辑 / 殷亚平
装帧设计 / 一本好书
监　　制 / 姚　军
责任校对 / 张大伟

出版发行 / 上海三联书店
　　　　　(201199)中国上海市都市路4855号2座10楼
邮购电话 / 021-22895557
印　　刷 / 上海展强印刷有限公司

版　　次 / 2018年3月第1版
印　　次 / 2018年3月第1次印刷
开　　本 / 640×960　1/16
字　　数 / 300千字
印　　张 / 19
书　　号 / ISBN 978-7-5426-6222-4/D·380
定　　价 / 58.00元

敬启读者,如发现本书有印装质量问题,请与印刷厂联系 021-66510725